일터의 소로

일터의 소로

Henry at Work: Thoreau on Making a Living

일하고, 돈 벌고, 삶을 꾸려 가는 이들을 위한 철학

존 캐그·조너선 반 벨 **지음**

이다희 **옮김**

푸른숲

삶이라는 일과 기쁨을
나와 함께해 주고 있는 동료 캐스에게

존 캐그

스트로베리크리크에서 찾은
나의 보물 주리엘에게

조너선 반 벨

일러두기

1. 단행본은 겹낫표(『 』)로, 수필과 노래, 영화와 희곡 그리고 정기 간행물은 홑낫표로 (「 」)로 묶었다.

2. 본문에 나오는 책 제목은 국내에 출간된 경우 번역본 제목을 따랐고, 국내에 소개되지 않은 경우 옮긴이가 번역하고 원제를 병기했다. 병기하지 않은 원제는 미주에서 확인할 수 있다. 단 국내에 출간된 책이라도 문맥상 원서 제목의 뜻이 필요할 경우 예외를 두었다.

3. 원서에서 이탤릭체로 강조한 부분은 고딕체로 표시했고, 강조의 의미로 쓴 큰따옴표는 그대로 옮겼다.

4. 인용문 중 대괄호 안에 있는 말은 저자가 추가한 것이다.

"존과 조녀선이 이 모든 걸 깨닫지 못할 수도 있다.

하지만 어떤 내일은 단지 시간이 흐른다고 밝아 오지 않는다.

우리의 눈을 멀게 만드는 빛은 그저 어둠일 뿐이다.

깨어 있을 때만 날이 밝는다. 밝아 올 날은 더 있다.

태양은 아침에 뜨는 별일 뿐이다."

헨리 데이비드 소로, 『월든』의 마지막 단락

차례

먹고사는 일

빈둥빈둥 논다는 사람이 44세까지 일기장에 200만 개도 넘는 단어를 적을 수는 없다. 헨리 데이비드 소로의 일기에 담긴 단어의 개수는 뉴킹제임스 성경보다 120만 개가 많은 200만 개이다. 그럼에도 소로는 게으름쟁이에 한량으로 악명이 높다. 이렇게 묻고 싶다. 소로를 생각하면 무엇이 떠오르는가? 자연을 숭배하는 자연주의자? 급진적인 노예폐지론자? 고독을 추구하는 생존 전문가? 농땡이 치는 사기꾼?

소로의 모습은 여럿이지만 유독 한 모습만은 주목받지 못한다. 바로 노동자 소로의 모습이다. 소로를 노동자로 보는 시각은 흔치 않지만 사실상 그는 누구보다 부지런하고 생각이 깊은 노동자였다. 일은 소로 철학의 뿌리에 있으며 소로의 가장 유명한 저서 『월든』의 근간이기도 하다. 이 책은 소로가 매사추세츠주 콩코드 숲속 호숫가에 작은 집을 짓고 살았던 2년 동안의 기록이다.

월든 호숫가에 네 평 집을 지은 일은 소로가 숲속에서 한 다양한 노동 가운데 최초는 아니지만 가장 널리 알려져 있다. 『월든』의 첫 장 「경제」는 노동에 관한 소상하고 소란스러운 기록이다. 소로는 도끼를 빌려다가 "목재를 마련하기 위해 아직 어린, 화살 같은 스트로브 잣나무를"[1] 베었는가 하면 "통나무 겉 부분을 켜서 만든, 송진 범벅에 삐뚤빼뚤한 널조각으로"[2] 집의 외벽을 덮었다. "남향으로 앉은 언덕배기를 파서"[3] 지하 저장실을 만들기도 했다. "호수에서 돌멩이를 주워 두 팔 가득 안고 언덕으로 올라가기도 했는데 그 양이 수레 두 개를 채울 만큼이었다." 소로는 이 돌로 굴뚝의 기초를 쌓았다.[4] 심지어 문에 달 빗장쇠를 두드려 만드는 것도 도왔다. 침대를 만들기 위해 중국식 침대 겸용 의자를 재활용하기도 했는데, 수십 년 된 등나무 뼈대에 다리를 못질했고 들것에 쓰던 막대기도 갖다 붙였다. 소로는 집을 짓는 이 모든 과정을 즐겼다. "나는 일을 조금도 서두르지 않았을뿐더러 알차게 누렸다."[5] 즐거운 일을 서둘러 할 필요는 없는 법이다.

월든의 집이 소로의 첫 건설 프로젝트는 아니었다. 아버지 존을 도와 매입한 집을 새로운 터로 옮긴 적도 있다. 평생 열심히 일한 소로의 아버지는 당시 식료품점 사업을 두 차례나 말아먹은 뒤였다. 소로는 아버지와 함께 기초 공사를 해 텍사스가에 집을 짓고 "텍사스 하우스"라고 이름 붙였다. 집을 지어 보고 초석을 놓아 본 철학자가 얼마나 있을까?

호숫가 집이 완성된 후 진정한 노동이 시작되었다. 글을 쓰는 일이었다. 소로가 밝혔듯이 그는 월든 호수에 일을 하러 간 것이었다. 소로는 목숨이 달린 문제라는 듯 일했고 사실상 목숨이 달려 있었다고 주장한다. 우리가 한 작가의 글을 그 사람의 코퍼스(육신을 의미하는 라틴어 코르푸스에서 왔다 – 옮긴이)라고 부르는 데에는 이유가 있다. 그 작가가 남겨 놓고 떠난 사상의 육신, 혹은 기념비이기 때문이다. 소로의 친구이자 초월주의 학파의 동료였던 엘러리 채닝은 소로가 호숫가 집에서 놀라운 생산성을 발휘했다는 이유로 이 집을 "나무로 만든 잉크 받침대"[6]라고 했다. 여기서 머문 2년 하고도 두 달 하고도 이틀간 소로는 첫 저서 『콩코드와 메리맥강에서의 일주일』의 초고를 쓰고 또 수정했으며 117쪽 분량의 『월든』 초고를 썼다. 이뿐 아니라 다양한 수필을 다양한 방식으로 집필했는데 그중에는 추후 「시민 불복종」으로 알려진 「시민 정부에 대한 저항Resistance to Civil Government」도 있었다. 그나저나 첫 저서 『콩코드와 메리맥강에서의 일주일』은 판매량이 형편없었다. 왜냐고? 많은 사람들의 생각에 따르면 소로가 이 책을 집필할 때 지나치게 애를 썼기 때문이다. 실로 노동자 소로를 너무 그대로 본받지는 않는 편이 좋은데 소로는 여러모로 지나치게 애를 쓴 사람이기 때문이다. 그럼에도 짧고도 부지런했던 소로의 삶은 우리가 명심해야 할 여러 교훈을 준다.

*

소로는 미국 경제사의 중요한 전환기, 노동의 의미가 급진적으로 변화한 시기에 살았다. 소로의 직계 가족은 부유하지 않았다. 오히려 의심할 바 없이 가난할 때가 많았다. 소로의 집안이 1820년대에 들어 경제적 안정을 확보할 수 있었던 것은 소로의 삼촌 찰리가 뉴햄프셔에서 흑연 광산을 발견한 덕분이었다. 소로의 아버지와 삼촌은 연필 제작 사업을 시작했다. 훗날 미국 문학의 선택받은 아들로 불리게 될 젊은이에게도 매우 적합한 직업이었다.

소로의 어린 시절은 여느 노동자 집안 아이들의 경우와 마찬가지로 고난의 연속이었다. 아홉 살 때에는 "소에서 떨어졌다". 소로가 실제로 소를 타고 있었는지 그저 엎치락뒤치락하다가 그렇게 되었는지는 불분명하다. 같은 나이에 심부름으로 나무를 베러 나갔다가 발가락 하나를 잃기도 했다. 열두 살이 되었을 때에는 빗속에 임시 거처를 세울 수 있었다. 열여섯이 된 소로는 처음으로 배를 만들어 로버라는 이름을 붙이고 콩코드강을 오르락내리락 휘젓고 다녔다.

중요한 스승이자 동료였던 랠프 월도 에머슨을 위해 소로는 저장실 바닥에 마루를 깔기도 하고 울타리, 헛간, 옷장 선반, 배수구 등도 만들어 주었다. 게다가 에머슨의 아이들과 조카들도 돌보았다(뉴욕시에서 작가로 일할 발판을 마련하기 위해 스태튼아일랜드에 잠시 머물 때였다). 에머슨이 강연을 하느라 유럽에 가 있는 동안 콩코드에서 에머슨의 아내 리디언과 함께 에머슨 집안의 아이들을 돌보던 소로에게, 에머슨의 어린 아들 에디는 아빠가 되어 달라고 청하기도 했다. 에머슨에게 보내는 편지에 소로는 다소 경솔하게도 이렇게 적었다. "에디가 아주 심각한 얼굴로 묻더군요. '소로 아저씨, 우리 아빠가 되어 주실래요?' … 그러니 자리를 빼앗기기 싫다면 어서 돌아오셔야겠습니다."[7]

소로가 아이들을 돌보고 가르친 것은 이때가 처음이 아니다. 하버드 재학 시절에도 오레스테스 브라운슨의 아이들을 돌본 적이 있었다. 브라운슨은 설교자이자 작가, 노동 운동가로 은행과 부의 상속을 폐지해야 한다고 열변을 토한 사람이었다.

소로는 학교에서도 가르쳤다. 그는 일찍부터 교단에 서는 진로를 택했는데 대다수의 사람들이 "진로"를 정할 때처럼 꼭 원해서가 아니라 그렇게 하는 것이 당연하게 느껴져서 그랬을 것이다. 소로는 형이자 가장 절친한 친구였던 존 주니어와 함께 콩코드 아카데미를 다시 일으켜 세웠다. 콩코드 아카데미는 소로가 피니어스 앨런의 지도 아래 형 존과 함께 다녔던 사립 학교였다. 소로 형제의 다소 진보적인 교육 목표에 따라 학생들은 자연 속을 산책하거나 토론하거나 실용적인 기술을 배웠다. 형제의 제자로 널리 알려진 사람들 중에는 『작은 아씨들』의 저자 루이자 메이 올콧도 있다. 하지만 소로 형제의 교직 생활은 길지 않았다. 존의 건강이 악화되어 문을 연 지 겨우 4년 만에 두 사람은 콩코드 아카데미의 횃불을 다른 사람들에게 넘겨주었다.

하지만 하나의 진로가 다른 진로로 이어지기도 한다. 콩코드 아카데미를 운영한 덕에 소로는 운 좋게도 정기적인 소득을 가져다주는 일을 할 수 있었는데 바로 측량이었다. 콩코드 초등학교에서 측량을 가르치긴 했지만 소로가 측량 기사로 일하게 된 계기는 여러 다른 경우와 마찬가지로 부차적인 결과였다. 소로 연구자 제프리 S. 크레이머는 이렇게 썼다. "1840년 소로는 복합식 높이 측정 도구와 측량용 나침반을 구매했다. 형 존과 함께 운영하는 학교에서 측량의 기초를 가르치기 위함이었다. 수학을 공부하는 학생들에게 좀 더 실용적이고 구체적인 응용 분야를 보여 주고 싶었다. 덕분에 소로는 일생을 측량 기사로 일하며 돈을 벌 수 있었고 콩코드 지역에서 약 150건의 측량을 했다."[8]

소로는 측량 일로 만족하지 않고 부업도 했다. 그에게는 발명가의 면

모도 있었다. 그는 기존의 유럽산 고급 연필에 쓰이는 흑연보다 더 고운 입자의 흑연을 분쇄할 수 있는 기계를 발명했다. 소로는 스스로 "손가락 개수만큼 재주가 많다"고 말하기도 했다.[9] 살면서 장작 패기, 목수일, 석공 일, 흑연 분쇄 등 안 해 본 일이 없지만 신기하게도 손가락 열 개는 무사했다. (물론 발가락의 경우는 달랐다.)

어쨌든 소로는 게으름쟁이는 아니었다. 걸어 다닐 때도 일을 하라고 권유했다. 반추라는 일 말이다. 수필 「걷기」에서 소로는 "걸으면서 반추하는 유일한 짐승인 낙타처럼 걸어야 한다"[10]고 썼다. 그리고 스스로 낙타처럼 걷는 법을 실천했다. 로버트 설리번의 글에 따르면 "소로는 매일 4시간에서 6시간씩 걸었고 매일 수천 단어가 넘는 글을 썼다. 밖에서는 연필로 수첩에 적고 나중에 일기장에 잉크로 옮겨 적으면서 살을 붙였다".[11] 걷기를 반추와 엮은 것만이 아니다. 소로는 모든 여가 시간을 적극적인 행동과 엮었다. "여가가 좀 더 완전하고 온전한 행동을 할 기회가 아니면 무엇이겠는가?"[12]

＊

그렇다면 왜 미국 언론인 찰스 프레더릭 브리스는 『월든』이 출간되었을 당시 월간지 「퍼트넘 매거진 *Putnam's Monthly Magazine* 」에 서평을 쓰면서 소로를 디오게네스와 성 시메온에 견주었을까? 이 둘이야말로 실제로 어떤 일도 하지 않았다. 그러면서 디오게네스는 커다란 포도주 통에, 성 시메온은 열 길이 넘는 높은 기둥 위에 살았다. (게다가 "집"을 직접 짓기는

커녕 "어쩌다 발견한 물건"을 집으로 삼았다.) 글을 끄적이고 측량하고 집을 짓고 아이를 돌보고 식물 표본을 모았으며, 두엄을 퍼 나르는 일같이 하찮은 일을 비롯해 온갖 잡다한 일을 하며 시간을 보냈던 소로는, 그렇다면 왜 여유 만만한 시간 비우기의 대가, 뉴잉글랜드식 선불교의 지도자 취급을 당하게 된 걸까?

소로가 노동에 반대한다는 인상을 받았다면 그가 일을 하는 이유에 대해 의문을 제시했기 때문일 것이다. 소로는 고용자와 피고용자 모두에게 따져 물었다. 근로 계약을 파우스트적 거래라고 칭했으며 사람들이 "착각 속에 일한다"[13]고 주장했다. 이런 식으로 소로는 철학을 실용적인 것으로, 심지어 시급한 것으로 만들었다. 그는 사직의 기쁨과 위험, 근무일의 리듬, 노동이 필요 없는 기술의 유토피아라는 종종 터무니없는 약속, 그리고 불변의 철학적 질문, "내 월급은 얼마인가?" 등에 대해 차근차근 길잡이가 되어 알려 준다.

한편 소로가 근면한 노동자라고 생각하는 사람도 드물지만 그를 경제학자로 보는 사람은 더욱 드물다. 그러나 "도덕적·정치적" 경제라는 좀 더 오래되고 전체론적인 의미에서 소로는 분명히 경제 사상가였다. 소로의 귀중한 작품 『월든』의 첫 장 제목도 「경제」이다. 소로는 열심히 일한 만큼 일에 대해 골똘히 생각하기도 했다. 그는 소크라테스식 화법으로 일에 질문을 던졌다. 우리는 왜 지금과 같은 방식으로 일하는가? 거기서 무얼 얻고자 하는가? 그 결과 우리는 어떻게 되는가?

소로가 사회생활을 시작한 1830년대에 미국 경제는 오늘날의 모습과 비슷해져 가고 있었다. 사람 대신 기계가 굉음을 내며 돌아가고 주식 투기가 벌어지고 온갖 상품이 넘쳐나는, 돈에 미친 괴물이었다. 소로는 이런 변화를 경이와 공포의 시선으로 바라보았다. 콩코드강 기슭에서 보낸 어린 시절에는 화물을 실은 바지선이 여기서 저기로 천천히 움직이는 모습만 봐도 신이 났다. 선장은 가끔 소로를 태워 주기도 했고 그런 날만큼은 어린 소로도 거상이 된 기분이었다. 그러나 갈수록 소로는 현대 자본주의라는 세이렌의 노랫소리, 그 속에서 흥청망청 편안한 삶을 살 수 있다는 유혹에 두려움을 느꼈다. 물론 현대 경제 체제 속의 노동은 결코 편안하지 않다(소로 역시 일을 회피하는 사람은 아니다). 그러나 소로의 시대에도 우리 시대에도 노동의 문제점은 무엇보다 지나친 탐욕과 맹목적인 생산성 추구가 과도한 소외와 허무주의를 초래했다는 점이다.

이것이 과장이라고 느껴진다면 스스로에게 물어보자. 출근길에 종종 일하러 가기 싫다는 기분이 들지 않는지? 급여로 받은 돈으로 차에 기름을 넣고 회사로 가면서 회사를 불태워 버리고 싶다는 생각에 잠기지는 않는지? 주당 70시간 일해도 밀린 신용 카드 대금의 이자밖에 낼 수 없다는 사실을 깨달았을 때 죽고 싶다는 생각이 들지는 않는지? 아무리 열심히, 아무리 "영리하게" 일해도 언제나 주머니가 가볍다는 느낌을 받지 않는지? 이 정도면 이해가 될 것이다. 소로는 『월든』의 도입부에서 "경제"의 원뜻을 되새기려는 시도를 통해 오늘날의 경제 모델을 집요하게 비판한다.

"경제economy"라는 말은 뿌리가 그리스어 오이코스oikos에 있다. 고대 그리스에서 오이코스는 서로 연결된 세 가지 의미를 가지고 있었다. 가족, 가족의 땅, 그리고 가족의 집이라는 뜻이다. 의미상 서로 대체 가능한 이 세 가지는 고대 그리스의 가장 기본적인 정치 단위를 구성했다. 특히 그리스의 세습 귀족 가문에게 가족과 혈통은 다른 어떤 소속 단위보다 중요했다. 가족은 그 당시에도 이후에도 작은 국가로 여겨졌으며 가족 내에는 질서와 모범이(뛰어난 도덕의식의 모범 혹은 도덕적 해이의 반면교사가) 존재했다. 경제를 행하는 목적은 "집안 살림"이었다. 그리스어를 공부했고, 말장난이나 어원에 관심이 많았으며, 글을 쓸 때 무척 꼼꼼했던 소로는 매우 의도적으로 『월든』에서 가장 긴 장의 제목을 「경제」라고 붙인 것이다. 그의 오이코스, 스파르타식의 엄격하고 간소한 작은 호숫가 집에 살고 그 집의 질서를 세우면서 소로는 다른 사람들 역시 집안의 질서를 세울 수 있게끔 돕고자 했다. 한 번에 한 집씩, 한 번에 한 가족씩 도와 사회 전체에 새로운 생명을 불어넣고 싶었다. 이 건조한 첫 장의 제목은 말장난의 깊은 의도를 숨긴 채 이렇게 속삭인다. "이 책은 호숫가에 있는 단순한 집에 관한 이야기이자 그다지 단순하지 않은, 태양을 중심으로 도는, 무질서한 집에 관한 이야기이기도 합니다."

원래 경제란 은행 계좌와 주식 포트폴리오가 아닌 집을 가꾸고 관리하는 행위를 유지하는 것이 목적이다. 가장 본질적이고 유익한 의미에서의 집, 즉 번영하는 인간으로서 세상을 살아갈 수 있는 능력 말이다. 물론 여기서 이의를 제기하는 사람도 있을 것이다. "내 은행 계좌도 내 집을 유지하고 나를 번영하게 해 주는데요." 하지만 이런 반박은 소로의 요점을 간과한 것이다. 직업은 은행 계좌를 가득 채우고 주택 담보 대출을 상환해 주고 3개월마다 사흘간의 휴가를 보내 주겠지만, 인생의 대부분을 낭비하게 만들 수도 있다. 심지어 인생을 망쳐 놓을 수도 있다. 그 인생은 뚜렷한 의도를 가지고 좋은 집을 만드는 데 쓸 수도 있는 인생이다. 이 말을 있는 그대로 받아들여도 좋고 비유적으로 받아들여도 좋다. 넓은 의미로 이해해도 좋고 좁은 의미로 이해해도 상관없다. 어쨌든 사실이니까 말이다. 소로의 생각에 따르면 어떤 일은 "내 집처럼 편안한" 기분으로, 실제 그런 상태로 세상을 살아갈 수 있게 해 준다. 이것이 소로가 목표로 하는 경제다.

*

19세기에 현대 자본주의나 현대 사회에서의 노동의 의미를 재고했던 사람은 소로 혼자가 아니었다. 당대의 가장 유명한 철학자이자 경제학자 칼 마르크스는 소로가 저항하려 했던 바로 그 노동으로부터의 소외를 관심 주제로 삼았다. 19세기 전반기 미국에서는 유토피아 사상가들이 무리 지어 나타났고 공동체를 형성함으로써 그 안에서 삶을 지탱하는 의미 있는 노동을 찾고자 했다. 이런 동시대 사람들의 목적이 호숫가에 집을 짓고 살았던 소로의 목적과 비슷해 보일 수도 있겠지만 사실 상당한 차이가 있다. 소로의 지적 동료들, 특히 초월주의자들은 실험적으로 공동체 생활을 시도했다. 가령 조지 리플리의 브루크 농장(1841-1847), 에이머스 브론슨 올컷의 프루틀랜즈(1843-1844)가 있다. 하지만 소로는 반대의 실험, 즉 홀로 사는 실험을 했다. 학자 마이클 마이어는 이런 차이를 언급하면서 "소로가 월든 호수에서 2년간 은거한 것은 초

월주의자들의 공동체적 노력에 대한 답변이었다"고 말한다.[14]

소로는 브루크 농장에 방문한 적도 있지만 함께 살지는 않기로 했다. 리플리가 랠프 월도 에머슨을 브루크 농장으로 불러들이기 위해 쓴 편지에는 소로의 작업에서 볼 수 있는 것과 비슷한 생각이 담겨 있다.

> 아시다시피 우리의 목표는 지적 노동과 육체노동이 현재보다 좀 더 자연스럽게 결합되도록 하는 것입니다. 한 개인 안에서 사상가와 노동자가 최대한 하나가 되는 것입니다. 모두가 취향과 재능에 맞는 일을 하고 노력의 결실과 연결되도록 함으로써 가장 숭고한 정신적 자유를 보장하는 것입니다. 교육의 혜택과 노동의 이익을 모두에게 열어 주어 허드렛일의 필요성을 없애는 것입니다.[15]

왜 삶이라는 일을 이토록 다양하게 실험한 걸까? 분위기가 어땠기에 이처럼 많은 사상가들이 일과 삶의 본질을 재고하게 된 것일까? 공동체 차원에서든 개인의 차원에서든 왜 새로운 형태의 "집안 경제학"이 급증한 걸까? 당시 여러 미국 노동자들이 뿌리 없이 부유하고 있다는 기분을 느낀 탓일 수도 있다. 산업 혁명 도중 많은 사람들이 도시로 이주하면서 가족 소유 농장, 긴밀하게 짜여 있던 공동체가 파괴되었고 사람들은 제대로 자기를 챙기지 못하고 표류하는 상태가 되었다.

이런 실험이 진행된 좀 더 뚜렷한 이유가 있다면, 그리고 무엇보다 소로가 살림으로서의 경제에 관심을 갖게 된 이유가 있다면 당시 국가라는 오이코스가 둘로 갈라져 있었기 때문일 것이다. 에이브러햄 링컨이

"분열된 집"에 대한 연설을 한 시점은 『월든』이 출간된 지 4년 후, 소로가 월든 호숫가 집에서 마지막 하루를 보낸 지 11년이 지난 때로, 이 연설은 전후 시기 미국의 가장 근본적인 공포를 들여다보고 있다. "'분열된 집은 무너질 수밖에 없습니다.' 나는 이 정부가 절반은 노예, 절반은 자유인 상태로 영영 버틸 수는 없다고 생각합니다. 나는 남부 연합이 해체되는 것을, 집이 무너지는 것을, 원하지 않습니다. 하지만 집이 분열되어 있어서는 안 됩니다. 집 전체가 이쪽이 되거나 전체가 저쪽이 되어야 할 것입니다."[16]

친구 에머슨과 달리 소로는 노예 폐지 운동이 유행하기도 전에 이미 노예 제도에 반대하고 있었다. 남북 전쟁이라고 부르는 전국적인 붕괴 상태가 있기 훨씬 전부터 소로는 전쟁을 촉진한 미국 사회의 내재된 갈등을 드러내고 표적으로 삼았다. 소로는 비도덕적이고 끝없는 물욕으로 인해 미국이 노예 경매대의 국가로 전락하고 있다고 생각했다. 『월든』이 출간되기 4년 전, 1850년 제정된 탈주 노예법은 노예제가 폐지된 주에 살고 있는 탈주 노예의 경우라도 주인에게 반환되도록 요구했다. 그 결과 노예제가 폐지된 주가 없어지다시피 했다. 집 전체가 잔인한 속박의 집이 되었고 누구도 그 집을 편안하게 여기지 않았다. 이 연방법에 따라 연방 정부인 워싱턴 DC는 전국적으로 노예 사냥을 벌여야 했다.

탈주 노예법이 시행되기 여러 해 전, 소로가 납세 거부로 유치장에서 하룻밤을 보낸 일화는 유명하다. 소로는 여러 가지 방면으로 도덕성이 의심되는 국가에 세금 내기를 거부했는데 미국이 멕시코를 상대로 벌이고 있던 정의롭지 못한 전쟁도 소로가 납세를 거부한 중요한 이유였다. 이런 저항을 통해 소로는 당대의 경제를 지탱하던 막무가내식 팽창주의와 도덕적 태만에 문제를 제기했다. 짧은 구금의 경험을 바탕으로 소로는 전무후무한 영향력을 발휘한 정치 논평 「시민 불복종」을 썼고 이 글은 레오 톨스토이, 마하트마 간디, 마틴 루서 킹 주니어 등에게 깊은 영감을 주었다.

간디는 자기 나름의 방식으로 변형한 형태의 시민 불복종, 즉 사탸그라하를 이용해 인도라는 오이코스에 대한 영국의 착취를 종식하고자 했다. 인도 경제를 되찾기 위한 간디의 방식도 소로의 방식처럼 개인의 노동의 의미를 되찾는 데 달려 있었다. 인도 국기에 영원히 새겨진 돌아가는 바퀴의 형상은 노동의 필요성을 일깨우고 있다. 나 자신의 노동을 통해서만 개인의, 국가의, 우주의 집을 지을 수 있다는 의미다.

역사상 가장 놀라운 시민 불복종 운동으로 여겨지는 간디의 "소금 사탸그라하" 혹은 "소금 행진"을 보자. 수만 명의 사람들이 24일 동안 390킬로미터를 걸으며 단지 소금을 모아 판매하려고 시도했던 이 효과적이면서도 비폭력적인 행진이 이루어지는 동안 영국 관리들은 시민들을 괴롭히고 체포했다. 소금 행진은 『월든』의 「경제」에 나오는 한 문장을 연상시킨다. "마지막으로 소금 같은 경우, … 바닷가에 갈 좋은 핑계로 삼을 수 있다."[17] 간디는 이를 실행에 옮겼다. 바닷가 마을인 단디의 해안에 있는 염전으로 걸어간 것이다. 당시 영국 지배자들은 소금을 독점하고 소금에 무거운 세금을 매기고 있었다. 인도의 방대한 해안선을 따라 쌓인 천연 소금을 구하는 일은 어렵지 않았는데도 식민지 정부의 공급업자를 통해서 사지 않으면 범죄로 간주했다. 간디는 염분이 가득한 바닷가 흙을 손에 가득 움켜쥔 뒤 치켜올림으로 해서 세계 최강 제국의 법에 불복한 것이다. 무해해 보이는 한 줌 흙을 들고 간디는 이렇게 말했다. "이것으로 나는 대영 제국의 기반을 흔들 것이다."[18]

간디는 소로와 마찬가지로 노동의 차원에서 개인의 변화와 책임이 가진 힘을 이해하고 있었다. 나라는 가장 기초적인 정치 단위에서의 변화와 책임 말이다. 간디는 이렇게 썼다. "우리는 세상을 반영하는 거울이다. 외부 세계에 존재하는 모든 경향은 우리 몸의 세계에서도 찾을 수 있다. 우리가 우리를 변화시킬 수 있다면 세계의 다양한 경향 또한 바뀔 것이다. … 남들이 어떻게 하는지 보려고 기다릴 필요는 없다."[19]

소로의 「경제」는 자기 자신을 정돈함으로써 미국이라는 집에, 가능하다면 세계라는 집에 변화를 가져오라고 우리에게 말한다. 지구적으로 생각하고 지역적으로 행동하라. 이것이 모든 정치 단위에서의 살림 경제에 해당하는 것이다. "의식적인 삶을 살라"는 명령은 단지 개인을 위한 좌우명이 아니라 사회를 위한 지침으로서 우리가 날마다 어떤 선택을 하며 살아가는지 깨어나 살펴보라는 의미이며 일단은 내 집을 돌아보아야 하지만 거기에 국한되지는 않는다는 의미이다.

*

대표적인 소로 평전 『헨리 데이비드 소로』를 쓴 로라 대소 월스는 최근 한 인터뷰에서 이렇게 말했다. "「경제」는 우리가 내리는 선택이 괴물처럼 거대한 사회적·물질적 하부 구조를 지탱하며, 그로 인해 우리가

일터의 소로

자연으로부터 그리고 서로에게서 멀어지고 있다는 사실을 마주하게 만듭니다."[20] 소로는 현대 사회의 위기를 강조했지만 그에 못지않게 중요한 것은 소로가 해결책의 단초를 제공했다는 점이다. 적어도 그는 어려움을 헤쳐 나가기 위한 방법을 제시했다. 그 해결책이란 개개인이 인류를 위해 협력하여 만들어 나가야 하는 것이었다. 소로가 체질적으로 협력을 꺼린다고 생각했다면 다시 생각해 보기를 바란다. 소로의 호숫가집은 언제나 열려 있었다. "내가 아는 모든 것을 기꺼이 알려 줄 것이며 대문에 절대로 '출입 금지'라고 적지 않을 것"이라고 소로는 썼다.[21] 로버트 설리번의 기록에 따르면 "[소로가 월든에서 보낸] 첫 해 8월 7일에 지역 신문 「콩코드 프리먼Concord Freeman」은 노예 제도에 반대하는 여성의 연례 모임이 열렸다고 전했다. 서인도 제도의 노예 해방 기념일을 맞아 모임이 열린 장소는 월든 호수에 있는 소로의 집이었다".[22]

노동자이자 살림꾼으로서 소로는 삶을 향상하기 위해 협력과 친절이 필요하다는 사실을 잘 알고 있었다. 우리는 타인이 필요하고 타인에게 잘해야 한다. "인간의 가장 뛰어난 본성은 열매에 달린 꽃처럼 아주 조심스럽게 다루어야 지켜 낼 수 있다. 하지만 우리는 자기 자신도 타인도 그렇게 조심스럽게 다루지 않는다."[23] 무슨 일을 하든 경제학자들이 "부정적 외부 효과"라고 하는 것, 즉 제3자에게 가는 피해를 고려해야 한다. 하류의 연어 서식지로 산업 폐수가 흘러 들어간다고 생각해 보자. 공장은 수많은 타인들에게 끼치는 끔찍한 피해에 대해 어떤 대가도 치르지 않을 수도 있다. 자신의 생을 더 깊이 고려해야 한다는 생각이 핵심인 「시민 불복종」에서 소로는 이렇게 말한다. "내가 남과 다른 일을 추구하거나 생각에 잠길 때에는 먼저 남의 어깨에 앉아 있지는 않은지 살펴야 한다. 다른 사람의 어깨를 타고 앉아 있다면 그 사람 또한 생각에 잠길 수 있도록 거기서 내려와야 한다."[24]

소로는 하숙집을 운영했던 어머니 신시아에게 친절에 대해 배웠다. 그리고 또 다른 여성 리디아 마리아 차일드에게 알뜰하게 살림하는 방법을 배웠다. 차일드는 노예 폐지론자이자 여성과 아메리카 원주민들의 권리를 지지하는 활동가였다.

1829년 발간된 차일드의 소박한 살림 책 『검소한 주부: 절약을 부끄러워하지 않는 사람들을 위한 책』은 마치 생활을 향상시키고 "찰나를 향상"시키고자 했던 소로의 욕구를 예언하는 듯한 내용으로 시작한다. "살림에서 진정한 절약은 모든 조각을 주워 담아 어떤 것도 낭비하지 않는 기술을 말한다. 여기서 말하는 조각은 물질뿐만 아니라 시간의 조각이기도 하다. 아무리 하찮더라도 쓰임새를 찾을 수 있다면 어떤 것도 버려서는 안 된다. 그리고 식구가 몇이든 모든 식구가 돈을 벌거나 절약하는 데 힘써야 한다."[25]

어떻게 보면 인색하고 돈에 무심해 보이는 소로의 생각과 딴판인 것처럼 보인다. 하지만 무심해 "보이는" 것뿐이다. 소로는 물건의 진정한 가치를 매기는 돈에는 관심이 많았다. 「경제」에는 식료품 가격이나 건설 비용 등의 숫자를 나열한 목록이 여럿 있다. 이러한 계산서는 한편으로 당시 인기가 많았던 주택 도안 책에 대한 조롱이기도 하지만 중요한 목적도 있다. 바싹 마른 세부 항목 밑으로 수맥이 흐르고 있는 것이다. 소로와 차일드의 메시지는 정확히 일치한다. "낭비하지 않으면 모자람이 없을 것이다." 소로에게 이것은 개인뿐만 아니라 공동체를 위한 조언이다. 내가 낭비하지 않으면 다른 사람에게도 모자라지 않는다. 소로는 개인이나 가족에게 없어서는 안 될 생필품의 목록을 작성하면서 그것을 마련하는 데 실은 큰 비용이 들지 않는다는 점을 지적한다.

*

의미 있는 생활을 하려면 무엇보다 이런 생필품을 가졌을 때 "편안함"을 느껴야 한다. 『검소한 주부』에서 차일드는 주로 철학적인 내용을 담아 그다지 주목받지 못하는 부분에서 이렇게 말한다.

> 우리는 모두 이웃이 가진 것을 부러워하면서 우리가 다른 운을 타고났다면 더 행복할 것이라고 생각하곤 한다. 하지만 세속적인 부는 누구나 가질 수 있다. 거기에 따르는 엄청난 비용을 감당하기 위한 습성과 성향만 있다면 말이다. 그러나 진정으로 지혜로운 삶은 우리에게 주어진 조건의 온갖 이점을 찾는 삶이지 우리에게 다른 조건이 주어진다면 얼마나 즐거울까 상상하는 삶이 아니다.[26]

이것이야말로 진정 지혜로운 삶이지만 행동에 옮기기는 굉장히 힘들다. 지혜로운 삶을 살기 위한 한 가지 방법은 천천히, 목적의식을 가지고, 질서 있게 주어진 것을 이용하는 것이다. 차일드는 "위대한 지성의 가장 뚜렷한 특징"에 대해서 "중요하게 여기는 한 가지 목표를 선택해서 평생 그 목표를 추구하는 성질"이라고 말한다.[27] 곤도 마리에의 『정리의 힘』도 비슷한 통찰을 제공함으로써 베스트셀러가 되었다. 특정한 목표, 결과, 목적을 선택하고 실제로 거기에 신경을 쓰면 그동안 대부분의 시간을 보내는 집 그리고 일터에서 그것 없이 살아왔다는 사실을 깨닫게 된다. 우리 삶의 가장 시급하고 내밀한 속성에, 심지어 삶의 의미에 별 신경 쓰지 않고 살아왔다는 사실을 깨닫게 된다.

소로는 결코 단조롭고 보람 없는 노동을 치켜세운 적 없다. 따분해 죽을 것 같은 일이나 잡무에 대해 선불교적인 태도를 유지하라고 말하지 않는다. 소로는 집을 나만의 안식처로 만들어 줄 경제적 요소들에 대한 고려를 바탕으로 의식적으로 살기를 권한다. 거대한 팬데믹은 집과 일터의 경계가 유연하다는 사실을 부각시켰다. "대사직 시대"라고 말하기도 하는 현 시기 많은 사람들이 회사로 돌아가기를 거부하고 있다. 원격 근무를 계속하거나 원격 근무를 선택할 수 없다면 그냥 퇴사한다. 이제 정말로 의식적으로 살 작정이라는 듯 자기만의 호숫가 집에 말뚝을 박은 사람들도 많다.

자문해 보자. 나에게 절대적으로 귀중한 것, 즉 나에게 아직 남아 있는 시간을 낭비하고 있지는 않은가? 가장 뛰어난 "비즈니스"의 기술은 무익한 비즈니스를 거부하는 것이 아닐까? 나는 동네 이웃들이 가진 농장과 저택을 탐하고 있지는 않은가? 그렇다면 그것을 소유한 대가가 무엇인지 알아보았는가? 소박한 난롯가에 친구들이 있고 지붕 아래 몸 누일 곳이, 머리 위에 별들이 있다면 일과 살림의 가신들에게 작은 기도를 드리기를 바란다.

그뿐 아니라, 읽어 보면 알겠지만, 소로는 모든 물음에 대해 답이 있는 척하지 않는다. 모든 물음은커녕 대부분의 물음에 답이 없다.

> 나는 세상 사람들이 가능한 한 다채롭기를 바란다. 개개인이 아주 신중하게 자기만의 길을 찾아 따라가기를, 아버지나 어머니나 이웃들의 길을 따르지 않기를 바란다.[28]

나만의 길은 내가 생각하는 성공으로 이어져야 한다. "사람들이 성공한 삶이라고 여기고 칭송하는 삶은 한 가지 방식뿐이다. 우리는 왜 하나의 방식만을 지나치게 강조하고 나머지 방식은 희생시키려고 할까?"[29] 소로는 우리의 동료는 될 수 있겠지만 결코 우리의 상사가 되려고 하지는 않을 것이다. (독자들도 아마 소로를 상사로 두고 싶지는 않을 것이다. 현재의 상사를 대체한다면 또 모르겠지만.)

『일터의 소로』는 소로가 종종 택한 집필 방식에 따라 개인적인 일화와 사연을 통해 이야기를 풀어 나갈 것이다. 우리는 직장 동료, 이웃, 친구 등과 대화를 나누며 일터의 지루한 일상에 대해 여러 질문을 던졌다. 그들의 욕구, 통찰, 이야기는 이 책을, 소로와 이 시대 노동의 본질에 대한 우리의 사상을 형성했다. 소로의 생과 사상이 오늘날의 직업 노동을 이해하는 데 얼마나 중요한지 보여 주기 위해 우리 자신의 경험과 소로의 경험을 한데 엮어 만든 이야기가 바로 이 책이다.

우리는 대개 생의 대부분을 일터에서 보내야 하지만 그걸 원하지 않는 사람들도 많다. 우리는 다른 걸 원한다. 그것은 불가능한 것일 수도 있다. 소로는 당연히 엘리트주의자라는 비판을 받는다. 그가 특정한 사회 경제적 계층의 일원으로 태어났고 그럴 능력이 있었기 때문에 쉽게 호숫가 집으로 달아나 철학을 했다는 것이다. 이 책 역시 엘리트주의적으로 보일 수 있을 것이다. 충분한 시간과 돈, 교육 수준이 있어야 이 책을 읽을 수 있다. 소로를 흉내 내려면 어느 정도의 특권이 있어야 한다는 말이다. 하지만 책을 구매하고 또 읽을 수 있는 부류의 사람들은 대체로 다양한 방식으로 재평가되고 재고되어야 하는 직업을 가지고 있다. 바로 이 사실이 그들을, 여러분을, 일에 대한 소로의 사상으로 끌어당긴다면 더 바랄 것이 없다. 물론 이 책을 읽을 시간도 여유도 없는 노동자들도 있을 것이고 무척 유감스러운 일이다. 그런데 진정 유감스러운 사실이 있다면 오늘날의 노동 구조에서 노동자들은 이 책이 아니라 그 어떤 책이든 읽을 시간도 여유도 없다는 점이다. 더 심한 것은 노동자들에게 그런 욕구조차 없다고 치부하는 노동 구조다. 이런 구조가 바로 소로가 반복적으로 해체하려고 했던 구조다. 어쩌면 헨리 데이비드 소로가 그토록 오래 전부터 시도했듯이, 살림의 경제를 위해 일해야 할 때가 아닐까? 어쩌면 우리 가운데 몇몇은 그 옛날의 숲속으로 들어가 일터의 소로를 지켜보기 위해 약간의 시간과 에너지를 투자할 수 있지 않을까?

1

퇴사

우리는 때로 급여를 포기하고 일을 그만둔다. 그 대신 두 발 편히 뻗을 수 있는 마음의 평화를 얻기도 하고 자존감을 되찾기도 한다.

18세기 말에 소로의 할아버지는 오늘날 콩코드에서 가장 인기가 많은 관광지를 지었다.[1] 오늘날 콜로니얼 인이라고 불리는 이 여관은 1716년에 처음 문을 연 조지 왕조 양식의 큰 건물이다. 소로의 할아버지는 이 여관의 가장 동쪽 끝에 있는 부분을 지었다. 그가 첫 주춧돌을 놓았던 여관 후면에는 현재 빌리지 포지 태번 Village Forge Tavern 이라는 아담하고 어두컴컴한 선술집이 있다. 줄여서 "포지(대장간 - 옮긴이)"라고도 한다. 벽과 천장에는 풀무, 멍에, 그 밖에도 다양한 옛 농기구가 걸려 있는데 요즘 콩코드 사람들은 이런 기구를 사용하기는커녕 용도조차 알지 못할 것이다. 포지의 한가운데에는 참나무로 만든 긴 바가 있고 바 뒤에는 키 크고 깡마른 로렌스가 서 있다.

이 글의 대부분은 로렌스의 일터에서 썼다. 어느 날 밤 로렌스가 이렇게 말했다.

"아주 괜찮은 직장이에요."

베드퍼드와 콩코드, 렉싱턴 등지에 사는 부유한 사업가나 첨단 기술 기업의 영업직 사원들은 포지에 수시로 들락거리며 가격이 과하게 책정된 음료를 시키지만 바텐더에게 팁을 주어야 한다는 사실은 깜빡한다. 가게의 책임자는 선심 쓰듯 로렌스에게 초과 근무를 주는가 하면 휴가는 깜빡하고 주지 않는다. 로렌스는 아이가 둘이고 대가족과 함께 산다. 그래서 초과 근무를 거절할 수 없다고 말한다. 로렌스는 거의 항상 혼자 힘으로 포지를 지킨다.

"괜찮은 직장이에요."

로렌스는 마치 자기 자신을 타이르듯 같은 말을 되풀이한다. "하지만 가능한 한 빨리 그만둘 거예요. 다른 꿈이 있거든요. 버몬트주에 땅을 사서 농장을 시작할 거예요. 채소도 팔고요. 그런데 정말 하고 싶은 건 프리스비 골프장을 여는 거예요."

로렌스는 오늘날 수많은 노동자처럼 퇴사를 꿈꾼다. 영원한 퇴사를.

"어리석은 일관성은 편협한 지성에 붙은 잡귀다."[2] 전형적인 만능 재주꾼 소로는 에머슨의 말을 삶의 방식으로 삼았다. 생계를 꾸리는 일은 단지 가고 싶은 직장을 선택하는 데서 끝나지 않는다. 오늘날 중요한 기술은 한 직장에서 다른 직장으로 옮기는 이직의 기술이다. 다시 말해 때맞추어 퇴사하는 기술이다. 소로는 이 방면의 선구자다. 물론 사직을 좀 더 극적인 측면에서 생각해 볼 수도 있다. 현대 자본주의 사회의 극심한 경쟁에서 빠지겠다는 투철한 의지일 수도 있고 일의 의미나 가치를 떨어뜨리는 노동 조건에 대한 저항일 수도 있다. 소로는 이런 다양한 의미의 사직에 대해 잘 알고 있었다. 새로운 일을 시도할 자유로 생각하기도 했고 맘몬(부와 탐욕을 상징하는 기독교의 우상-옮긴이)을 숭배하지 않겠다는 각오, 혹은 도덕적으로 수상쩍은 직업에 대한 거부로 이해하기도 했다.

노동자 소로에 대한 책을 "퇴직자" 소로에 대한 이야기로 시작하는 것이 괴상하기는 하다. 일을 그만두는 얘기부터 하는 게 이상하기는 해도 소로는 "모든 새로운 시작은 다른 시작의 끝에서 나온다"는 옛말을 믿었다. 퇴사도 마찬가지다. 오늘날 점점 더 많은 근로자들이 바로 이 사실을 빠르게 깨달아 가고 있다. 적어도 미국은 지금 사표를 내는 중이다. 집단적으로 사직 의사를 통보하고 있으며 정식으로 작별 인사를 고하고 있다.

하버드 비즈니스 스쿨이 발행하는 「워킹 놀리지」에 실린 글에 따르면 "지금은 대사직의 시대이다. 근로자들은 자신에게 정말 뜻깊은 일이 무엇인지 생각할 시간과 공간을 갖게 되었고 선택의 폭도 넓기 때문에 퇴직률이 급격히 치솟고 있다는 사실은 놀랍지 않다."[3]

원격 근무의 맛을 본 사람들은 전으로 돌아가려고 하지 않는다. 「아르스 테크니카」는 최근 이렇게 보도했다. "미국 전역에서 애플, 구글, 페이스북과 같은 거대 기술 기업의 지도자들이 수천 명의 직원들과 섬세한 밀고 당기기를 계속하고 있다. 최근 들어 직원들은 매일 사무실로 출근하라는 사측의 요구가 허황되며 용납할 수 없는 조건이라는 확신을 굳힌 바 있다."[4] 이 얘기가 혁명적으로 들릴지 몰라도 그렇지 않다. 소로에게도 분명히 익숙한 상황일 것이다. 우리에게는 우리가 최초라고 생각하고 싶어 하는 경향이 있지만 그것은 현저성顯著性,salience의 유혹일 뿐이다. 즉 현재 겪고 있는 특별한 경험만이 의미를 갖는다고 생각하고 싶은 편향이다. 하지만 사직은 우리가 처음이 아니며 당연히 마지막도 아니다.

✳

1837년 헨리 데이비드 소로는 두 손을 들었다. 그 옛날 소로의 운명은 엇갈렸다. 소로가 하버드대학교를 졸업한 1837년, 공황이 대규모 경제 불황을 촉발했다. 학교를 갓 졸업하고 매사추세츠주 콩코드로 돌아온 소로는 일자리가 씨가 마른 상황에서 직장을 구하려고 애를 썼고 곧 교사로 채용되었지만 그만두었는데 그 이유를 논해야 마땅하지만… 나중으로 미루자. 그만둔 뒤에도 소로는 여전히 교사로 일하기를 바라면서 다양한 잡일을 구하러 다녔다. 하지만 결핵이 자꾸 도지는 바람에 방해를 받았다.

1837년 11월에는 처음으로 글을 발표했다. 88세에 사망한 콩코드 주민 애나 존스의 부고였다. 1838년 3월이 되자 소로는 형이자 가장 절친한 친구 존 소로에게 길을 떠나자고 제안했다. "제안하고 싶은 게 있어. 같이 서부로 떠나서 함께 학교를 세우든지 각자 직장을 구하든지…. 이곳 사람한테 돈을 좀 빌릴 수 있을 것 같아. 시도는 해 봐야 하지 않겠어?"[5] 1838년 5월에도 비슷한 시도가 있었다. 5월 2일, 랠프 월도 에머슨으로부터 10달러를 빌리고 추천서를 받은 소로는 메인주로 취업을 하러 떠났다. 형은 같이 가지 않았다. 보름 후 소로는 고향으로 돌아왔다. 취업에는 실패했다.

메인주로 취업 여행을 다녀온 지 한 달도 채 지나지 않아 소로는 콩코드에 있는 본가에 사립 학교를 열었다. 처음에는 전교생이 네 명이었지만 곧 여덟 명으로 늘어났기 때문에 소로는 존에게도 교사가 되어 달라고 청했다. 요즘으로 치면 소로의 학교는 "대안 학교"로 분류될 것이다. 휴식 시간은 보통 10분이었지만 소로 형제는 학생들의 오전 휴식 시간을 30분으로 정했다. 직업 탐구를 위해 인쇄소 등으로 견학도 갔다. 불행하게도 존의 결핵 때문에 1841년 형제는 학교를 닫아야 했다. 1842년 1월 11일, 25세였던 소로는 형 존을 잃었다. 존은 결핵 때문이 아니라 면도를 하다가 손에 아주 가벼운 상처를 입은 탓에 파상풍으로 죽었다. 겉으로는 안정적으로 보일지라도 인생은 이토록 위태로운 것이다. 소로는 형을 잃은 상실감으로 남은 20년 평생 1월만 되면 마음이 어두워지곤 했다.

1843년 5월, 소로는 작가의 꿈을 좇고자 뉴욕주 스태튼아일랜드로 거처를 옮겼다. 소로는 프리랜서 작가로서 어느 정도 성공했지만 뉴욕살이의 꿈은 몸부림 끝에 결국 산산조각 났다. 겨우 7개월 만에 집으로 돌아온 소로는 잠시 몸을 웅크리고 마음을 얼추 다잡아 보려고 했다. 하지만 1844년 4월 친구 에드워드 셔먼 호어와 함께 실수로 산불을 냈고 콩코드 숲을 36만 평 넘게 태워 먹었다. 「콩코드 프리먼」은 이렇게 보도했다. "화재의 원인은 소나무 그루터기에 불을 붙인 두 지역 주민의 생각 없는 행동이었던 것으로 파악됐다."[6] 바로 이 사건이 최후의 결정

타에 불을 댕긴 듯하다.

1845년 7월 4일, 스물여덟 번째 생일이 되기 며칠 전 소로는 다 포기하고 퇴직자의 삶을 살기로 했다. 온 나라가 독립 기념일을 축하하고 있을 때 소로는 자신의 독립을 선언하고 콩코드에서 월든 호수까지 2마일을 걸어갔다. 그리고 거기서 2년 2개월 하고도 이틀을 머문다.『월든』을 미국 최초의 환경 운동 선언으로 해석하기 쉽고 그런 해석도 어느 정도 일리가 있지만, "자연으로 회귀"하려는 소로의 시도는 당대의 문화를 규정하고 있던 자본주의적 극한 경쟁으로부터 벗어나려는 시도이기도 했음을 기억해야 한다.

단지 "생계를 유지"하는 삶과 자기 인생을 진정으로 살아가는 삶 사이에는 차이가, 확실한 간극이 있다. 이것이『월든』이 주는 불변의 메시지이다. 현대 삶의 정신없는 바쁨busyness 을 인생살이라는 본질적인 일business과 혼동해서는 안 된다. 인간의 삶이 귀중한 이유는 덧없고 찰나적이기 때문이다. 사람은 파상풍으로, 혹은 결핵으로, 혹은 독감으로, 혹은 팬데믹으로 죽을 수 있기에 우리에게 주어진 끔찍하게 짧은 시간을 낭비하지 않는 것이 좋다. 소로는 자기 손으로 소박한 집을 지으며, 콩과 멜론을 키우며, 아이들을 데리고 콩코드 주변의 허클베리밭을 누비며 보내는 인생이 최고의 인생이라고 생각했다. 위대한 퇴직자가 되려면 내 인생을 되찾아야 한다. 무엇을 중시하고 어디서 의미를 찾을지 의식적으로 선택해야 한다.

일을 그만두는 데는 여러 가지 이유가 있다. 소로는 그 모든 이유에 대해 잘 알고 있었다. 가장 단순한 퇴직 사유는 그저 더 이상 버틸 수 없기 때문이다. 주어진 일을 잘 못해서일 수도 있다. 그다지 부끄럽게 여길 만한 이유는 아니다. 스스로 인정하지 못하는 게 더 부끄러운 일이니 말이다. 10대 시절 소로는 미국에서 가장 유명한 시인이 되고자 했다. 하지만 가망이 없었다. 소로의 재능은 다른 데 있었다. 아예 시도하지 않은 것은 아니지만 소로의 글은 시라는 형식과는 대체로 거리가 있었다. 혹은 육체적으로 버티기 힘들 수도 있다. 이럴 경우에도 빨리 깨닫고 새로운 소명을 찾아보는 것이 좋다. 새로운 소명이 회복을 위한 휴식기를 갖는 것일 수도 있다. 소로의 경우 주기적으로 결핵이 재발했기 때문에 일을 그만두어야 하곤 했다. 건강 상태와 운명은 종종 사직을 꽤나 수월하게 만든다. 그리고 대개 좋은 결과로 이어진다. 이러한 퇴직 사유는 딱히 철학적이지는 않지만 그래도 중요하다. 어쩔 수 없는 한계로 인해 특정한 일을 지속하기 힘든 경우가 있다는 사실을 인정하지 못하는 사람도 많기 때문이다.

철학적으로 흥미로운 퇴직 사유는 선택의 문제와 관련이 있다. 소로의 글에서 수시로 되풀이되고 있는 물음을 살펴보자.

부지런한 게 다가 아닙니다. 개미도 부지런합니다. 당신은 무엇을 위해 부지런히 일하고 있습니까?[7]

만약 우리가 잘못된 것을 "위해" 일하고 있다면 우리 인생도 마찬가지일 것이다. 그렇다면 그만둘 이유가 충분하다. 그만두지 않는다면 소로가 『월든』에서 말했듯 생의 마지막에 이르러 진정한 삶을 살지 못했다는 사실을 발견하게 되고 말 것이다.

소로는 소비를 기반으로 하는 잉여 경제의 대두를 목도했다. 돈이 유례없이 중요해지는 과정을 목격했다는 뜻이기도 하다. 소로는 돈을 "위해" 부지런히 일하는 행위에 대해서 자신의 입장을 명확히 밝혔다. 돈을 많이 벌 수 있는 일자리는 어떤 대가를 치르고라도 평생 지켜야 한다고 생각하는 사람도 많지만 소로는 한 번도 여기에 동조하지 않았다. 오히려 그런 일은 더 면밀히 들여다보아야 하고 버려야 한다. 충만한 인생을 사는 데 방해가 되기 때문이다. 무의미한 일, 보수, 비도덕적인 일 등에 대해서는 이 책의 후반부에서 이야기할 테니 먼저 "벌이가 좋은 일"을 그만두는 행위가 가지는 의미에 초점을 맞추어 보자.

『월든』에 나타나는 소로의 경제에 대한 시각은 고대 그리스 철학자들의 시각에 기반을 두고 있지만 로버트 리처드슨이 수년 전 언급했듯 애덤 스미스의 『국부론』에도 영향을 받았다. 이 책을 읽고 소로는 "부의 진정한 기초는 금이나 은이 아니라 생산적인 노동이라는 근본적인 전제"를 깨달았다.[8] 근무 시간 동안 내가 실제로 무엇을 생산하고 있는지 자문해 보자. 제품이나 아이디어인가? 설계도 혹은 성품이 원만한 학생인가? 혹은 아무것도 아닌가? 만약 답변이 만족스럽지 못하거나 아예 답할 수 없다면 소로는 도망칠 때가 되었다고 말할 것이다.

스미스가 말했다. "한 사람이 가난한지 부자인지를 판단하려면 인간이 살아가는 데 필요한 필수품, 편리, 오락거리를 얼마나 누릴 수 있는지 보면 된다."[9] 소로의 생각은 달랐다. 물론 한 사람의 부를 가늠하는 데 필수품은 중요하고 소로는 누구나 생필품을 스스로 구할 수 있는 능력을 가져야 한다고 주장했다. 하지만 현대 사회에서 오락거리로 여겨지는 것들은 노동자 소로에게 딱히 동기 부여가 되지 않았다. 스미스와 달리 소로는 이렇게 썼다. "한 사람의 부는 그가 없이 살 수 있는 것들의 수에 비례한다."[10] 소로는 가난을 낭만화하는 것이 아니라 욕구와 돈에 대한 열망이 종종 매우 강력한 사슬, 황금 수갑이 되어 영혼을 빨아먹는 일에 우리를 묶어 둔다는 점을 말하고 있다.

나는 몇 번이고 다시, 나의 이른바 가난을 자축한다.

소로는 인생의 황혼에 이렇게 썼다.[11] 이것은 금욕주의 성인의 자기 자랑이 아니라, 오히려 욕구가 가진 것을 넘어선 적이 없는 사람, 일생을 일그러뜨릴 수 있는 돈의 힘을 깨달은 사람의 매우 솔직한 반성이다. 소로는 계속해서 이렇게 적었다. "어제는 책상 속에서 있는 줄 몰랐던 30달러를 찾았는데 실망감에 가까운 기분이 들었다. 있는 줄도 몰랐지만 이제는 없어지면 섭섭할 터이기 때문이다."[12]

돈을 가지면 지키고 축적하고 싶은 욕망이 생긴다. 수입을 늘려 소비욕을 충족하려고 하다가 빚을 지게 되는 경우도 많다. 로마인들은 이것을 가리켜 아이스 알리에눔*aes alienum*, 즉 "남의 돈"에 내 인생을 맡기는 일이라고 했다. 언제든 파산을 선언할 수도 있지만 그런 일은 놀랍게도 드물다. 뼈를 깎는 노동으로 적자를 메우려는 경우가 훨씬 많다. 이런 일은 확실히 흔하다. 우리 두 저자는 지금 어떤 특권층의 시각이 아니라 우리가 직접 겪어 본 매운맛을 바탕으로 이 책을 쓰고 있다. 우리는 둘 다 애초에 받지 말아야 했던 대출금을 갚기 위해 정말 지긋지긋한 일자리에서 버텨 보았으며 둘 다 그 과정에서 스러지지 말게 해 달라고 빌었다(죽도록 힘든 일을 하다 죽으면 얼마나 암울한가). 우리 둘 다 입에 풀칠해야 한다는 생각 때문에 선뜻 사표를 내지 못한 경험뿐 아니라 익숙해져 버린 생활 수준을 유지하느라 사표를 내지 못한 적도 있다.

조너선은 대학을 졸업하자마자 주차장에 취직했다. 아침 6시부터 주차장을 쓸었다. 그다음에는 바쁜 직원들을 위해 대리 주차를 했다. 단순한 "주차"가 아니었다. 조너선의 고용주는 주차 공간을 최대한으로 사용하라고 했다. 조너선은 위태로울 만큼 빽빽하게 차를 배치해야 했다. 매일 아침 누군가의 BMW와 랜드로버, 캐딜락 SUV를 직소 퍼즐처럼 끼워 맞추는 일의 압박감을 느껴야 했고 매일 저녁 직원들이 퇴근할 때에도 똑같이 끔찍한 발레 동작을, 이번에는 반대로, 해내야 했다. 엄청나게 값비싼 조각들을 가지고 벌이는 악몽의 테트리스를 매일 반복했던 것이다.

흥미롭게도 인생을 좌지우지하는 위기의 순간이 우리를 규칙적인 근무 일정에서 종종 벗어나게 해 준다. 더 중요하게는 우리에게 용기를 주어 개인의 경제적 우선순위를 재설정하게 하며 일에 대하여 (그리고 그 일을 버려도 되는지에 대하여) 객관적인 시각을 갖게 한다. 소로가 월든 호수로 간 것은 부분적으로는 형이 소로의 품에서 죽었기 때문이다. 사람은 언제든 예고 없이 끝을 맞을 수 있으니 기회가 있을 때 옳은 것들을 위해 부지런히 일하는 것이 최선이었다.

*

다시 현재로 빨리 감기를 해 보자. 오늘날 우리의 경제 사회에서 "대사직The Great Resignation"을 하고 있는 사람들은 어린 시절 이라크와 아프가니스탄 전쟁을 겪은 사람들이자, 청소년 시절 세계적인 침체기를 겪었으며, 성인이 되어 전 지구적 팬데믹을 경험한 사람들이다. 이들은 고생 끝에 가장 위대한 세대(The Greatest Generation, 1901-1924년에 태어난 미국인을 일컫는 말-옮긴이)가 대공황 당시 얻었던 교훈과 비슷한 교훈을 깨달았다. 국가라는 배는 언제든 기울 수 있으니 최대한 자족적인 삶을 살아야 한다는 교훈이다.

기후 변화라는 흔들리는 칼날 아래 자란 대사직 세대에게 자족적인 삶이란 개인적, 지구적으로 지속 가능한 삶을 의미하기도 한다. 그러기 위해 이 세대는 스스로 할 권리를 강조한다. 빨래를 널어서 건조할 수 있는 "빨래 널 권리"가 그렇다(미국에는 집 밖에 빨래를 너는 행위가 금지된 지역이 있다-옮긴이). "수리할 권리"도 있다. 고장난 아이폰 같은 기기를 새로 사기보다 개인이나 사설 업체가 수리할 수 있도록(물건을 고치고 짜깁기할 수 있도록) 법적인 제도를 마련하려는 노력이다. 심지어 앞마당을 텃밭으로 만드는 것이 아직도 금지된 지역에서는 채소를 재배할 권리를 주장하기도 한다. 200여 년 전, 소로는 이런 자족적인 생활에서 진정한 자유의 씨앗을 보았다. 소로식 자족은 고립이 아니며 "거친 개인주의rugged individualism"도 아니다. 좋은 삶을 최대한 영위하려는 뚜렷한 목표가 있는 소박한 삶이다. 오늘날 미국은 소로식 변화를 거치고 있는 셈이다.

인터넷 인프라가 점점 더 좋아지고 사무의 자동화, 클라우드 저장 기능 등이 향상되면서 수많은 미국인은 이제 영구적으로 원격 근무가 가능해졌다. 우리는 팬데믹 당시 집을 수리하고 정원을 가꾸며 자유의 맛을 보았다(많은 사람들이 지속 가능한 농업인 퍼머컬처permaculture를 처음 접했다!). 자가 격리로 인해 집이 우선순위에 놓이게 되었다. 더 이상 사무용 건물이나 업무 지구에 묶여 있을 필요가 없어진 사람들은 원하는 지역으로 이동했다. 그야말로 마음이 닿는 곳에 집을 두기 시작한 것이다. 많은 경우 캠핑카나 개조한 승합차를 타고 집을 찾아다녔다. 승합차에 살림을 차린 수많은 사람들이 일제히 미국 내 여러 국립 공원과 과거의 모습을 간직하고 있는 시내 중심가들을 누볐다. 말하자면 "자영 농지 상주" 운동이 벌어지고 있다고 할 수도 있을 것이다. 우리는 또한 대규모로 원격 근무를 시도하고 있다. 우리는 우리만의 호숫가 집을 선택했고 뚜렷한 의도를 갖고 살아가려고 하고 있다. 적어도 그런 꿈을 꾸고 있다.

비판의 목소리가 벌써 들려온다. '대사직 세대가 뭐 그리 대단하다고. 그냥 게을러빠진 것뿐이지.' 그럴지도 모른다. 소로가 평생 앓던 병에 마침내 굴복했을 때 소로의 절친한 친구 랠프 월도 에머슨은 이렇게 회고했다. "소로에게 어떤 야망도 없었다는 사실은 흠이 아니라고 할 수 없습니다. 야망이 없으니 전 미국을 호령하지 못하고 허클베리밭 잔치를 지휘하는 데 그쳤습니다."[13] 사실은 그러할지 몰라도 다소 부당한 공격이라는 생각이 든다. 알고 보면 소로 삼촌을 따라 허클베리밭을 누빈 아이들은 에머슨의 자녀들이었다. 유명한 에머슨이 해외로 출장을 다니는 동안 소로는 에머슨의 자녀들과 열매를 따러 다니기로 선택했다. 인생은 선택과 관점에 달려 있다. 자칫하면 이런 근본적인 사실이 전통적인 직업관에 가려 보이지 않을 수 있다.

대사직은 산업화 시대의 방식, 전통적인 소매점을 통한 유통 방식이나 공장식 사무실에서 근무하는 방식에서 벗어나려는 움직임이다. 기존의 방식이 깡그리 사라지려면 멀었지만 이미 기름을 뒤집어써 축축한 상태이다. 풀 내음 풍기는 과거의 소로가 디지털 시대에 우리를 맞이할 줄 누가 알았겠는가? 어쩌면 소로는 산업 시대가 동력을 잃기를 늘 기다려 왔는지도 모른다. 우리는 사무용 건물이나 업무 지구에서 마지막으로 퇴근하던 당신이 후방 거울을 통해 그 업무 지구가 지평선 아래로 가라앉는 모습을 목격했길 바란다. 떠나는 차 안에서 내비게이션이 길을 안내하는 동안 마음속 안내 장치가 이렇게 말하지는 않았는가? "떠나신 후 뒤돌아보지 마시기 바랍니다." 혹은 "당신의 월든 호수는 정확히 어디 있습니까?"

*

사직 시 주의 사항: 일을 그만두는 사람은 끈기가 없는 사람이니 못

난 사람이니 냉소적인 사람이니 하는 비난을 받을 우려가 있다.[14] 그중에서도 냉소적인 사람이라는 비난은 아주 근거가 없지는 않지만, 소로는 이것이 조롱이 아니라 명예로운 호칭이라는 사실을 보여 준다. 냉소주의를 제대로 이해한다면 말이다. 생의 여러 시점에서 소로는 미국 최초의, 가장 철저한 냉소주의자였다. 오늘날의 냉소주의와 1840년대에 소로가 발전시킨 철학은 실로 한 가족이라고 할 만큼 유사하다. 가령 소로는 뉴잉글랜드의 겉치레만 번지르르한 리버럴 엘리트주의와 친하지 않았다. 하버드대학교를 다니긴 했지만 마지못해 다닌 것이지 이 연필 공장집 아들은 학계의 속물근성이 신경에 거슬렸다. 소로는 아무리 좋은 대학이라도 대학은 "[학문의] 가지만 가르치지 뿌리는 전혀 가르치지 않는다"고 일찍부터 판단했다.[15] 깊이 있는 교육, 잊지 못할 가르침을 받으면 의미 있는 노동을 할 준비가 된다고 생각했다. 그리고 직업 교육은 실용적이고 실제적이어야 하며 교실 밖 세상에서 가장 잘 이루어질 수 있다고 믿었다. 이것만 봐도 소로가 당대의 노동력에 대해 매우 냉소적이고 다소 노골적인 의심을 품고 있었다는 사실은 명백하다. 소로가 1845년 고향 매사추세츠주 콩코드에서 2마일 떨어진 월든 호수로 달아났을 때, 어떻게 보면 소로는 바로 이런 종류의 배움을 상업과 농업의 세계, 현대 사회의 경제의 세계로부터 멀리 떨어진 곳에서 추구하고자 했을 것이다.

소로가 다른 일을 그만두고 숲으로 들어간 것은 에머슨의 사상에서 가장 핵심적인 자립self-reliance을 몸소 실천하기 위한 노력이었다. 소로의 스승이자 열네 살 위였던 에머슨 역시 하버드와 케임브리지의 지식인들이 형성한 고급문화, 그리고 여러 강력한 경제 요소들의 작용에 비판적이었다. 그는 현대 사회의 조직과 제도에 편입하려면 아주 값비싼 대가를 치러야 한다고, 즉 자기 결정권을 포기해야 한다고 생각했다. 소로가 사회로부터 사실상 격리되는 쪽을 택한 것은 "인생의 본질적 사실과 마주하고 의식적으로 살기" 위해서였으며 "삶이 주는 가르침에서 배움을 얻을 수 있을지" 보기 위해서였다.[16] 사회적 관습과 전통적 정치라는 세력에 더럽혀지지 않은 삶이 어떤 것인지 알고자 2년간 단순한 삶을 살아 보는 실험이었다.

이런 시도는 냉소주의의 긴 전통과 맥락이 같다. 하지만 그 역사를, 소로를 좀 더 들여다보면 현대 사회의 냉소주의자들이 하나의 학파이기도 한 광범위한 냉소주의, 그리고 소로가 그 전통 안에서 변주하고 있는 냉소주의를 단순화하거나 심하게 오해하고 있다는 사실이 명백해진다. 결론부터 말하자면 사직해서 나쁠 것은 없다. 오히려 정반대이다. 최초의 냉소주의자였던 고대 그리스의 시노페 출신 철학자 디오게네스는 소로가 19세기에 되살리고자 했던 단순한 삶의 이상을 완벽하게 응축해서 보여 주었다. 월든 호수에서 소로는 널판지로 만든 가로 3미터 세로 4.5미터짜리 집에 살았다. 디오게네스는 한술 더 떠 옆으로 눕힌 통 안에서 살며 누더기만 입었다. 그는 또 다른 철학 사상을 주장했던 에피쿠로스학파와 대척점에 있었다. 고대의 본래 사상과 달리 현대 사회에 들어와 왜곡된 에피쿠로스 사상은 삶의 의미를 문명의 풍요로움에서 찾을 수 있다고 주장한다. 그러나 냉소주의자들은, 그리고 소로는 사회적 제약이 없는 삶, 더 중요하게는 물질적 부를 드러내는 온갖 겉치장이 없는 삶은 어떤 삶일지 알고 싶어 했다.

오늘날 이른바 냉소주의자들은 대개 자립적인 자본주의자들이다. 그들은 큰 정부와 기관에 의한 관리 감독에 대해 의심을 품는다. 정부와 기관의 대리인들이 나에게 주어져야 마땅한 재물을 빼앗아 간다고 생각하기 때문이다. 물론 디오게네스와 소로였다면 이런 생각을 극도로 혐오했을 것이며 우리 시대가 물질적 부와 광범위한 전 인류적 풍요를 혼동하는 지독한 착각에 빠져 있다고 생각했을 것이다.

전설에 따르면 디오게네스는 통에 앉아 지나가는 부유층 사람들을 향해 개처럼 짖었다고 한다("냉소주의자cynic"의 어원은 그리스어 퀴니코스kynikos인데 "개와 같다"는 의미이다). 소로는 그보다는 조금 더 완곡한 방식으로 현대 자본주의를 비판하는데, 아주 조금 완곡할 뿐이다. 앞서 말했다시피 「경제」는 현대 사회의 물질주의에 대한 열띤 비판이다. "경제"라는 말은 원래 잉여 재산과 관련된 말이 아니었고 어디에 어떻게 사느냐 하는 문제에 관한 말이었음을 소로는 독자들에게 상기시킨다. 경제는 집, 살 곳이라는 의미였지 그 이상도 이하도 아니었다.

월든 호수에서 삶의 거추장스러운 것들을 벗어던짐으로써 소로는 다시 배우고자 한다. 나를 위한 집을 짓는 데 무엇이 필요할까? 돈으로 살 수 없으며 가치를 매길 수 없는 것, 즉 도덕, 아름다움, 평온 같은 것에 고마워하려면 무엇이 필요할까? "대부분의 사치품과 이른바 삶의 편의는 없어도 될 뿐 아니라 인류의 향상을 적극적으로 방해한다"[17]고 소로는 말했다. 오늘날 "생계를 꾸리는" 일은 삶 자체와는 별 상관이 없는 경우가 흔하다. 몹시 안타까운 일이지만 오히려 삶의 유예, 즉 미래에 실현될 부를 위해 현재를 희생하는 것과 관련이 있다. 소로는 오이코스가 집이나 살 곳이라는 의미 외에 또 다른 의미를 가진다는 사실을 알고 있다. 오이코스는 새장을 뜻하기도 하며 그런 의미로도 자주 쓰인다.

문명의 가장자리로 도피한 것처럼 보이는 소로의 행동은 마치 현대 냉소주의자들의 분리주의적 사고방식을 예고하는 것처럼 느껴질 수 있지만 그렇지 않다. 로버트 리처드슨이 30여 년 전 소로의 평전에서 언급했듯이 소로의 "모험은 결코 후퇴나 철수로 보아서는 안 된다. 소로 자신은 이것을 전진, 해방, 새로운 시작이라고 여겼다."[18] 냉소주의는 사회적 병폐에 대해 비판적인 시각을 유지하고자 사회로부터 거리를 둔다. 하지만 개개인에게 가장 유의미하고 보편적인 삶의 진실이 무엇인지 재평가하는 것 또한 마찬가지로 중요하다. 사직은 바로 이런 의미일 수 있고 이런 의미를 가져야 한다. 모든 경우에 반드시.

＊

현대 사회에서 나의 역할을 내려놓으면, 내 직장과 거의 동일하게 여겨졌던 나의 지위를 포기하면, 내가 실제로 어떤 것들을 되찾게 될지 생각해 보자. 지금과 다른 일을 할 기회가 주어진다면, 무엇이든 원하는 일을 할 수 있다면, 아무 일도 하지 않아도 된다면 "무슨 일 하세요?"라는 질문을 받았을 때 어떻게 답할 수 있을까? 이것은 디오게네스도 받은 질문으로 그의 답변에서 우리는 중요한 것을 배울 수 있다. 어느 날 디오게네스에게 누군가가 물었다. "누구세요?" 보통 이 질문에 대해서는 출신 지역을 말하는 게 보편적이었다. 누구냐는 질문에 우리가 특정한 직업이나 사무 공간을 말하는 것처럼 말이다. "우체부입니다." "교수예요." "국세청에서 일합니다." 디오게네스는 당연한 답변을 하는 대신 혁신적인 대답을 내놓았다. 특정한 폴리스, 즉 도시 국가 출신이 아니라 이 코스모스, 이 세계 사람이라고 대답했다. 디오게네스는 최초의 코스모폴리탄이었던 것이다.

소로 역시 비슷했다. 그는 인정할 수 없는 정책을 펼치는 국가에 참여할 수 없다고, 세금을 낼 수 없다고 주장했다(당시 미국이 멕시코를 상대로 벌이던 전쟁을 지지하지 않았기 때문이다). 통 안에, 쓰러져 가는 판잣집에, 감옥에, 허허벌판에 있으면 내가 실존적으로 어떤 정치 단위나 노동 형태에 매여 있지 않다는 사실을 실감하게 된다. 그때 상당히 고독한 기분이 들 수도 있지만 해방감, 궁극적으로는 뜻밖의 놀라운 일체감이 든다. 내가 수시로 연기하던 역할을 내려놓으면 새롭고 더욱 폭넓은 관계를 맺을 자유뿐 아니라 어떤 관계도 맺지 않을 자유가 생긴다. 사직에는 이런 장점도 있다.

디오게네스는 자신이 전 우주의 시민이라고, 말 그대로 코스모폴리탄이라고 말했다. 소로 역시 『월든』의 말미에서 봄의 우주적 회생이 일깨워 주는 인간의 보편성을 칭송한다. 이것은 사람들이 대체로 잊고 있는 냉소주의의 또 다른 면이다. 모든 조직화된 것들에 대한 의심은 인간이 실로 깊고 넓게 연결되어 있다는 믿음으로 이어진다. 인간이 직업 등의 기존 질서가 아니라 자연에 의해 서로 묶여 있음을 알게 된다. 제도는 부패하고 부패시키지만 사회적 제약이 정말로 위험한 이유는 사람을 고립시키고 문화 집단과 사회 경제적 계층 사이에 가상의 경계를 긋기 때문이다.

냉소주의적 사직의 일면에는 비판적이고 부정적인 시각이 있지만 다른 일면에는 희망이 있다. 바로 내 지역에 대한 어떤 충성심에도 앞서는 공동체에 대한 희망이다. 냉소주의가 우리가 전통적으로 속해 있는 종교, 경제, 정치 체제를 경시하기 때문이다. 거기에서 해방된다면 우리는 평범한 고용 형태라는 스스로 만든 경계를 넘어 그 너머에 존재하는 유대를 실현할 수 있다.

＊

소로는 사직으로 점철된 인생을 살았지만 그중에서도 특히 인상적인 순간이 있었다. 앞서 간단히 말하고 넘어갔지만 제대로 살펴보아야 마땅할 것 같다. 헨리와 느헤미야 볼 집사 간의 사건이다. 이름도 어쩜 느헤미야, 구약의 불과 유황 속에서 빚어진 이름이다. 콩코드의 청교도 주민들 사이에서 존경받는 인물이었던 볼 집사는 이름값을 톡톡히 했다. 하버드에서 갓 졸업한 소로는 연봉 500달러를 받기로 하고 센터 스쿨이라는 학교의 교사로 취직했다. 콩코드 내에서는 급여가 가장 높은 축에 속했다. 일부 기록에 따르면 소로는 나라의 도덕적 미래를 책임질 어린이들을 가르치고 싶은 꿈이 있었다. 거창하게 들리지만 소로는 교사로서 자신의 업무에 대해 그렇게 생각했을 것이다. 하지만 일을 시작하고 겨우 2주가 막 지났을 때 볼 집사가 소로의 교실로 찾아왔다. 볼 집사는 수업을 지켜볼수록 언짢은 기색이었다. 아이들이 도통 선생의 말을 듣지 않았기 때문이다. 수업이 끝나고 볼 집사는 소로에게 체벌을 하라고 지시했다.

소로는 학생들을 때리지 않았다. 볼 집사와 언쟁하기 전부터 이미 소로의 관대한 교육관은 콩코드 지역에 소문나 있었다. 볼 집사의 명령은 시험이었다. 소로가 일자리를 지키기 위해 부도덕한 명령이라도 따를 사람인지 시험한 것이다. 소로는 항의했고 볼 집사도 굽히지 않았다. 그다음 소로가 한 일은 적어도 한 세기 동안 학자들을 혼란스럽게 만들었다. 소로는 무작위로 학생 몇 명을 불러냈다. 두 명이었다는 기록도 있고 열두 명도 넘었다는 기록도 있다. 그리고 학생들을 때렸다. 다음 날 소로는 학교에 출근해 더 이상 가르칠 수 없다고 선언했다. 양심이 허락하지 않는다는 이유였다.

여기서 잠깐. 그렇다면 보란 듯이 아이들을 때린 행위는 어떻게 보아야 할까? 무자비한 행동일까, 부끄러워해야 마땅할 행동일까? 아니면 저항의 의미로 보아야 할까? 확실하지 않지만 그 행동 자체는 부도덕한 일에 대해 중요한 메시지를 전달하고 있다. 소로는 직업상의 여러 부도덕한 행위가 조직의 상명하복식 구조 때문에 일어난다고 생각했다. 소로는 명령을 따랐을 뿐이다. 체벌에 대한 책임은 소로에게 있지 않았다. 소로는 다만 제도적으로 가장 어린 구성원에게 불이익을 주는(즉 억압하는) 체제의 일원으로서 역할을 한 것뿐이다. 소로는 여기에 가담하고 스스로 남을 괴롭히는 역할을 함으로써 이 모든 것이 얼마나 마구잡이이며 부당한지 보여 주었다. 정의의 사도는 여기 없었다. 사실 소로에게도 책임이 있었고 자신도 그걸 알았다. 소로에게 맞은 아이들도 잘 알고 있었다. 하지만 소로는 여러 다른 부도덕한 노동자들과 다른 길을 택했다. 사표를 던지고 단 한 번도 뒤돌아보지 않았다. 사람들은 소로가 뛰어난 교사이자 노동자였다고 입을 모아 말한다. 실제로 그랬다. 무엇보다 그는 도덕적인 의미에서 훌륭했다. 우리도 때로는 급여를 포기하고 일을 그만둔다. 그 대신 두 발 편히 뻗을 수 있는 마음의 평화를 얻기도 하고 자존감을 되찾기도 한다.

느헤미야 볼에 대해 마지막으로 한마디 하자. 최근 우리는 한 명문대 철학과의 명예 교수와 대화를 나누다가 왜 소로 같은 사람이 센터 스쿨 교사로 채용되자마자 그만두었는지 물었다. 교수는 한참 동안 아무 말도 하지 않았다. 그 한참 동안 우리는 체벌이 얼마나 부도덕한 행위인지 되새기고 있었다. 교수는 평생을 소로 연구에 바쳐 온 사람이었다. 훌륭한 답변이 나올 게 분명했다. 그는 숨을 쉬더니 이렇게 말했다. "사람들은 취업을 해야 한다고 생각하죠. 직장에 가면 대개 상사가 있어요. 그런데 상사들은 대부분 개자식이에요. 늙어 빠진 느헤미야도 그런 상사였지요."[19] 상사는 사표를 내고 뒤도 돌아보지 않을 충분한 이유가 되기도 한다.

*

첫 장을 쓰고 어떻게 마무리할지 고민하는 중이었는데 링크드인(취업과 이직을 위한 사회관계망-옮긴이)에서 우연히 글 하나를 보게 되었다. 이 글이 좋은 끝맺이가 되어 줄 것 같다. 글을 올린 사람은 전 구글 직원 다리안 라힘자데^{Daryan Rahimzadeh}이다. 프로필 정보에 따르면 다리안은 "영감을 주는 사람이 되고 싶은 개 아빠"이며 취미는 목공이다. 다리안의 글은 구글에 사표를 낸 소회를 담고 있다. 우리는 다리안에게 연락해 글 전체를 인용해도 될지 물었고 다리안은 (우리 모두를 위해) 기꺼이 승낙했다.

> 5년 이상 구글 인사팀에서 다양한 직무를 맡으며 일해 온 제가 떨리는 마음으로 드릴 말씀은…
>
> … 없습니다.
>
> 그래요. 없어요.
>
> 지난주 구글을 떠났습니다. 번아웃이 지속된 18개월간 두 차례의 구조 조정이 있었고 저는 여러 다양한 직무를 수행해야 했습니다. 고과 기준은 변화무쌍했고 관리자는 네 번 교체되었습니다. 그동안 개인적으로도 다사다난했지요. 2022년에도 이걸 반복할 자신은 없었습니다. 다음 해에 무얼 하고 싶은지, 어떤 성과를 이루고 싶은지 생각해 봤지만 떠오르는 생각은 하나였습니다.
>
> 없음.
>
> 사실은 다를지 몰라도 어쨌든 그런 기분이었습니다. 5년 동안 회사에서 비교적 괜찮은 성과를 내 왔지만 언젠가부터 힘에 부치기 시작했습니다. 도움을 요청했고 "왜 안 되는지" 고민했습니다. 동료, 상사, 리더, 코치, 상담사, 정신과 의사 등에 기댔습니다. 그 사람들은 기꺼

이 귀 기울여 주었고 저를 지지해 주었지만 누구도 답을 주지는 못했습니다. 저는 우울했고 완전히 소진된 상태였습니다.

어떤 뚜렷한 목적을 가지고 이 글을 올리는 것은 아니지만 지난 한 해 정신 건강에 대해서 제가 깨달은 가장 커다란 사실 하나를 여러분과 나누고 싶습니다. 지나고 보니 당연한 것처럼 보이지만 좀 더 일찍 더 명확하게 알았다면 좋았을 것 같습니다.

누구도 대신 해 줄 수 없다는 것, 내가 스스로 해야 한다는 사실입니다.

우울한 상태에서는 정말 어려운 일입니다. 저는 관리자나 인사팀, 혹은 CEO가 직접 저에게 해결책을 담은 메일을 보내 주기를 간절히 바랐습니다. 새로운 프로그램이나 직무가 주어지거나 발표가 나서 모든 것이 뒤바뀌면 제가 회사에서 다시 승승장구할 수 있을지도 모른다고 생각했습니다. 매일 아침 기다렸지만…

… 아무 일도 없었습니다.

만약 누군가가 와서 나를 구해 주기를 기다리고 있다면 제 말 들으세요. 그 누군가는 바로 나입니다. 혼자서 해낼 필요는 없어. 다른 사람과 이야기를 나누세요. 누구든 가리지 말고 이야기하세요. 저한테 하세요. 들어 줄게요. 정말요. 개인 메시지로 보내세요. 하지만 그 일이 뭐가 됐든 그걸 하는 사람은 다른 사람이 아닌 내가 되어야 합니다. 퇴사가 될 수도 있고 시간제 근무로 전환하는 게 될 수도 있고 다시 공부를 하는 게 될 수도 있어요. 관계를 끊는 일일 수도 있고 고향으로 돌아가는 일, 상담사를 만나는 일, 약을 먹는 일, 무슨 일이든 마찬가지예요.

원래 이런 이야기를 여기 올리지 않으려고 했어요. 프로답지 못하다고 생각했거든요. 저는 그동안 의사 결정을 할 때 나와 내 일, 내 경력을 보는 타인의 시선을 늘 의식했어요. 이제는 그렇게 하지 않기로 했습니다. 영혼을 되찾기 위해 노력 중이에요. 행복과 건강도 중요하지만 누구보다 나 자신의 행복과 건강을 중시하기로 했어요. 내가 건강하고 행복한 것보다 더 중요한 게 뭔지 아세요?

아무것도 없어요. [20]

2

출근 도장 찍기

인간 대다수는 말없이 절박한 생을 이어 간다. 하지만 달리 방도가 있는 것도 아니다. 많은 근로자에게 선택권이 없다. 소로의 시대에는 그런 사람들을 노예라고 했다.

소로는 월든 호수에서의 하루 일과를 이렇게 기록했다. "대체로 나는 시간이 어떻게 흘러가는지 신경 쓰지 않았다. 날빛은 마치 내가 해야 할 일을 비추려는 듯했지만 아침 해가 떴다 싶으면 어느새 저녁이 되었고 딱히 이루어 놓은 일은 없었다. … 내 하루는 이교도 신의 자취가 남아 있는 어떤 요일도 아니었으며 시간 단위로 쪼개져 똑딱거리는 시계의 재촉을 받지도 않았다."[1]

오늘날 우리 대부분은 똑딱똑딱 시계 소리에 초조함을 느낀다. 일어날 시간. 샤워할 시간. 출발할 시간. 출근 도장 찍을 시간(너무 이르지도 늦지도 않아야 한다). 일할 시간. 짧은 휴식 시간. 다시 일할 시간. 점심시간. 똑딱똑딱. 이제 슬슬 지쳐 가니 일하는 시늉할 시간. 분 단위로 셈하는 시간. 똑딱똑딱. 시간은 돈이다. 시간은 우리를 쫓고 있다. 시간은 어른

이 된 우리의 삶을 집어삼키는 악어다.

소로의 집필용 책상 앞판을 보면 수천 개의 자국이 있는데 소로가 누구의 재촉도 받지 않고 연필을 깎은 흔적이다. 이것이 소로가 받아들일 수 있는 유일한 출근 도장이었다. 일을 시작하겠다는 의도가 담긴 기록이다. 소로가 작은 책상 앞에서 무얼 할지는 전적으로 소로에게 달려있었지만 책상에 남은 흔적은 "준비, 출발"이라고 말하고 있었다. 소로는 이렇게 출발했지만 결코 남의 시계에 맞추어 달리지 않았다.

우리가 살 날은 정해져 있다. 하지만 우리의 시간, 분초도 그처럼 기계적으로 흘러가야 할까? 우리는 근무 시간에 포함되는 시간과 포함되지 않은 시간에 대해 이야기한다. 그 경계는 많은 경우 불확실하다. 고용인과 피고용인은 통근 시간이 근무 시간에 포함되는지에 대해 논쟁을 벌이곤 한다. 소로의 말에 따르면 우리는 살면서 "찰나를 향상"시켜야 할 의무가 있다. 그렇다면 근무 일정을 짜 놓는 것은 부끄러운 일이 아니다.

하지만 소로는 결코 "출근 도장"만은 찍지 않았다. "출근 도장"을 찍는 일, 혹은 상사, 관리자, "윗사람"에게 복종하는 일은 소로의 생의 대부분을 다스렸던 초월주의 이상을 직접적으로 거스르는 일이었다. 인간 생의 시간을 대체 가능한 것, 고유하지 않은 것으로 끌어내리는 일이었으며 환불이 불가한 나의 시간을 푼돈과 맞바꾸는 일이었다. 인간의 삶의 화폐 가치는 무엇인가? 산업 혁명 당시 공장의 시계는 바로 이것을 마지막 한 푼 단위까지 계산하는 것이 목적이었고 결국 이것이 산업화의 문제였다. 소로는 이렇게 일갈했다.

재촉당하지 않겠다는 결심만큼 인간에게 유용한 것은 없다.[2]

*

"경제"라는 단어는 가장 인위적인 의미와 가장 자연적인 의미를 동시에 가지고 있다. 이 말은 앞서 살펴보았듯이 한편으로 집과(특히 집의 관리와) 관련이 있고 다른 한편으로는 현대 사회에서 누릴 수 있는 온갖 안락함을 의미한다. 바로 이 긴장 덕분에 『월든』의 첫 장이 그토록 황당한 동시에 통렬한 것이다. 경제는 동물적 존재에게(인간이든 아니든) 언제나 가장 의미심장한 문제였지만 지난 300년간, 우주의 시간으로 보면 번개처럼 짧은 이 시간 동안, 갈수록 인위적인 것이 되었고 일상생활의 자연적인 성쇠와 엇박자로 가게 되었다. 소로가 이를 극복한 비결은 시간을 더 잘 보내는 것이었다. 실제로 소로에게 주어진 시간은 길지 않았다.

인류 역사를 통틀어 대체로 건전한 경제생활은 매일 일출과 함께 시작해서 일몰과 함께 끝났다. 하지만 새벽에 시작해서 황혼에 끝나는 농경의 일과는 소로가 어린 시절부터 없어지기 시작했다. 근무 일정은 점점 태양의 길이와 관계가 없어졌으며 날이 어두워진 뒤에도 이어졌다. 소로의 고향 콩코드 주변에 있던 제분소의 근무 시간은 밤의 어둠 속으로 이어졌으며 생산적인 노동이 이루어져야 할 때를 알리기 위해 몇 시간, 몇 분마다 종소리와 나팔 소리가 울려 퍼졌다. 소로는 대단하다고 여기지 않았다. 그는 노동이 우리의 몸을 지탱하고 마음을 고양해야 하지 우리를 짓누르고 풀 죽게 하면 안 된다고 생각했다. 소로는 신체적

에너지의 상승과 하강에 민감한 자연주의자로서 하루를 구성하는 시간에 대해 이렇게 생각했다. 밭일을 하는 때가 따로 있고 사색하고 글을 쓰는 때가 따로 있으며 음식을 하고 청소를 하는 시간, 준비 작업을 하고 무언가를 만드는 시간, 그리고 잠자리에 드는 시간이 따로 있다고 말이다. 이런 식의 일정은 생리학적 요구와 한결 밀접한 관계에 있지만 현대 사회의 소비주의와 자본주의의 강요는 이를 무참히 깔아뭉갰다.

소로가 월든 호수에서 보낸 시간을 꼼꼼히 적어 놓은 기록을 보면, 그가 날씨와 해의 길이, 자연 질서의 요구에 일과를 맞추었음을 알 수 있다. 일이라는 것은 언제나 우리의 통제를 벗어나 있는 조건에 대한 인간의 반응이라는 사실, 우주의 로고스, 즉 우주의 질서와 발맞추려는 인간의 욕망이라는 사실을 일깨워 주는 것이다. 이를 뒷받침하는 것이 바로 또 다른 위대한 철학적 노동자인 스토아주의자들에 대한 소로의 해석으로서, 노동의 본질과 시간에 대한 소로의 진지한 명상에서 드러난다. 소로처럼 스토아주의자들도 진정으로 선한 삶을 살고자 하면 자연적 필요의 리듬에 따라 살아야 한다고 생각했다. 통제를 벗어난 대상에 맞서 애쓰는 일, 가령 때때로 쉬어야 한다는 사실을 억지로 부인하는 것은 패배를 자초하는 일이다.

앞서 보았듯 소로는 산업 혁명의 태동과 성장을 목도했다. 그러니 요즘 흔히 말하는 "시간이 돈"이라는 말을 이해할 수 있는 최초의 미국인 중 하나였을 것이다. 그래서 그 반대, 즉 근무 시간을 낭비하는 일이 돈을 훔치는 행위와 다름없다는 생각도 이해했을 것이다. "시간 절도"라는 개념을 생각해 보자. 근태 조작이라고도 하는 이 행위는 돈을 받고 일을 하기로 한 사람이 일을 하지 않는 방식을 통해 돈을 "훔치는" 행위를 말한다. 출퇴근 기록이나 근무 기록 등을 슬쩍 조작하는 행위는 범법 행위에 속할 수 있지만 대개 고용 계약을 해지하는 선에서 마무리된다. 심각한 조작은 다른 문제일 수도 있다. 어떤 경우든 시간 절도라는 개념과 1분 1초도 그냥 넘어가지 않는 깐깐한 시간 관리자들은 심한 불안감을 조성하곤 한다. 7분 동안 멍하니 있었다면 절도일까? 내가 혹시 근무 기록에 시간을 잘못 기입한 건 아닐까? 회사에서 법적 수사를 시작하면 어떡하지? 보안 카메라 영상을 돌려 보면 어떡하지? 내가 의자에 등을 기대고 멍하니 허공을 바라보는 모습이 분명히 잡혔을 텐데. 자연처럼 사측 또한 진공 상태를 기피하므로 근무 시간일 때는 알맞은 양의 서비스를 제공해야 한다. 공상을 하려거든 밤에, 일이 끝나고 해야 한다.

소로는 하버드 시절 엄격한 일정에 따라 생활한 경험 때문에 그런 일과를 질색하게 되었다. 조시아 퀸시 총장은 하버드대학을 철권으로 통치했고 "성과 등급제"를 도입하여 학생들의 암기 속도와 결부하곤 했다. 퀸시의 성과 등급제는 시계에 맞춰 돌아가는 삶의 또 다른 해악을 보여 준다. 바로 세세한 데까지 개입해서 관리하는 마이크로매니지먼트다. 소로가 「시민 불복종」에 썼듯 "최소한으로 통치하는 체제가 최고의 통치 체제다".[3] 우리는 이렇게 덧붙이고 싶다. 최소한으로 관리하는 관리자가 최고의 관리자다. 퀸시는 마이크로매니지먼트의 제왕이었다. 속도와 정확도가 퀸시 정권의 신조였다. 하버드 학생들은 이 두 가지 가혹한 수치에 따라 등수가 매겨졌다. 1등을 하는 학생, 그야말로 한발 빠른 학생에게는 금전적 보상이 주어졌다. 3학년 때 소로는 집안의 경제적인 사정으로 학교를 한 학기 다닐 수 없었고 잃어버린 시간은 다시 되찾을 수 없었다. 소로의 석차는 회복이 불가능했다. 일단 시계가 돌아가기 시작하면 사라진 시간에 대한 보상은 없다. 소로는 이러한 현대 사회의 교훈을 받아들이지 않았고 바로 이런 이유에서 형 존과 학교를 열었을 때 학생들에게 특별히 긴 휴식 시간을 주었을 것이다.

하지만 거짓말을 하지 않는 시계는 계속 돌아간다. 우리를 쫓아온다. 1843년 윌리엄 에머슨의 스태튼아일랜드 집에 아이들의 가정 교사로 온 소로는 비교적 엄격한 일정을 따랐다. 6시 반 아침 식사. 9시에서 오후 2시까지 수업. 점심은 12시 정각부터 30분 동안. 소로는 이런 일정에 대해서 드러내 놓고 불평한 적은 없지만 근무 시간이 끝나고 나서는 아무것도 하지 않다시피 했다. 이는 타인에 의해 그토록 세세히 관리되는 근무 시간에 대해 소로가 어떻게 생각했는지 보여 준다. 현대 사회의 마이크로매니지먼트는 꼼꼼한 시간 관리를 의미하기도 하지만 일정에 맞게 진행해야 하는 사소한 일들에 대한 불필요한 집착을 의미하기도 한다. 우리에게 소리 없이 찾아오는 이런 깨달음을 소로는 다음과 같이 글로 표현했다.

> 많은 사람들이 사소한 일에 대해 어리석은 말을 하곤 한다. 사소한 일 때문에 해야 할 일을 하지 못했을 때, 거기서 즐거움을 느끼거나 배움을 얻었을지라도 변명을 한다. 하지만 알고 보면 해야 할 일이 바로 사소한 일이고 인생의 거의 전부를 그 일을 하느라 낭비한 것이

나 다름없는데 어리석어서 몰랐을 뿐이다.[4]

하지만 불행히도 우리 대다수는 이를 알고 있으며 마이크로매니지먼트의 대상으로서 치러야 하는 대가를 인지하고 있다. 빠져나갈 구멍이 없을 뿐이다. 하지만 단지 지상으로 향하는 문을 찾지 못한 경우일 수도 있으니 희망을 갖자.

우리의 직업 인생은 엄격하게 짜여 있다. 예상 가능하며 대개 유연성이 없는 일정을 따라가는데 그 일정은 시간의 흐름과 천체의 움직임을 바탕으로 한다. 1년, 한 달, 한 주, 하루, 1시간, 1분을 가르는 선은 이미 그어져 있다. 반면 우리의 몸은 태양과 지구, 달 간의 관계보다 훨씬 더 예측하기 어렵다. 우리의 건강은 차기도 하고 기울기도 하지만 그 주기가 달처럼 정확하지는 않다. "한 해 동안 우리에게 벌어지는 현상은 책력의 현상과는 별개의 것이다."[5] 흔한 시간 관리 방식, 융통성 없는 노동시간, 엄격한 근태 일지 등에 소로는 지속적으로 불만을 표시했다. "사람들은 습관적으로 '주기별 연대표'(태양력, 율리우스력 등 시간 단위를 측정하는 다양한 역법에 따라 연대를 알려 주는 표 – 옮긴이) 따위를 게시하지만 우리 생의 한 해에 벌어지는 현상과 비교하면 그런 것들은 얼마나 하찮은가! 별자리보다는 봄에 싹이 죽어 있는 광경이 내게는 더 큰일이다."[6]

소로는 어떤 외부적인 도구 없이도 시간과 계절적 시기를 알아낼 수 있는 능력으로 콩코드 내에서 명성이 자자했다. 피어 있는 꽃을 보고, 햇빛이 바닥을 때리는 각도를 보고 대번에 알 수 있었다. 자신이 어디에 있고 지금이 언제인지 그냥 알고 있었다. 소로의 노동은 언제나 이 자연적인 일정에 맞추어져 있었다. 그렇다고 해서 본능에 따라 언제나 같은 시간에 일을 시작했다거나 인위적으로 엄격하게 출근 도장을 찍었다는 뜻은 아니다. 결코 그러지 않았다. 오히려 고대 스토아주의자처럼 바른 일은 자연의 움직임과 조화로워야 한다고, 일치해야 한다고 생각했다. 더 정확히 말하자면 자신의 노동 조건이 어떻게 자연의 흐름과 어울리는 지에 언제나 민감해야 한다고 생각했다. 소로의 말을 빌리자면 이렇다.

> 시간은 내가 낚시를 즐기는 냇물일 뿐이다. 냇물을 마시려고 입을 가져가면 모래 바닥이 눈에 들어오고 냇물이 얼마나 얕은지 보인다. 얕은 물결은 흘러가 버리지만 영원은 남는다. 나는 냇물 속 더 깊은 곳으로 입을 가져간다. 하늘에는 물고기가 헤엄치고 바닥에는 별들이 강돌처럼 박혀 있다.[7]

여러분이 무슨 생각을 하는지 안다. 눈 한가득 별을 담은 소로는 내 하루 일정표나 줌 스케줄이 얼마나 복잡한지 상상도 못 할 것이다. 하지만 우리는 확신한다. 소로도 알고 있다. 소로는 단지 우리가 한 걸음 물러서서 보길 원할 뿐이다. 인생을 살아야 할 때, 일을 해야 할 때가 오면 우리는 그야말로 타진해 보아야 한다. 지금이 노동을 하기 적합한 시간인가? 바로 이것이 "유연 근무"의 진정한 교훈이다. 유연 근무는 노동자가 서로 다른 시각에, 생활의 압박이나 영감의 분출 정도에 따라, 혹은 일터로 나서야겠다는 단순한 기분과 의지에 따라 근무 일정을 시작할 수 있게 허락한다.

가령 오전 근무에 대한 소로의 입장을 보자. 때로는 오전 근무를 질색하기도 한다.

> 아침에 일이라니! … 이 세상에서 인간다운 인간의 아침 일이란 무엇이 되어야 좋을까? 내 책상 위에는 석회암 세 조각이 있는데 매일 먼지를 털어 줘야 한다는 사실을 깨닫고 나니 끔찍하게 여겨졌다. 내 마음속의 가구에는 아직 먼지가 쌓여 있는데. 그래서 역겨운 마음으로 석회암을 모조리 창밖으로 던져 버렸다.[8]

하지만 『월든』의 「콩밭」에서는 새벽빛을 받으며 하는 노동을 예찬한다.

> 마멋이나 다람쥐가 한 마리도 채 길을 가로지르기 전에, 태양이 키 작은 도토리 나무 위로 솟아오르기 전에, 이슬이 마르기 전에―농부들은 다들 그러지 말라고 하지만 나는 이슬이 마르기 전에 모든 일을 마치라고 하고 싶다―나는 내 콩밭에 줄줄이 돋은 키 큰 잡초들을 눕히고 그 위로 흙을 덮는다. 아침 일찍부터 나는 맨발로 일했다. 형상을 빚는 미술가처럼 이슬에 젖어 부서지는 모래 속에서 장난을 쳤다.[9]

아침에 일하는 것에 대한 일관성 없는 기록으로 보이지만 그 안에도 일관성이 있다. 우리의 몸과 의지는 변덕스러우므로 우리의 몸과 의지가 선호하는 일의 종류도 다양하다는 생각이다. 어떤 날에는 아침에 일할 기분일 수 있고 어떤 날은 아닐 수 있다. 애초부터 몸이 노동에 적합하지 않은 사람도 있다. 여기서 우리가 깨달아야 할 점은 어떤 경제에서든 진정한 부는 건강이라는 사실이다. 건강에는 유연성과 민감성이 필요하다. 남은 의문은 이것이다. 현대 고용 시장이 건강을 위해 돈을 지불할 능력이 있는가?

＊

다시 한 걸음 물러서서 좀 더 깊이 들어가 보자. 앞서 보았던 "경제"와 마찬가지로 "생태^{ecology}"의 어원도 그리스 말 오이코스^{oikos}다. 다시 설명하자면 이 말은 "집, 서식 환경, 거주 장소"라는 의미를 가진다. 하지만 같은 뿌리에서 꽤나 다른 두 개의 줄기가 뻗어 나왔다. 집도 하나 오이코스도 하나 지구도 하나지만 우리는 그 안의 질서와 관계, 형태를 "생태"라고 부르기도 하고 때로는 그 틀을 변환하고 축소하여 "경제"라고 부르기도 한다. 하지만 알고 보면 이 모든 것은 고사리, 공장, 이끼, 상품, 진흙, 금광, 딸기, 창고, 냇물 등 지구상 온갖 존재가 뒤죽박죽인 혼돈에서 나왔다. 이 집에서는 모든 것이 함께 진화한다. 물리학자 조셉 포드는 진화가 "피드백이 적용된 혼돈"[10]이라고 아주 간결하게 말했다. 이 모든 유기적 관계가 우리가 거의 이해하지 못하는 눈부신 복잡성으로 우리를 압도하기에, 우리는 행동하기 위해 현실을 단순화한다. 하지만 자연을 단순화하는 것에는 대가가 따르고 그 대가는 한 세대 전체가 미처 알아보지 못할 수도 있다. 소로는 현대 생태학자가 최근에 와서야 제대로 표현할 수 있게 된 사실을 이미 잘 이해하고 있었다. "우리는 집을 짓는 법을 배우지만 사람들은 제대로 된 집이 없습니다. 사람들은 자기 굴에 만족하는 마멋만큼 자기 집에 만족하지 않습니다. 견딜 만한 행성이 없다면 집을 지은들 무슨 소용이겠습니까? 그 집이 지어진 행성을 당신이 견딜 수 없다면?"[11]

우리는 유기체로서 어쨌거나 유기적 필요가 있다. 우리는 당연히 잠을 자야 한다. 시간을 보내는 가장 유익한 방법은 아니지만 필수적이다. "크로노타입"에 대해 들어 본 적 있는가? 이것은 잠을 자고 잠에서 깨는 방식에 따른 분류다. 어떤 사람들은 "종달새"인데 이른 아침과 이른 저녁에 가장 깨어 있고 활동적이라는 뜻이다. "부엉이"들은 늦은 아침과 늦은 저녁에 정점을 찍는다. 이른 아침과 늦은 저녁에 에너지가 최대를 찍는 "칼새", 늦은 아침과 이른 저녁에 더 활발한 "딱따구리"도 있다. 소로가 이를 알았다면 새의 이름이 붙은 데 만족스러워할 것이다. 하지만 그보다 사람은 다 제각각이라는 통찰에 만족을 표할 것이다.

우리는 가령, 이른 등교 시간이 청소년의 두뇌 성장을 방해할 수 있다는 사실을 알고 있다. 이른 등교는 성장하는 육체의 유기적 필요성에 부합하기보다 부모 대부분의 현실적 근무 시간에 부합한다. 부모의 근무 시간도 일찍 시작하기 때문이다. 아이들은 부모가 출근하기 전에 등교해야 하므로 일찍 일어나 움직여야 한다. 서둘러야 한다! 아이의 두뇌 성질이 부엉이나 딱따구리 크로노타입에 더 맞을지라도 종달새의 생활 방식을 강요받는다. 우리의 근무 일정이 일률적이기 때문에 다른 크로노타입은 은근히 손해를 입고 있는 것이다.

하지만 과자 틀은 계속 같은 모양을 찍어 내고 시계는 우리를 지배한다. 소로는 수필 「걷기」에서 이렇게 썼다. "고백하건대 나는 내 이웃들의 도덕적 무신경은 말할 것도 없고 그들의 끈기가 놀랍다. 이웃들은 하루 종일 가게나 사무실에 몇 주, 몇 달, 심지어 몇 년을 거의 연이어 틀어박혀 있다. 무엇으로 만들어진 사람들이기에 오후 3시에도 새벽 3시인 것처럼 가만히 한자리에 앉아 있는 걸까."[12] 소로는 "하루 종일 집 안에 앉아 있으면 녹이 슨다"[13]고 말한다. 그래서 언제든 가능하면 일어나서 나가야 하고 그러지 않으면 몸이 투정한다고 했다.

> 일어나서 11시간 만인 오후 4시, 하루를 살리기에는 너무 늦은 시각, 밤의 그림자가 이미 낮의 태양과 뒤섞이기 시작할 때 걸으러 나가면 마치 죄를 지은 것 같아 속죄해야 할 것 같은 기분이 들곤 했다.[14]

소로는 우리가 가진 에너지에도 조석이 있고 계절이 있다는 사실, 우리 내부의 시계가 매우 자주 어긋난다는 사실을 강조한다. "나이가 들수록 가만히 앉아서 실내에서 일을 할 수 있는 능력이 늘어난다. 인생의 황혼이 다가올수록 저녁 활동이 늘어나게 된다. 그러다 마침내 일몰 직전이 되어서야 집에서 나와 반 시간 안에 산책을 마친다."[15] 우리들 가운데 일부는, 특히 부엉이들은, 늙기 전에도 저녁에 활발하다. 하지만 어디 회사에서 그걸 알아주겠는가. 저녁형 인간이라는 점을 건강상의 이유로 인정해 주는 일터는 아직 많지 않다.

＊

인간의 번영에 대한 소로의 생각, 가령 원하는 시간에 일할 자유가 있어야 한다는 생각은 많은 경우 계급 현실과 밀접한 관련이 있고 소로 역시 이를 뚜렷하게 인지하고 있었다는 사실을 기억해야 한다. 자기만의 "근무 기록지"를 쓸 수 있는 능력은 현대 문명의 어떤 이기를 포기한 결과일 수도 있지만(소로는 아주 적게 소유하고도 매우 부유하게 살 줄 아는 마음 부자였다) 대체로 하버드를 졸업한 중산층이라는 확실한 신분 덕택이기도 했다. 물론 소로의 집안은 가난을 겪기도 했지만 한 번도 처절하게 가난했던 적은 없었다. 그러니 "출근 도장"에 대한 소로의 가르침에 우리는 약간 회의적일 수밖에 없다. 삶의 대부분을 "출근 도장"을 찍지 않고 살아올 수 있었던 소로였기 때문이다.

그런데도 소로는 우리 사회에서 경제적으로 가장 취약한 사람들이 일터에서 가장 과도하게 독촉을 당하고 사사건건 간섭을 당하고 의미 없는 일을 해야 한다는 불편한 사실을 잘 알고 있었다. 과거에도 언제나 그래 왔다. 그렇지만 결코 앞으로도 그렇게 되어야 한다고 생각하지 않았다. 소로가 오늘날 살아 있었다면 삶의 본질적인 진실과 마주하려는 우리들의 움직임에 동참했을 것이다. "출근 도장"의 진실은 이러하다.

미국 내 노동자의 대부분, 약 75퍼센트는 오전 6시에서 10시 사이에 근무를 시작한다. 그렇다면 다행이다. 적당한 시각에 잠들고 술을 너무 많이 마시지 않으며 아침을 든든히 먹는 사람들일 것이다. 반면 빈곤선 아래에 있는 사람은 가난하지 않은 사람에 비해 일반적이지 않은 시각에 일을 시작할 확률이 훨씬 더 높다. "훨씬 더"는 얼마나일까? 빈곤층은 오후 3시에서 7시 사이에 출근할 확률이 두 배나 된다. 운 좋고 건강한 사람들이 두부와 아스파라거스로 몸에 좋은 저녁 식사를 준비할 무렵이다. 미국에서는 아프리카와 라틴 아메리카계 시민들이 야간 근무를 하는 경우가 비정상적으로 많다. 본성이 종달새든 부엉이든 딱따구리든 무엇이든 저녁 7시에서 자정 사이에 일터로 가야 하고 대개 동이틀 때까지 일한다. 그렇다면 참 안타까운 일이라는 말로 충분할까. 이런 사람들은 아이들을 돌보는 틈틈이 잠을 자고 남들이 일하고 있을 때 TV를 보며 알고 보면 아침 식사일 수 있는 저녁 식사는 그다지 든든하게 먹지 못한다. 똑딱똑딱 시간은 간다.

소로가 『월든』에 썼듯 "인간 대다수는 말없이 절박한 생을 이어 간다".[16] 하지만 달리 방도가 있는 것도 아니다. 많은 근로자에게 선택권이 없다. 소로의 시대에는 그런 사람들을 노예라고 했다. 우리 시대의 경제에서도 빈곤층은 때로는 미묘하게, 때로는 미묘하지 않게 그들을 조종하는 줄에 묶여 있다. 그들 중 다수는 최근 이주해 온 이민자들이거나미국 노예 제도라는 뿌리에서 나온 사람들이다. 이런 것들이 우리가 일터의 소로를 탐구할 때 빼놓아서는 안 되는 "본질적인 진실"이다. 소로는 과거에도 지금도 전복적이다. 우리는 사탕발림 없이 소로를 이야기할 것이다. 소로는 우리 모두에게 억압적이고 전통적인 의미에서의 "출근 도장"을 거부하라고 부추긴다. 동시에 수억 명의 사람들에게 시간과의 싸움을 벌이게 만드는 제도를 끌어내리라고 부추긴다. 시간과의 경쟁은 애초부터 이길 수 없는 싸움인 탓이다.

3

육체노동

제대로 한다면 손으로 하는 일은 언제나 자연, 그리고 자기 자신과 맞닿으려는 시도이다. 자급, 자립, 자족의 삶을 살고자 하는 노력이다.

"근데 엄마, 왜 일일이 손으로 하고 있어?"

바보 같은 질문이었다. 하지만 엄마의 아들은 이따금 아주 바보 같을 때가 있었다. 엄마는 교외의 소박한 주택 앞 길가에 무릎을 대고 앉아 일을 하다 말고 고개를 들었다.

"원래 일일이 손으로 해야 하는 거다, 아들아."

엄마 손에는 주황색 손잡이가 달린 가위가 들려 있었다. 종이를 자르는 가위였다. 일이 절반쯤 끝난 시점이었고 다 끝내려면 여름 오후 반나절이 족히 걸렸다. 그날 펜실베이니아주 레딩의 온도는 섭씨 32도였다. 엄마는 길 위로 뻗어 나간 잔디를 깎고 있었다. 엄마의 대답은 뭐랄까 아주 옳은 대답이었다. 가위로 잔디를 깎으려면 가위로 잔디를 깎는 방법밖에는 없었다. 철학자들은 이를 당연히 항상 참인 명제, 항진명제tautology라고 부른다. 여기에 육체노동에 대한 중요한 진실이 있다. 지름길이 없다는 사실이다. 손으로 하는 일(영어에서 손 노동manual work은 육체노동을 의미하는 말로 쓴다 – 옮긴이)은 필연적으로 고유한 노동이며 피해 갈 방법은 없다.

40세에 키가 150센티 조금 넘는 베키는 가을이 되면 매주 목요일에 작은 갈퀴를 들고 앞마당의 잔디를 정리했다. 겨울에는 작은 삽을 들고 진입로의 눈을 치웠다. 봄에는 티스푼 하나만 들고 정원의 잡초를 뽑았다. 정원 일을 시작하고 몇 시간이 지나면 베키의 손은 정원의 흙과 구분이 되지 않았다. 지나가는 사람은 혼잣말하듯 중얼거리는 베키의 목소리를 들을 수 있었다. 베키는 눈앞의 일, 아니 손 앞의 일에 완전히 몰입해 있었다. 깊이 "빠져" 있었다. 정원 일이 끝나면 베키는 손으로 식구들의 빨래를 했고 손으로 요리를 했으며 손으로 벽과 천장을 청소했다. 손으로 세차를 하고 손으로 창을 닦고 손으로 아이들을 목욕시키고 손으로(손과 무릎을 바닥에 붙이고) 부엌 바닥을 박박 닦았다. 해마다. 세상에는 수없는 베키들이 있을 테지만 인정받는 경우는 드물다.

베키는 한 번도 가정부를 고용하지 않고 몸소 아들들에게 모범을 보였으며 자식들이 조금이라도 육체노동이라는 신성한 일을 무시하면 절대로 가만두지 않았다. 하루는 바보 같은 질문을 하곤 하는 아들이 티스푼으로 잡초를 뽑는 대신 흙 표면을 덮은 멀칭으로 잡초를 파묻으려고 했다. 엄마는 즉시 아들의 잘못을 발견했다.

"아들, 엄마 너한테 정말 실망했어."

아들이 자신에게 느낀 실망감은 더 컸다. 그 후로 잡초를 그냥 파묻는 일은 일어나지 않았다.

육체노동의 중요성에 대한 입장에서 봤을 때 베키와 소로는 말하자면 같은 재질이었다. 물론 베키의 정원 노동은 때로는 마음을 가라앉히기 위한 거의 강박적인 반복 동작에 가까웠지만 소로 역시 여러 가지 면에서 비슷했다. 제대로 한다면 손으로 하는 일은 언제나 자연, 그리고 자기 자신과 맞닿으려는 시도이다. 자급, 자립, 자족의 삶을 살고자 하는 노력이다.

소로는 다양한 직업을 가져 보기도 했는데 이런 시도 역시 현대식 노동에 대한 소로의 비판적인 시각과 뿌리가 같다. 『월든』의 첫 줄에 보란 듯이 숨겨져 있다.

> 이 글은, 다는 아니지만 이 글의 대부분은 나 홀로 숲속에 살며 쓴 것이다. 나는 1마일을 가도 이웃집이 나오지 않는, 매사추세츠주 콩코드의 월든 호수 기슭에 내 손으로 집을 지어 살면서 내 손으로 하는 노동만으로 먹고살았다.[1]

소로가 월든에서 보낸 2년은 누구든 육체노동을 해야 자연의 질서 속에서 자기 자리를 되찾을 수 있다는 사실을 보여 주었다. 이런 노동을 통해서만 진정한 자립을 이룰 수 있다는 생각이었다. 물론 자립을 추구해야 한다는 에머슨의 요청은 일종의 영적 독립 선언이었지만 영적 독립은 언제나 내 힘으로 살아가는 삶을 전제로 하고 있었다. 내 힘으로 음식을 만들고, 먹고, 옷을 입고, 내가 먹을 것을 경작하는 삶, 내 필요를 나 홀로 충족할 수 있을 만큼 단순하게 사는 삶이 먼저였다. 물론 소로의 자급자족에는 한계가 있었다(소로는 월든에 사는 동안에도 종종 콩코드 집으로 가서 식사를 하고 빨래를 했다). 소로 이 위선자 같으니라고. 그래도 소로는 노력은 했고 망치나 숟가락, 괭이나 바늘을 못 다루지는 않았다.

베키는 아들이 철학자가 되었을 때 다소 어리둥절했다. 아들이 소로를 닮은 철학자가 되고 싶어 한다는 사실을 알았다면 좀 더 이해가 됐을 것이다. 아들은 완전한 성공을 거두지는 못했지만 소로를 충분히 연구한 덕분에 정원 일과 몸을 움직이는 노동에 대한 엄마의 열정을 더 잘 이해할 수 있게 되었다. 무엇보다 소로 덕분에 깨닫게 되었다. 정원에서 손을 놀리며 일할 때 엄마가 단지 혼잣말을 한 게 아니라는 사실을. 엄마는 단지 자신과 대화를 한 게 아니다. 엄마는 정원에서 결코 혼자가 아니었다.

＊

손을 놀리며 노동을 하면 아주 이상한 일, 거의 기적에 가까운 일이 일어날 수 있다. 물론 언제나 그렇다는 건 아니다(그 얘기는 좀 이따가 하겠다). 하지만 기적에 가까운 일이 일어날 수도 있고 소로에게는 그 점이 중요했다. 손은 우리를 세상과 연결해 주고 우리가 서로에게, 우리 너머에 있는 삶과 현실에 가닿을 수 있게 한다. 우리는 대체로 이것을 당연하게 여긴다. 다시 말해 전혀 눈치채지 못한다. 하지만 주의를 기울여야 마땅하다고 소로는 말했다.

손을 뻗어 무엇이든 만져 보자. 온기와 낯선 감촉, 유혹하는 친밀함을 느껴 보자. 그 특수성을 또 다른 특수성, 즉 나에 견주어 느껴 보자. 내 손과 이질적인 것 사이의 연결을 느껴 보자. 이제 약간의 육체노동을 해 보자. 형편없이 못하는 노동이 아니라면 더 좋다. 정원 일이나 설거지, 아이들 목욕, 망치질 등을 하면서 그 과정에 주의를 기울여 보자. 흙이 끝나고 내가 시작하는 지점이 느껴지는지? 물의 온도가 나를 변화시키는 게 느껴지는지? 못이 박히는 느낌이 와닿는지?

요즘 유행인 "마음 챙김mindfulness"과 똑같지는 않지만 크게 다르지도 않다. 하지만 이런 식의 마음 챙김은 소로에게 조금 다른 의미로 다가왔다. 손을 뻗어 노동을 하면 깨닫게 된다. 우리가 자연과 단절되어 있는 것이 아니라 이미 항상 밀접하게 연결되어 있으며 우리가 자연의 생과 역사에 없어서는 안 될 일부라는 사실을. 소로의 가장 깊은 욕망이 "자연으로 돌아가는 것", 세상의 야생성과 마주하는 것이었다면 손을 놀려 하는 노동은 아주 좋은 출발점이었다. 잠재적으로 육체노동은 자아와 타자 사이에 존재하는 것으로 보이는 간극을 지울 수 있다.

힌두교 경전, 특히 우파니샤드를 잘 알던 소로는 힌두교에서 가장 중요하다고 믿는 이치, 즉 "네가 바로 그것 *tat tvam asi*"이라는 생각이 어떻게 실재적으로 경험되는지에 관심이 있었다. 소로에게 이것은 어떤 의미였을까? 월든 호숫가에서 바가바드 기타(우파니샤드, 베다와 더불어 힌두교 3대 경전 중 하나-옮긴이)를 읽으며 소로는 이렇게 썼다. "만물에 가장 가까이 있는 것은 그 존재를 빚는 힘이다."[2] 정말로 가장 가까이 있다. 소로는 미국의 초월주의 학파와 유럽의 낭만주의 학파의 동료들과 마찬가지로 자연 세계에 깊이 참여해 자연 세계와 하나가 되면 그 세계가 지속적이고 골고루 퍼지는 이 힘을 드러내리라고 믿었다. 하지만 초월주의자 친구들 대다수와 달리 소로는 자연 세계에의 참여가 육체노동을 통해 가장 잘 이루어진다고 생각했다.

『월든』에서 제일 날카로운 내용을 담고 있는 장의 제목은 「콩밭」이다. 손을 놀리는 노동이 가진 형이상학적 잠재력에 대한 은근히 자유분방한 명상록의 제목 치고는 다소 따분하게 들린다. 한숨을 쉬는 독자도 있을 것이다. "형이상학적 잠재력이라고? 정신 차리고 현실을 직시합시다." 하지만 장담하건대 우리가 하려는 게 바로 그것이다. 소로는 육체노동에 "빠지면" 우리가 현대식 생활을 하며 미처 보지 못했던 궁극의 현실, 즉 우리 모두가 우주를 책임지고 있는 힘과 밀접하게 연결되어 있으며 그 힘이 우리를 지탱하고 있다는 사실이 드러날 수 있다고 믿었다. 너무 멀리 갔다는 생각이 든다면 걱정하지 말자. 손을 이용해 노동할 좀 더 실용적인 다른 이유도 있으니까 말이다. 하지만 일단 좀 더 들어보길 바란다.

「콩밭」은 월든에서 먹거리를 직접 심어 키웠던 소로의 기록이다. 소로가 여러 줄에 걸쳐 나란히 심은 콩을 한 줄로 세우면 7마일은 채웠을 것이다. 소로가 먹기에는 너무 많은 양이었지만 요점은 그게 아니다. 중요한 것은 소로가 이 임무에 접근했던 방식이다.

> 한편 콩은 … 괭이질을 기다리며 조바심을 내고 있었다. 처음 심은 콩은 나중 콩을 심을 때 이미 꽤 자라 있었다. 정말이지 마냥 미룰

수 없는 상태였다. 이 꾸준하고 보람된, 작은 헤라클레스적 과업의 의미가 무엇인지 나는 알지 못했다(고대 그리스 신화 속 영웅 헤라클레스는 아폴론의 분노를 달래기 위해 아주 힘들고 어려운 열두 가지 과업을 수행해야 했다 – 옮긴이). 처음에 원했던 양보다 훨씬 많아졌지만 나는 줄지어선 내 콩에 애착을 갖게 되었다. 콩은 나를 땅과 연결해 주었고 그 결과 나는 안타이오스(대지의 여신 가이아의 아들로 헤라클레스와 겨루었지만 패했다 – 옮긴이) 같은 힘을 얻었다. 그렇지만 콩을 키워야 하는 이유는 뭘까? 하늘만이 알 뿐이다. … 나는 콩에 대해, 콩은 나에 대해 무엇을 배울 수 있을까? 나는 콩을 아끼고 괭이질을 하고 아침에도 저녁에도 돌본다. 이것이 나의 하루 일이다. 콩잎은 예쁘고 넓적하다. 내 원군은 이 건조한 흙을 적시는 이슬과 빗방울이며 비록 대체로 메마르고 거칠지만, 흙 자체의 비옥함이다. 적군은 지렁이와 추위, 그리고 무엇보다 마멋이다. 놈들이 먹어 치운 콩이 300평은 된다.[3]

콩알만큼 안다고 하면 아는 게 별로 없다는 의미이지만 소로는 결코 동의하지 않았을 것이다. 소로는 콩으로부터 매우 귀중한 가르침을 얻을 수 있다고 생각했으며, 이 부분은 좀 납득하기 힘들지만, 콩도 소로한테서 무언가를 배울 수 있다고 생각했다. 인간과 식물 간의 열린 교류는 궁극적으로 어떤 의미인가? "하늘만이 알 뿐이다." 이것이 소로의 진심이다. 콩과 자신과의 왕래, 상호 작용, 동일시에는 어떤 의미가 있었지만 정확히 어떤 의미인지는 하늘만 알고 있었다. 바로 그 신비로움이 소로를 매일 콩밭으로 나오게 했고, 밭을 찾는 모든 존재들로부터 (특히 마멋으로부터) 콩을 지켜 내게 했으며, 콩을 키우는 일을 통해 소로 자신을 땅과 연결되게 했다. 여기 "네가 바로 그것"의 감각된 실재가 있었다. 그 연결감, 힘, 자아가 있었다.

우리의 일 또한 신성하다는 시각을 갖고자 한다면 이렇게 물어볼 수 있다. 나의 거룩한 업무에 신성한 목적이 있다면 무엇일까? 일은 왜 신성할까? 소로는 나란히 심은 콩에 애착을 갖게 되었다. 콩의 존재, 심지어 "작은 헤라클레스적 과업"을 방불케 하는 콩의 요구 사항조차 소로에게 힘을 주었고 그를 땅과 연결시켰다. 여기서 "힘"은 완력이나 단순히 신체의 지구력을 의미하지 않는다. 물론 콩밭을 가꾸다 보면 그런 이득도 생길 것이다. 하지만 소로가 말하는 "힘"은 영적인 기운이나 잠재적 능력을 말한다. 즉 이상적인 삶을 실현할 능력이다.

> 어떤 그림을 그리거나 상을 조각하는 등 특정한 물건을 아름답게 만들 수 있는 능력은 대단하다. 하지만 우리가 세상을 바라보는 관점이나 수단을 조각하고 그릴 수 있는 능력이 훨씬 더 눈부신 능력이다.[4]

최근에 아주 능력 있고 똑똑한 목수 재니스가 우리에게 한 말은 육체노동에 대한 소로의 시각이 고루하지만은 않다는 사실을 일깨워 주었다. "못이 단단히 박히거나 판재가 딱 맞으면 그냥 느낄 수 있어요. 정확히 뭐라 말하긴 어렵지만 미적이고 거의 종교적인 느낌이에요." 재니스는 순수 예술을 하는 목수가 아니다. 무늬가 선명한 단풍나무로 앤여왕 시대 양식의 탁자를 만들어 크리스티 경매장에 내놓는 그런 예술

가는 아니라는 말이다. 재니스는 대개 주택의 구조를 만들거나 바닥재를 교체하는 등의 일을 한다. 소로였다면 전혀 상관없다고 지적했을 것이다. 미국 실용주의 철학자 존 듀이가(에머슨과 소로를 매우 좋아했다) 『경험으로서의 예술』에서 말했듯이 손을 놀려 하는 하찮은 일과 예술 사이에는 뚜렷한 경계가 없다. 손으로 하는 일에도 우리 같은 존재를 세상 그리고 타인과 연결해 줄 수 있는 힘이 있다. 베키는 정원에 있을 때 진정으로 정원에 있었다. 그 풍경 속에 완전히 빠져 일체가 된 것이다. 그리고 재니스도 못을 박을 때 다른 무엇인가에 연결되어 있다는 느낌을 받았을 수 있다. 무엇인가 묘하게 익숙한 느낌, 집으로 돌아오는 느낌 말이다.

*

이 모든 것이 터무니없는 소리로 들려 믿을 수 없다면 역사적인 맥락을 좀 살펴보도록 하자. 밭일의 본질과 가치를 숙고한 사람은 소로가 처음이 아니다. 소로는 고대 그리스와 로마인들로부터 단서를 얻었다. 핵심은 베르길리우스이다. 소로에게 베르길리우스, 특히 그의 농경시 『게오르기카*Georgics*』가 중요했기 때문이다. 소로는 『게오르기카』를 정말 좋아했다. 로버트 리처드슨은 명저 『헨리 데이비드 소로 자연의 순례자』에서 이렇게 말한다. "소로는 『아이네이스*Aeneid*』에는 별 관심을 보이지 않았고 언제나 『게오르기카』를 더 좋아했다. 소로에게는 그 작품이 곧 지구라는 거대한 시였다."[5]

베르길리우스의 『게오르기카』는 아주 아름다우면서도 새롭다. 철학자들과 신학자들은 매우 오랫동안 고민해 왔다. 인간은 왜 그토록 힘들게, 주로 밭에서 몸을 놀려 일할 운명을 타고난 걸까? 많은 사람들이 다양한 형태의 "신정론神正論, theodicy"을 확립했다. 신을 의미하는 테오스theos와 정의를 의미하는 디케diké로 이루어진 이 말은 신의 정의에 관한 이론이라는 뜻으로, 악이나 고난의 존재를 신적인 존재와 사랑이라는 선을 통해 설명하려고 한다. 간단하게 말하자면 신정론은 우리를 사랑하는 신이 있는데도 인생이 (그리고 일이) 왜 이 모양 이 꼴인지 설명하려고 시도한다. 베르길리우스는 『게오르기카』에서 신정론의 역사를 통틀어 매우 혁신적인 설명을 시도한다. 일 자체, 특히 손으로 짓는 농사가 그 자체로 구원이라는 주장을 한 것이다. 고전학자 일레인 팬텀의 글에 따르면 베르길리우스는 "흔히 신정론이라고 일컬리는 것, 즉 끝없고 고된 농사일을 합리화하기 위해 지어낸 이야기를 선보였다".[6]

베르길리우스는 『아이네이스』를 쓰기 전에 『게오르기카』를 썼고 『목가집Bucolics』은 그 이후에 썼다. 최초의 전원시인으로 여겨지는 시인 테오크리토스의 전원시가 『목가집』의 영감이 되었다. 『게오르기카』를 쓸 때는 바로의 『농경에 관하여De re rustica』, 루크레티우스의 『사물의 본성에 관하여』, 니칸드로스의 『농경시Georgica』, 헤시오도스의 『노동과 나날Works and Days』("나는 로마의 마을을 돌며 노동과 나날을 찬양하네"[7]) 등에서 영감을 받았다. 베르길리우스는 가리지 않고 글을 읽었다. 하지만 헤시오도스의 『노동과 나날』에 나오는 신정론이 베르길리우스의 신정론과 가장 밀접하고 그래서 우리가 얘기하는 소로의 노동에 관한 신정론과 관련이 있다.

노동은 힘들고 많은 경우 고통스럽지만 불가피하다. 헤시오도스는 이런 조건을 징벌로 받아들였고 창세기를 지은 사람들도 마찬가지였다("땅은 너로 말미암아 저주를 받고 너는 네 평생에 수고하여야 그 소산을 먹으리라"[8]). 하지만 베르길리우스는 헤시오도스의 징벌적 시각을 뒤집었다. 고된 노동은 오히려 유피테르의 고마운 선물이라고 한 것이다.

> … 아버지 자신도 농사가 쉽기를 바라지 않았으니
>
> 자신의 능력으로 들판을 흔들어 깨우고 인간들의 마음을 걱정으로 버린 것은
>
> 그의 세상이 나태함에 빠지길 원치 않았기 때문이다.
>
> … 쉭쉭거리는 뱀에 치명적인 독을 넣고
>
> 늑대를 맹수로 만들며 심해가 파도치게 만들고
>
> 잎사귀에서 꿀을 흔들어 떨구고 불을 꺼 없애고
>
> 사방에서 콸콸 흐르던 포도주 강을 막은 것도 유피테르.
>
> 그로 인해 인간이 머리를 써서 점점 여러 가지 능력을 단련하도록,
>
> 가령 쟁기질을 해서 밀 줄기를 얻을 수 있도록,
>
> 부싯돌에 묻힌 불꽃을 찾아 불을 댕길 수 있도록 했다.
>
> 그러자 강물은 속을 파낸 딱총나무로 만든 배를 알았고
>
> 뱃사람들은 별을 헤아리고 이름 붙였다.
>
> … 그러자 여러 기술이 여러 모습으로 생겨났다. 끝없는 일이
>
> 모든 어려움을 이겨 냈다. 고된 시절 일과 간절한 필요가.[9]

피터 팰런은 마지막 행을 좀 다르게 번역했다. "고된 노동이 승리했다. 고된 노동과 절박한 가난이."[10] 베르길리우스의 주장에 따르면 유피테르가 우리를 결핍, 병충해, 독사로 시험하는 이유는 우리 안에서 때를 엿보고 있는 것, "부싯돌에 묻힌 불꽃"을 실현하기 위함이다. 살기 편한 황금기 혹은 에덴의 시대에 인간은 발전을 실현하지 못한다. 에덴에 인간의 승리는 없다. 신정론의 일반적인 분류 방식을 따르면 이것은 "영혼을 완성하는 신정"에 해당할 수 있다. 영혼의 최정상은 고통을 통해서만 오를 수 있다. 정의상 한가한 삶을 통해서는 도달할 수 없는 종류의 성과를 얻으려면 육체노동이라는 고난이 필요하다.

소로와 『게오르기카』를 가깝게 견주어 본 리처드슨은 이렇게 적었다. "이 시는 인류의 끝없고 고된 노동과 땅을 경작하는 것에 대한 진심 어린 찬양이다. 베르길리우스는 노동과 노동이 가져다주는 보상과 만족감을 믿는 현실주의자다. 베르길리우스의 농부는 열심히 일하는 겸허한 농부이며 자립과 만족을 아는 사람이다."[11] 이것이 베르길리우스의 정수이며 로마 문명은 이런 단순하고 당당한 삶 위에 지어지고 강화되었다. 리처드슨은 노동에 대한 소로의 시각이 청교도적 노동관보다는 이런 "베르길리우스적 노동관"과 연결되어 있다고 주장한다. 덧붙이자면 헤시오도스적 노동관과도 다르다. 비관적이고 징벌적인 노동관이기 때문이다.

베르길리우스와 소로는 우리가 스스로 일한다면 우리를 실현하고 발견할 수 있으며 나아가 창조할 수 있다고 주장한다. 새로운 능력, 새로운 감정, 새로운 감각, 새로운 민감성을 깨울 수 있다고 말이다. 게다가

일터의 소로

점점 더 많은 사람들이 이렇게 하면 우리 사회 또한 새로운 감각과 민감성을 얻게 된다. 베르길리우스의 농부는 로마의 위대성을 축소해 놓은 모형이다. 소로는 일을 통해 위대한 국가의 축소 모형이 되고자 했다. 그리고 소로에게 위대한 국가는 다름 아닌 정의롭고 영웅적인 국가로서 이 국가의 자유롭고 독립적인 시민은 땅을 사랑하고 노동과 나날을 사랑하는 사람들, 흙 위에서 비로소 집에 온 듯한 편안함을 느끼는 사람들이다.

✳

그리스 극작가 아리스토파네스의 아주 오래된 이야기 속에서 한 수염 기른 남자가 풍선을 타고 올라가 땅을 내려다보며 아래에 있는 이웃들에게 철학적 조언을 퍼붓는다. 「구름」에 나오는 이 이야기는 풍선을 집으로 삼은 소크라테스를 비롯해 뜬구름 잡는 이야기를 해 대는 모든 철학자들에 대한 날카로운 풍자다.

소로는 그 어느 19세기 사상가와 비교해도 그 풍선을 붙잡아 땅에 묶어 두려고 가장 많이 노력한 사람이다. 소로는 철학자들이 지극히 실제적이어야 한다고 생각했다. 실제적인 것이 자급자족을 가능하게 했기 때문이다. "생명의 열vital heat을 다른 사람보다 더 뛰어난 방식으로 유지할 수 없다면 어찌 철학자라고 부를 수 있을까?"[12] 여기서 소로가 말하는 "생명의 열"은 생生의 환유법적인 표현이다. 소로는 다른 사람의 노동에 의지하지 않고 생을 유지할 수는 없는지 궁금해했다. 타인을 착취하는 행위, 나의 생활 방식으로 인해 수많은 인간과 비인간이 불행한 노동이라는 함정에 빠지게 되는 사태가 소로의 관심사였다. 소로는 우려한다. "노동하는 사람은 날마다 진정한 도덕성에 대해 고민할 여유가 없다."[13] 다른 사람의 어깨를 타고 앉지 않기 위해 소로는 보편적 인간이라는 르네상스의 이상을 다시 살려 냈다. 일종의 박식가이나 실용적인 박식가로서 도서관과 강의실, 의회뿐만 아니라 들에서도 밭에서도 숲에서도 제 집인 양 다니는 사람 말이다.

기억할 점은 소로가 타인의 행복을 돌보기 위해 자립을 중시했다는 점이다. "우리는 자기 자신이나 서로에게 그다지 상냥하지 않다."[14] 소로는 자신의 필요(와 욕구)를 채우기 위해 사회에 짐을 지우고 싶지 않았기 때문에 스스로 모든 일을 떠안았다. 우리 저자들은 소로의 수호신이 스위스 아미 나이프라고 우스갯소리를 하곤 하지만 소로에게 수호 정령이 있다면 낙타가 적합하다. 냄비, 담요, 가방, 호리병 등 잡다한 물건들, 그야말로 온 살림살이를 혹이 난 등에 지고 돌아다니는 낙타 말이다. 소로는 되도록이면 살림살이를 스스로 들고 다닐 것, 되도록이면 타인에게 지우지 않을 것을 우리에게 부탁한다.

소로는 미국 시민으로서 자신이 동산動産 노예 제도(사람을 재산으로 소유할 수 있게 만든 제도-옮긴이)와 계약 노예 제도에서 나오는 이익에 경제적으로 얽혀 있다는 점을 이해하고 있었다. 오레스테스 브라운슨의 노동 운동에 대해서도 잘 알고 있었다. 산업화의 폐해에도 민감했다. "지금의 공장식 체계가 의류를 제조하는 최고의 방식이라고 생각하지 않는다. … 인류에게 좋은 옷을 정직하게 입히는 게 아니라 기업을 부유하게 만드는 것이 이 체계의 주 목적이라는 점이 명백하다."¹⁵ 소로는 가장 알아보기 쉬운 당대 산업 발전의 상징이었던 철도를 통해 서로가 뒤얽혀 있는 미국의 경제를 암울한 빛깔로 그려 냈다.

> 우리가 기차를 타는 것이 아니라 기차가 우리를 탄다. 철로 밑에 깔린 침목이 무엇으로 만들어졌는지 생각해 본 적 있는가? 각각의 침목은 사람이다. 아일랜드 사람이고 뉴잉글랜드 사람이다. 그 사람들 위로 철로가 놓이고 모래가 깔리며 기차는 그 위를 부드럽게 달린다. 정말이지 든든한 침목이다. 그리고 몇 년마다 새로운 무리가 놓이고 깔린다. 누구에게는 기차를 타는 기쁨이 있지만 누구에게는 기차에 깔리는 불행이 있다.¹⁶

오늘날 우리는 비슷한 방식으로 착취에 연루되어 있다. 미국 노동부의 국제 노무 담당국이 2020년 세계 아동 노동과 강제 노동에 관해 발표한 보고서에 따르면 노동에 시달리는 아동 1억 5200만 명 중에 7300만 명의 아이들이 "위험한 아동 노동에 동원되고" 있다. 커피, 코코아, 사탕수수, 대두, 쌀 등은 아동 노동, 강제 노동과 떼어 놓을 수 없다.¹⁷ 우리의 "생명의 열기"를 지피기 위한 음식은 여전히 그리고 자주 타인의 생명의 열기를 착취하는 데 의존하고 있는 것이다.

다른 이의 어깨 위에서 내려오려고 애쓸 때는 자기 자신에게도 상냥해야 한다. 자기 자신이 지고 있는 짐도 최대한 가볍게 유지하려고 노력해야 한다. "전 재산을 담은 보따리를 마치 목덜미에 자라난 거대한 혹처럼 이고 비틀거리는 이민자를 보고 동정심이 일었다. 전 재산이 그뿐이어서가 아니라 그 많은 걸 지고 다녀야 한다는 사실 때문이었다. 만약 전 재산을 끌고 다녀야 한다면 나는 짐이 가볍도록 애쓸 것이다."[18]

솔직히 말해서 보통 사람은 짐이 가벼워야 더 오래 들고 다닐 수 있다. 일도 가벼워야 계속해서 내 노동만으로 가던 길을 갈 수 있다. 남에게 맡기고 싶은 유혹, 타인의 생명의 열기를 이용하고 싶은 마음은 우리의 짐이 늘어날수록 커진다. 물론 노동을 줄이려면 소비를 재평가해야 한다. "차나 커피, 버터, 우유, 신선한 고기도 필요 없었기 때문에 그걸 얻기 위해 일하지 않아도 됐다"고 소로는 적고 있다.[19]

하지만 가벼운 낙타로 살기도 쉽지 않다. 생계를 유지하면서도 어떻게 좋은 삶을 살 수 있을까? 만약 식료품 가게에 가서 환히 빛나는 냉장 식품 코너를 게으른 발걸음으로 도는 대신 손으로 먹거리를 직접 키워야 한다면 우리 두 저자의 삶은 빠르게 기괴해질 것이다. 물론 추측일 뿐이기는 해도 합리적인 추측일 것이다.

소로는 자신을 포함한 많은 사람들에게 좋은 삶이란 낙타를 닮은 삶이라는 사실을 보여 준다. 일단 땅에서 하는 노동은 우리의 시적 능력을 키운다. "만약 사람들이 제 손으로 자기가 살 집을 짓는다면, 소박하고 정직하게 자신과 가족을 위한 식량을 키운다면 시적 능력이 보편화될지 누가 알겠는가? 새들은 하나같이 일하면서 노래하지 않는가?"[20] 소로에게 이런 "시적 능력"은 곧 신적인 능력이다.

노동에서 신성한 시와 기쁨을 찾을 수 있다는 소로의 말은 우스개가 아니다. "무언가를 짓는 기쁨을 영영 목수에게 양보할 것인가?"[21] 소로는 현대 사회의 공장식 제조업의 발전이 숙련된 육체노동을 대체할 위험이 있다고 우려했다. 상품은 변함없이 만들어지지만 그걸 생산하는 경험은 사라진다. 다행히, 소로의 우려와 달리, 육체노동은 앞으로도 한동안 어떤 형태로든 남아 있을 것이다. 소로에게 가사일은 "즐거운 놀이였다".[22] "하지만 손을 놀려 하는 노동은 아주 고된 지경에 이르러도 결코 가장 헛된 일은 아니다. 노동에는 일관적이고 사라지지 않는 미덕이 있다. 학자에게 노동은 훌륭한 결과를 가져다준다."[23]

월든에서 소로가 행한 육체노동은 신을 닮은 삶, 훨씬 더 훌륭한 삶을 위해서였을지 몰라도 이런 결과는 결코 쉽게 얻을 수 없다. "수백만 사람이 육체노동이 가능한 수준으로 깨어 있지만 100만 명 가운데 한 명만이 효과적인 지적 활동이 가능한 수준으로 깨어 있다. 그리고 시적인 삶, 신적인 삶을 영위할 수 있을 만큼 깨어 있는 사람은 1억 명 가운데 하나밖에 없다."[24] 자족을 위해, 다시 말해 독립(모든 수준에서의 독립)을 위해 일하는 사람은 활기찬 힘, 깨어날 수 있는 능력을 가지게 된다.

누구든 자기가 만든 장작더미에 일종의 애착을 가진다. 나는 창가에 장작을 쌓아 놓는 걸 좋아하는데 부스러기조차 만족스러운 노동을 떠올리게 하므로 많을수록 좋다. 나한테 아무도 쓰지 않는 도끼가 있었는데 겨울날이면 한번씩 이 도끼를 들고 집 앞 볕이 드는 곳에서 콩밭에서 나온 그루터기를 갖고 놀았다. 쟁기질을 할 때 소를 몰던 사람이 예견했듯 장작은 나를 두 번 따뜻하게 해 주었다. 장작을 팰 때 한 번, 그리고 태울 때 한 번. 그러니 이보다 더 많은 열기

를 줄 수 있는 연료는 없었다.[25]

"이보다 더 많은 열기를 줄 수 있는 연료는 없었다." 겨울날에도 살아 있다는 감각을 이처럼 명료하게 느끼게 해 주는 "생명의 열기"의 원천은 우리의 노동뿐이다. 신성한 노동은 너무나도 자주 모독을 당한다. 소로는 특히 분업 때문에 그 신성이 더럽혀진다고 생각했다(우리는 "분업의 원칙을 극단까지 맹목적으로 따라가지만 이 원칙은 신중한 고민 없이 따라서는 안 된다". 하찮은 톱니바퀴보다는 낙타가 낫다는 말이다).[26] 일이 신성하게 여겨지지 않을 수도 있지만 그것은 우리가 그 신성을 박탈당했기 때문일 수 있다. 일이 즐겁지 않다면, 놀이 같지 않다면, 신성하지 않다면 신성이 더럽혀진 형태의 노동을 묵인하고 있다는 뜻이다. "하지만 현실적으로 대안이 없다"고 우리는 호소한다. 소로는 그런 숙명론에 대해 "인간은 흔히 필요라고 불리고 숙명처럼 보이는 것을 위해 일한다"고 말한다. 그렇게 신성을 박탈당하면 "그 인간의 대부분은 곧 땅속에 갈려 들어가 비료가 된다".[27]

우리 둘 다 아침에는 집안일을 한다. 설거지를 하고 조리대를 닦고 차를 끓이고 아침 식사를 준비한다. 먹은 것을 치우고 침대를 정리하고 필요하면 비질도 한다. 우리 둘 다 결혼을 했으므로 각자의 몫을 해야 한다. 적어도 노력해야 한다. 남자의 집안일은 지나치게 주목받기 때문에 우리는 주어진 몫보다 더 많이 한다고 느끼기도 한다. 믿기 힘들겠지만 그렇다. 가사는 전통적, 역사적으로 여성의 일이었기 때문에 우리 같은 남자들은 때때로 이런 일에 참여해야 한다는 사실에 말없이 억울해하기도 한다. 하지만 우리가 해야 하는 일이고 할아버지들이 가르치셨듯 "이치가 그런 것이다".

그러나 이런 노동은 대체로 반드시 해야 하는 것은 아니다. 깨끗한 식기와 막 비질을 마친 카페트 같은 것들은 우리에게 진정으로 필수적인 물건은 아니기 때문이다. 하지만 우리가 허락한다면 흥미로운 의미를 가질 수 있다. 우리는 집안일을 마치 목욕 의식처럼 생각한다. 말끔한 기분이 들지만 거기서 끝나지 않는다. 선불교에서는 소제掃除를 명상을 행할 기회로 여긴다. 승려 마츠모토 쇼케이는 "절에 있는 승려들은 선 명상보다 소제를 하는 시간이 더 많다"[28]고 했다. 우리가 주로 하는 허드렛일은 승려들의 일과 다르지만 명상을 하며 식기세척기를 채우는 일을 포함해 선불교식 소제는 소로의 까다로운 기준을 통과할 것이다. 이는 허드렛일과의 타협이 아니라 예술적 전유이자 승화이다. 따분하고 고된 일을 예술, 노래, 축제로 변모시켜 울 빨래가 됐든 걸레질이 됐든 그 행위가 재미있고 흥겨워진다면, 그리고 그 일이 시대에 뒤떨어진 이후에도 지속된다면 그 변모는 철저히 소로적이다. 그 시간을, 날을, 삶 전체를 고양시킨다. 물론 우리가 선불교에 통달한 사람들은 아니지만 기분 좋을 때 시도는 한다, 소로는 그것만으로도 충분하다고 할 것이다.

＊

이제 우리는 다소 곤란한 지점에 다다랐다. 이 지점에서 일부 독자들은 신성한 육체노동에 대한 우리의 찬양에 제발 허풍 떨지 말라고 외칠

지도 모른다. 경우에 따라 육체노동이 특수한 상황이나 제도적인 문제로 인해 절대적으로 가혹하고 대체로 무의미할 수 있다는 점은 부인할 수 없는 사실이다. 존의 할아버지 얼은 1950년대에 여성 스타킹을 염색하는 작은 차고 크기의 "공장"을 운영했다. 얼은 날마다 화학 물질에 화상을 입었고 고통을 줄이기 위해 술을 마셨으며 56세에 간경화로 사망했다. 소로 시대의 주철소는 밤낮을 가리지 않고 타올랐으며 종종 육체노동자들을 산 채로 태워 죽였다. (우리는 이것을 "기계 작업"이라고 생각하지 않는데 많은 주철소 노동자들이 굉장히 격렬하고 숙련된 방식으로 몸을 썼기 때문이다.) 요점은, 자유 의지에 따라 선택되지 않은 육체노동의 경우 초월적인 경험은 말할 것도 없고 의미 있는 경험이라고 느끼기조차 훨씬 더 힘들다는 것이다.

그뿐 아니라 육체노동에는 또 다른 함정이 있는데 이 얘기를 하려면 존의 어머니 베키 얘기로 돌아가야 한다. 베키는 육체노동이 몸을 축낸다는 사실을 항상 알고 있었지만 그저 무시해 버렸다. 여름의 열기 아래에서 흙 속에 손을 파묻고 있다 보면 손에 습진이 생겼고 물집이 맨팔을 타고 올라가 두 볼에까지 돋아났다. 베키는 계속 정원 일을 했다. 수십 년 동안. 8월의 어느 무더웠던 하루, 64세였던 베키는 정원에서 5시간 동안 일을 하고 집 안으로 들어왔다. 아침 식사도 하지 않은 채 정원으로 나가기 전에 커피 한 잔을 마셨을 뿐이었다. 베키에게 정원 노동은 그만큼 몰입이 됐거나 그만큼 주의를 빼앗았거나 그만큼 의미 있었다(정확히 어느 쪽이었는지는 확신할 수 없다). 어쨌거나 베키는 집에 들어와 뜨거운 물로 샤워를 했고 흙과 교감한 뚜렷한 흔적을 물에 씻었다. 샤

위를 끝내고 나온 베키는 정신을 잃고 타일 바닥 위로 넘어져 머리를 부딪혔고 그 결과 턱뼈가 부러지고 망막이 박리되었으며 앞으로 여러 번 재발하게 될 뇌졸중을 처음으로 경험했다. 이제 70대가 된 베키는 요양 시설에 살고 있으며 보행기를 이용해 능숙하게 움직인다. 아들은 면회를 갈 때마다 바보 같아 보이는 질문을 하고 싶은 마음이 든다.

"엄마, 왜 그렇게 손으로 다 하셨어요?"

하지만 묻지 않는다. 대답은 이상하리만치 명확하기 때문이다. 베키는 여전히 정원 일 하는 꿈만 꾼다.

4

기술 발전과 일

노동자들은 기계 이외의 무언가가 될 시간이 없다. 더 높은 목표를 고려하고 그 목표를 향해 의미 있는 행동을 취할 시간도 에너지도 힘도 남아 있지 않다.

많은 사람들이 육체노동이 점차 사라져야 한다고 생각한다. 기술은 머지않아 육체노동을 불필요하게 만들 것이며 그 시기는 빠를수록 좋다고 한다. 우리 후손들에게 육체노동은 취미 활동이 될 것이다. 친구들과 이케아 가구를 조립하는 일처럼 필수적인 행위가 아니라 즐거운 놀이 말이다. 기계는 우리를 노동과 고통, 고난으로부터 해방시켜 줄 것이다. 솔직히 말해서 손으로 더러운 그릇을 씻거나 펌프로 물을 끌어올리고 싶어 하는 사람이 어디 있을까? 굳이 불을 피우고 싶어 하는 사람이 있을까? 아무리 고풍스러운 벽난로가 있다고 해도? 시신을 염하거나 하수구를 점검하고 싶어 하는 사람, 감자 껍질을 깎고 싶어 하는 사람이 정말 있을까?

이 모든 고역과 불편을 끝낼 방도가 있을 것이다. 노동에 관한 소로의 철학이 나온 배경에는 다음과 같은 약속이 있었다.

"동료 시민 여러분! 10년 안에 낙원을 만드는 방법을 알려 주겠다고 약속합니다. 이 낙원에서는, 누구든 일하지 않아도, 돈을 벌지 않아도 인간이 바라는 모든 것을 다 갖고도 남을 것입니다. 자연의 모습이 온통 가장 아름다운 형태로 변모할 것이며 사람들은 상상할 수 있는 모든 호사를 부리며 지극히 아름다운 정원이 있는 아주 웅장한 궁전에 살 것입니다. 이곳에서는 누구든 일하지 않고 지금까지 수천 년이 걸렸던 일들을 1년 만에 해낼 것입니다. 산을 평평하게 하고 계곡에 물을 채우고 호수를 만들고 호수와 늪에서 물을 빼고 온 사방의 땅을 아름다운 운하로 수놓을 것입니다. 수만 톤의 무거운 짐을 나를 수 있는 도로를 건설하고 1000마일을 24시간 안에 이동할 것입니다. 바다는 부유하는 섬으로 뒤덮일 것입니다. 완벽하게 안전하고 지극히 안락하고 호화로운 이 섬들은 막대한 힘과 속도를 가지고 원하는 모든 방향으로 움직일 수 있을 것이며 거기에는 정원과 궁전, 수천 세대가 거주할 공간, 그리고 단물이 흐르는 개울이 있을 것입니다. 낙원에서 사람들은 지구의 내부도 탐험할 수 있을 것이며 남극과 북극으로 이동하는 데 2주밖에 걸리지 않을 것입니다. 들어 보지도 못한 방법으로 세상에 대한 지식을 늘릴 수 있을 것이고 그 결과 지성도 발전할 것입니다. 끝없는 행복의 삶, 아직 알려지지 않은 즐거움을 누리는 삶을 살게 될 것입니다. 인류를 괴롭혔던 거의 모든 불행으로부터 자유로울 수 있을 것이며 죽음은 어쩌할 수 없겠지만 인간의 생의 길이는 훨씬 더 늘어날 것이고 죽음은 마침내 덜 고통스러워질 것입니다. 이처럼 인류는 지금보다 훨씬 더 우월한, 새로운 세상을 즐기며 살 수 있으며 더 높은 존재의 단계로 올라갈 수 있습니다."[1]

정말 화려하기 그지없는 어불성설 아닌가? 10년 안에 마침내 낙원이 온다니. 이는 독일에서 미국으로 이민 온 토목 공학자이자 발명가이자 작가인 존 아돌푸스 에츨러의 눈부신 약속으로, 그가 그린 낙원은 1833년 겸손한 제목을 달고 책으로 출간되었다. 『모든 인간이 노동 없이 자연과 기계의 힘에 의해 가닿을 수 있는 낙원에 대하여: 모든 지식인에게 고함 – 총 2부』.[2] 기술 역사학자 데이비드 F. 노블의 말에 따르면 "에츨러의 에덴"은 사회주의, 미국 복음주의, 기술 관료주의에서 빌려 온 관념이 뒤섞인 지구상의 낙원을 위한 설계도이다.[3] 모든 걸 낙원화하기 위해 에츨러는 단지 약간의 유동성과 약간의 현금 주입이 필요했다. 동정심에 지갑을 열어 줄 사람을 찾아 원대한 구상을 떠벌리는 사람은 많지만 이 방면에서 에츨러를 따라올 자는 단연코 없었다.

이상향을 좇는 공상가, 모험가의 말로가 대개 그렇듯 에츨러의 이야기도 남아메리카의 열대 지방에서 끝을 맺었다. 1840년대에 에츨러와 추종자들은 남쪽 열대 지방에 에츨러식 공동체를 세우고 1844년 출간된 『모든 민족 모든 계급의 향상을 위한 열대 세계로의 이주』[4]를 토대로 삼았다. 기계가 인간의 고통을 덜어 주는 이상적인 세계를 설명하는 또 하나의 겸허한 제안서였다. 그러나 에츨러의 구상은 처참하게 무너졌다. 굶주림과 질병으로 추종자 일부가 사망했고 나머지 추종자들은 갈등으로 인해 뿔뿔이 흩어졌다. 에츨러는 죽지 않고 낙원의 상실을 목격했으며 이게 우리가 아는 에츨러의 마지막이다. 그 시점에서 에츨러는 역사에서 모습을 감춘다.[5]

＊

하지만 그 이전부터 에츨러는 헨리 데이비드 소로에게 영감을 주었다. 아니, 반감을 불러일으켰다고 하는 게 더 적절할 것이다. 소로의 스승이자 친구 에머슨이 에츨러의 『모든 인간이 가닿을 수 있는 낙원에 대하여』를 선물했다. 에머슨은 기계 작업의 증가가 육체노동을, 더 중요하게는 육체노동자를 쓸모없게 만들까 봐 우려했다. 소로는 에츨러의 논리에 조금도 설득당하지 않았다. 기술을 만병통치약으로 보는 시각에 대한 소로의 가장 강력한 (그리고 유쾌한) 비판이 바로 「되찾은 낙원」이다. 이 수필은 불쌍한 에츨러와 그가 그린 낙원에 대한 풍자이다 (오늘날 같으면 에츨러의 책은 '10년 속성 워라밸 찾기' 같은 제목을 달고 나왔을지 모른다).

소로는 에츨러의 과장된 표현과 간절한 호소가 담긴 문체를 흉내 내서 이렇게 썼다. "자연에 굴복하지 맙시다. 구름을 단속하고 폭풍을 제지할 것입니다. 전염성이 있는 날숨은 병에 담아 가두고 땅을 파 지진을 캐낼 것입니다. 위험한 기체는 내보낼 것입니다. 화산은 속을 싹 도려내 버리고 독성을 뽑아내고 씨앗을 말려 버릴 것입니다. 물은 씻고 불은 데우고 얼음은 식힐 것이며 지구에는 지지대를 설치할 것입니다. 새에게는 비행을, 물고기에게는 헤엄을, 반추 동물에게는 되새김질을 가르칠 것입니다. 당장 이러한 것들을 고민하지 않으면 안 됩니다."[6] 이것이 소로식 풍자의 극치다.

에츨러의 이상향은 소로에게는 황당무계한 궤변일 뿐이었다. 우리가 인류세에 살고 있을지 몰라도 이것은 자연이 궁극적으로 인간의 의지에 굴복한다는 의미가 아니며, 더 중요하게는 자연이 인간의 편견에 따르는 것이 좋다는 뜻이 아니라고 소로는 되풀이해서 암시하고 있다. 21세기에 인기를 얻은 인류세라는 말은 인간이 기술을 통해 근본적으로 세계를 바꾸기 시작한 시대를 칭한다. 인류세에서 기계, 문화, 자연은 더 이상 구분할 수 없다. 소로는 에츨러의 오만 가득한 미래상에 절대로 동의할 수 없었다. 기계들의 시대가 온다는 에츨러의 약속은 좋게 봐도 신기루에 지나지 않았다. 하지만 기술과 사회가 그런 식으로 결합된 세상이 실현 가능하다고 한들 소로는 이렇게 물을 것이다. 일일이 제대로 따져 본다면, 그런 세상은 인간에게 행복일까 불행일까?

*

기술로 실현하는 유토피아를 반대하고 노골적으로 비웃었던 소로는 대세에 역행하고 있었다. 에츨러는 현대 기술을 이용해 신들의 불을 탐한 수많은 사람들 가운데 하나에 지나지 않았다. 고된 노동으로부터 자유로운 삶에 대한 꿈은 수천 년간 인류를 고무하고 괴롭혔다. 창세기에 따르면 "태초에" 우리는 완벽한 동산에 살았고 거기에는 알람 시계도 청구서도 마감일도 없었다. 우리에게는 필요한 모든 게 있었다. 우리는 물론 유일한 계약 조건을 어김으로써 이 안락한 복리 후생 정책을 망쳐 버렸다. 누구나 알다시피 그 벌은 고된 노동이었다.

> 땅은 너로 말미암아 저주를 받고 너는 네 평생에 수고하여야 그 소산을 먹으리라. 땅이 네게 가시덤불과 엉겅퀴를 낼 것이고 네가 먹을 것은 밭의 채소인즉, 네가 흙으로 돌아갈 때까지 얼굴에 땀을 흘려야 먹을 것을 먹으리라.[7]

때때로 노동은 정말로 신의 저주처럼 느껴진다. 유서 깊은 노동 혐오를 이 기원 설화처럼 인상적으로 보여 주는 사례는 또 없을 것이다. 그러므로 우리가 만나가 떨어지는 하늘과 젖과 꿀이 흐르는 땅을 꿈꾸는 것은 놀랍지 않다. "젖과 꿀"이 최소한의 육체노동을 의미한다면 말이다. 중세 신화에는 "노동"이나 "결핍"이 아무 의미를 갖지 않는 코케인Cockaigne이라는 땅이 나온다. 코케인에서는 잠을 많이 잘수록 많이 벌 수 있다. 일을 하면 체포된다(누가 체포하는지는 명시되어 있지 않지만 체포하는 사람도 일을 한 죄로 체포되어야 할 것이다). 중세 네덜란드 문학 연구자인 헤르만 플레이는 윤리적으로나 영양학적으로나 문제가 많기는 해도 양만큼은 넉넉한 코케인의 식단을 이렇게 묘사한다. "구워진 돼지가 … 등에 칼이 꽂힌 채 돌아다니고(자르기 쉽도록) 지붕은 커스터드 파이, 울타리는 소시지이며 잘 익은 거위가 뒤뚱거리고 제비구이가 입안으로 날아들어온다."⁸ 코케인은 중세 농민에게 천국이었다. 된서리가 내려 농사를 망친 밀밭을 우울한 얼굴로 바라보던 중세의 소작농은 주저앉아 한숨을 쉬고는 코케인에 대한 노래를 부르며 스스로를 달랬을지 모른다.

하지만 1830년대 산업 혁명의 대두는 중세 노동자들이 부르던 이러한 자기 기만적인 노래를 현실로 만들고 있었다. 기술과 산업의 기계화는 머지않아 인간에게 진정한 자유를 줄 듯했다. 하지만 로웰의 공장 단지에서 15마일 떨어진 곳에 살고 있던 소로는 상황을 좀 달리, 아니 많이 다르게 보고 있었다. 매사추세츠대학 코번 홀에는 대공황 시기에 (공공사업 진흥국에 고용된 예술가들이) 그린 벽화가 있는데 이 벽화가 모든 것을 말해 주고 있다. 공장의 방직 기계 앞에 앉은 여성의 모습을 부드러운 색조로 그렸는데(아마도 에슬러의 상상에 부합할 것 같은 모습이다) 그 밑에는 이런 침울한 문구가 있다. "매일 나는 방직기 앞에 서 있다. 북은 날개가 돋친듯 빠르게 오간다." 삽이나 갈퀴 같은 도구도 기술의 일종이다. 도구를 어디에 쓰고 그것으로 무엇을 만들지는 나에게 달려 있다. 그러나 산업 혁명의 태동과 함께 찾아온 대규모의 기계 노동은 이를 바꾸어 놓았다. 기술은 이제 생산의 목적과 수단을 결정했고 자연의 모습과 힘을 제한했으며 소로가 가장 사랑했던 것, 즉 인간의 자유를 빼앗아 갔다.

이제 20세기로 빨리 감기 해 보자. 기계 노동의 비인간성에 대한 소로의 경고에도 후대의 사람들은 코케인에 대한 설화와 크게 다르지 않은, 기계가 가져올 발전에 대한 노래에 현혹되었다. 「빅 록 캔디 마운틴」같은 노래들이 나왔고 이곳에는 "고깃국 호수와 위스키 호수가 있어 커다란 카누를 타고 노를 저어 다닐 수 있다". 그곳에 중노동은 없다. "자루가 짧은 삽도 없고, 도끼도, 곡괭이, 톱도 없다." 그리고 이 노래가 제공하는 중요한 카타르시스로 말할 것 같으면 빅 록 캔디 마운틴은 "노동을 발명한 못된 놈을 목매단 곳"이다.[9] 대공황 시기나 황진Dust Bowl 시기(1930년대에 극심한 모래 폭풍 때문에 미국 일부 지역이 큰 어려움을 겪었다 - 옮긴이) 노동자들은 굶주리는 와중에도 중세의 농부들처럼 「빅 록 캔디 마운틴」을 부르면서 다소 씁쓸한 웃음을 지을 수 있었다.

오늘날 코케인과 빅 록 캔디 마운틴은 인공 지능, 가상 현실, 양자 컴퓨터, 나노 기술, 바이오 기술을 비롯해 과학 노동이 가져다준 열매가 약속하고 있는 전망 속에서 새로운 생명을 얻었다. 우리 시대의 제비구이는 드론이 배달할 것이며(입안으로 직행할지도 모른다!) 우리의 커다란 카누는 지하에 있는 3D 프린터가 찍어 낼 것이다. 노동 없는 삶에 대한 우리의 꿈은 디지털이 되었다. 우리는 로봇이 짐을 대신 지어 줄 것이라고 기대하는 동시에 두려워한다. 바로 이 순간에도 수백 구의 시신이 얼음과자처럼 냉동 상태로 있다. 의료 과학이 죽음을 정복하는 순간 부활하려고 기다리고 있는 것이다.

기계로 이루는 기적에 대한 이 같은 집착은 매우 솔직하고 멀쩡한 바람에서 나온다. 우리 모두는 잠에서 깨어 진정으로 자유로운 하루를 맞이하길 바란다. 불가피한 노동을 그만두고 궁극적인 퇴직을 원한다. 소로 역시 단서를 달기는 했지만 바로 그것을 원했다. 그리고 한 걸음 더 나아가 코케인에서 맞이하는 둘째 날, 혹은 빅 록 캔디 마운틴에서 맞이하는 둘째 달에 무슨 일이 벌어질지 궁금해했다. 제비구이를 실

일터의 소로

컷 먹고 위스키 호수에서 커다란 카누를 저어 간 다음에는 무엇이 있는가? 일단 위스키로 인한 숙취가 심하겠지만 그다음에 말이다. 무엇을 위한 자유인가? 무엇을 위한 휴가이고 은퇴인가? 낙원에서 나는 무엇을 할 것인가? 생각해 보길 바란다. 친구인 해리슨 그레이 오티스 블레이크에게 보내는 편지에 소로가 이렇게 썼음을 상기하자. "부지런한 게 다가 아닙니다. 개미도 부지런합니다. 당신은 무엇을 위해 부지런히 일하고 있습니까?"[10] 이 질문은 반대의 경우에도 해당된다. "은퇴가 다가 아니다. 무엇을 향하여 은퇴하는가?"

소로는 러다이트 운동가는 아니었다(러다이트 운동가들도 엄밀히 말하면 오늘날 우리가 흔히 말하는 "러다이트 운동가"가 아니었다. 실제로는 기술 자체를 반대했다기보다는 더 나은 노동 여건을 위해 투쟁한 성실한 노동자들이었다). 소로가 공장에서 불 폭탄을 터뜨렸다거나 기차를 탈선시켰다는 증거는 없다. 하지만 철에 따라 이동하는 물고기인 미국 청어를 위해 빌레리카댐에 쇠지레를 갖다 대는 공상에 빠져 본 적은 있다. 『콩코드와 메리맥강에서의 일주일』에서 소로는 이렇게 애통해한다. "불쌍한 청어야! 누가 네 억울함을 알아줄까? 칼을 들지도 않았고 전기 충격도 가할 수 없는 청어일 뿐인 너는 다만 순수함과 정당한 목적만으로 무장한 채 연약하고 말 없는 입을 내밀고 쉬이 떨어지는 비늘을 달고 앞으로만 가는구나. 적어도 나는 네 편이다. 빌레리카댐에 쇠지레를 갖다 대면 소용이 있을지 누가 알랴?"[11]

소로는 기계가 주는 혜택을 잘 알고 있었다. 연필용 흑연을 좀 더 고품질로 생산하기 위한 기계를 발명하기도 했다. 기차도 탔다. 보다 안정적인 자유를 향해 북쪽으로 향하는 탈주 노예들의 길잡이가 되어 주기 위해서였다. 소로가 의심한 것은 기술에 대한 우리의 믿음이었다. 무엇보다 소로 시대 노동자들의 삶은, 우리와 마찬가지로, 유기적인 절차가 아닌 기계적인 절차에 부합하도록 강요당했다. 기계 노동을 한다는 말은 기계와 닮은 삶을 산다는 의미였다. 기계는 휴식도 여가도 필요 없고 일터 바깥의 삶도 없다. 기계는 이상적인 노동자다. 인간에 불과한 모든 노동자들은 기계의 완벽한 생산성에 미칠 수가 없다. 기계를 이상화하면 대개 근로자의 인간성이 그 대가를 치른다. 노동자들은 "기계 이외의 무언가가 될 시간이 없다"고 소로는 불만을 토로했다.[12] 더 높은 목표를 고려하고 그 목표를 향해 의미 있는 행동을 취할 시간도 에너지도 힘도 남아 있지 않게 된다.

에츨러의 책에 대한 서평에서 소로는 이렇게 적었다.

> 지난여름 산기슭에서 개를 한 마리 보았다. 어느 농부의 가족이 먹을 버터를 만드는 개였다. 개는 수평 바퀴 위를 돌면서 우유를 젓고 있었다. 눈에는 염증이 있었고 기침도 심각한 데다 기운도 빠져 보였지만 농부 가족은 빵에 버터를 바를 수 있었으리라.[13]

상상력의 소산이기를 바랄 뿐인 이 장치는 결국 우리를 무기력하게 만드는 수많은 신기술을 설명하는 비유다. 그렇다. 우리는 어떤 힘도 들이지 않고 빵에 버터를 바를 수 있다. 경축할 일이다. 하지만 기계의 중심에는 고통 받는 개 한 마리가 있다.

일터의 소로

이제 현 상황으로 돌아오자.

소로와 에츨러의 시대 이후 기술은 급격히 발전했다. 에츨러는 상상할 수조차 없었던 도구가 이제는 우리의 바쁜 삶에 빠질 수 없는 무미건조한 구성 요소일 뿐이다. 이 모든 기술적 발전이 충분하다고 여겨지는지? 나와 내가 사랑하는 사람들이 소로보다 더 낙원에 근접해 있다고 생각되는지? 아마도 대부분의 독자들은 그렇게 생각지 않을 것이다. 하지만 우리도 우리의 짐작이 틀렸기를 바란다.

이런 생각이 들 수도 있을 것이다. "좋아. 그렇다면 스마트폰도 기부하고 스마트TV도 환불하라는 말인가? 스마트 냉장고도 팔고? 별로 스마트하지 않은 행동 같은데." 구글에서 아미시 공동체의 생활 방식을 이미지 검색 중인 사람도 있을 것이다. "소로가 목 수염을 기른 걸 보아하니 약간 아미시 같다"는 미심쩍은 생각에 이런저런 단서를 연결하고 있을지 모른다. 그렇다면 아미시 공동체를 재평가하는 게 좋을 수도 있다. 진심이다. 소로와 같은 철학자들은 언제나 다시 생각해 보라고, 급진적인 시각을 가져 보라고 우릴 부추겨 왔다. "명백히 틀린" 혹은 "어느 모로 보나 지나치게 튀는" 사람들의 말을 관대한 마음으로 들어 보라고 말이다.

감리교, 인상파, 서프러제트 같은 명칭이 원래 그 무리를 비하하기 위한 목적에서 시작되었듯이 "아미시"라는 꼬리표 또한 처음에는 멸칭이었다가 점점 중립적인, 대체로 중립적인 의미를 띠게 되었다. 이 기독교

전통주의 공동체는 스스로 "소박한 사람들^{Plain people}"이라고 칭하기도 한다. 옷과 집, 노동을 단순하게 유지하는 데 몰두하는 공동체에 어울리는 이름이다. 소로의 가르침, "간소하고 또 간소하게"를 이들처럼 오래 지속적이고 의식적으로 실천한 무리는 역사상 또 없을 것이다.

하지만 여느 무리와 다름없이 이 공동체에도 상당한 다양성이 있다. 구체제 아미시, 비치 아미시, 신체제 아미시 등을 하나로 묶어 주는 것이 있다면 성서의 인도를 받은 원칙과 실천의 삶이며 모든 이의 마음에 직접적으로 성령이 역사하는 것이라고 그들은 말한다. 보다 높은 권위에 나를 맡김^{Gelassenheit}의 원칙은 삶의 방향을 하나님께 맡긴다는 의미이다. 만물을 다스리는 신의 뜻이 나를 다스릴 것이다. "너희는 가만히 있어 내가 하나님인 것을 알라." 시편 46장 10절이다. 이런 침묵과 고요, 신뢰는 평화주의, 겸손, 그리고 물론 노동에 대한 아미시 사람들의 믿음을 통해 드러난다. 노동은 가족과 공동체에게 이로워야 한다. 이것이 노동의 목적에 대한 아미시의 명확한 입장이며 기술에 대해서도 그들은 같은 입장을 취하고 있다.

일부 아미시 공동체들은 전화를 허용하지만 절대로 집에 놓지는 않는다. 비교적 편리한 공용 공간에 전화를 두는 경우는 드물지 않다. 전화벨 소리가 평화로운 가정생활을 침범해서는 안 되며 대화는 언제나 얼굴을 맞대고 하는 게 이상적이라고 생각한다. 우리는 최근에 조시라는 철학자에게 이메일을 받았는데 그가 쓴 추신은 얼굴과 목소리, 몸이 빠진 소통의 문제를 잘 포착하고 있었다. "단어가 우리의 의도를 잘 전달하지 못할 때도 있다는 사실을 짚고 넘어가지 않을 수 없습니다. 제

말투가 불손하거나 무례하거나 냉담하거나 무신경하게 들리지 않기를 바랍니다. 만약 그렇다면 사과드립니다. 분석 철학 공부만 해서 이 방면으로 영 능력이 없습니다."

조시는 진정한 소통이란 극히 취약하며 기술적으로 진보한 "연결" 방식이 종종 우리를 현실로부터 표류하게 만들고 뿔뿔이 흩어지게 만든다는 매우 소로적인 (그리고 아미시적인) 통찰을 어쩐지 깨닫고 있는 것 같다. 기술은 우리가 타인으로부터 자유로울 수 있게 해 준다. 식료품점의 셀프 계산대를 떠올려 보자. 컨베이어 벨트 위로 작은 초밥 그릇들이 놓인 회전 초밥집도 그렇다. 웨이터를 상대해야 하는 사회적인 껄끄러움이 없다. 형식적으로는 저녁 식사 자리에 모여 있지만 각자의 소셜 미디어 계정을 말없이 훑어보는 가족의 모습도 마찬가지다. 바로 이것이 MIT 사회학자 셰리 터클이 저서 『외로워지는 사람들』에서 말하는 기술로 인한 단절이다. 우리는 점점 함께 외로워지고 있다. '나는 네가 필요 없어'는 '너는 내가 필요 없어'가 된다. 아무도 누군가를 필요로 하지 않는다.

소로는 이미 한 세기 반 전에 이 문제를 고민했다. "우리는 메인주에서 텍사스주까지 전신을 연결하려고 안달이지만 메인과 텍사스는 서로 긴히 전달해야 할 내용이 없을 수도 있다. … 주 목적은 빠른 소통이 아니라 분별 있는 소통이 되어야 하지 않을까."[14] 초고속 통신이 의미 있는 교감인 경우는 드물다. 어떤 의미에서 우리는 타인과 기하급수적으로 더 연결되어 있지만 다른 의미에서 그것은 단지 공허한 연결로 이루어진 구름일 뿐일지 모른다.

이런 단절은 우리에게 어떤 영향을 미칠까? 저서 『끊어진 연결』에서 우울감을 본격적으로 파고든 요한 하리에 따르면 단절은 깊은 해를 입힌다. "우리는 부품이 고장난 기계가 아니다. 욕구가 충족되지 않은 동물이다. 우리는 공동체가 필요하다. 행복이 돈과 소비에서 온다는, 평생 귀가 아프게 들어 온 쓰레기 같은 가치관이 아니라 뜻깊은 가치관이 필요하다. 우리에게는 뜻깊은 일이 필요하다. 자연 세계가 필요하다. 존중받고 있다는 느낌이 필요하다. 안정적인 미래가 필요하다. 이 모든 것들과의 연결이 우리에게는 필요하다."[15]

그렇다면 아미시 공동체 사람들은 우리보다 행복할까? 사실 알 수 없다. 하지만 소로는 『월든』에서 의미심장한 말을 한다. "우리의 신기술은 진지한 주제로부터 주의를 빼앗아 가는 근사한 장난감 같은 것이다. 발전 없는 목적을 이루기 위한 발전된 수단에 지나지 않는다."[16] 이런 식으로 주의를 빼앗긴 우리는 더 잘 살고 있는 것일까? 어느 온라인 해설자는 한 인구 집단의 행복이나 지속적인 만족도를 판단하려는 시도에 대해 이렇게 이야기했다. "이 분야에는 온갖 상충하는 데이터가 난무한다. 방법론도 자꾸 변하고 조사 연구는 재현이 불가한 경우도 허다하다."[17] 한 집단의 삶의 만족도를 측정하는 것은 복잡한 사회학적 과제이며 사회 과학 분야에서 지금까지 나온 여러 연구 결과들의 신뢰성을 훼손하는 이른바 재현의 위기를 피해 갈 수 없다. 아미시 사람들도 당연히 그들만의 문제가 있다. 아주 심각한 문제들도 있다(가령 치료 시기를 놓친 충치 문제라든가 아미시 공동체가 운영하는 강아지 번식장이 놀라울 정도로 많다는 점이라든가). 하지만 아미시 공동체는 우리로 하여금 잠시 멈추어 서서 『월든』의 지혜를 다시금 평가해 볼 기회를 준다.

소로는 아미시 공동체의 간소한 생활 방식을 칭송했을 것이다. 소로는 평화주의자도 아니었고 기독교인도 아니었다. 동물에게 잔인하게 굴지도 않았다는 사실도 짚고 넘어가야겠다. 그래도 소로는 우리 현대 사회의 교류 방식(그리고 기계를 통해 고통과 폭력을 가하는 공장식 축산의 형태로 드러나는 우리의 만연한 잔인성)보다는 아미시 공동체의 방식이 더 낫다고 인정할 것이다. 소로는 아미시 공동체가 아니라 우리에게 말을 건네고 있는 것이다. 예수님이 바리새인들에게 이렇게 말했듯이. "의사가 필요한 사람은 건강한 사람이 아니라 병든 사람이니라."[18]

*

듣기 거북할지 몰라도 현대 사회에서 기계화된 작업을 바라보는 우리의 관점은 아주 심하게 병들어 있다. 소로가 세상을 떠난 1862년 리처드 조던 개틀링은 개틀링 건을 발명했다. 개틀링 건은 손으로 작동하는 기관총으로 안정성과 효율성의 문제, 장전, 연속 발사의 문제를 최초로 해결했다. 개틀링은 기술적인 문제를 해결함으로써 남북 전쟁, 그리고 이후 이어진 모든 주요 무력 충돌에서 무수한 사상자를 발생시키는 가공할 문제를 초래했다. 소로는 반전 운동가는 아니었지만 군사 분야에서의 혁신, 진보된 살상 기술의 도입에 심각한 결함이 있다는 사실에 주목했을 것이다. 『월든』에서 현대적 기술 혁신에 대해 "발전 없는 목적을 이루기 위한 발전된 수단에 지나지 않는다"고 염려했을 때 소로는 다름 아닌 개틀링이 만들어 낸 상황에 대해 언급하고 있는 것이다.

달리 말하자면 특정한 기술 발전은 특정한 노동 형태, 가령 병역을 더욱 수월하게 하고 그 기술의 놀라운 편리함 때문에 우리는 그것이 과연 올바른지 판단하는 어려운 과제를 회피할 수 있다. 개틀링 건을 쓰기 시작한 병사들은 그것을 써도 되는지 물을 필요가 조금도 없었다. 상대를 더 많이 죽이고 전투에서 승리하고 전쟁에서 승리하면 그만이었다. 더 이상 다른 말은 필요하지 않았다. 어떤 기술이 발명되어 판도라의 상자 밖으로 나오고 나면 합리적이고 윤리적이며 인도적인 제한을 두기는 극도로 어렵다.

개틀링 건의 사례가 너무 고루하며 기계화된 노동의 문제는 이미 해결되었다고 보는 시선도 있을 것이다. 미안하지만 그렇지 않다. 2019년 미국 국방부는 무인기와 관련 기술에 약 90억 달러(10조 원 이상 – 옮긴이)를 지출했다.[19] 그 돈이면 헌책방에서 『월든』을 40억 권은 족히 살 수 있다. 물론 이런 무인기 다수에는 무기가 탑재되어 있지 않지만 이미 충분한 숫자의 무인기가 무장 능력을 갖추고 있기 때문에 소로였다면 기술 기반의 전쟁이 불러올 도덕적 해이에 대해 걱정했을 것이다. 도덕적으로 몹시 의심스러운 목적을 위한 매우 발전된 수단이기 때문이다. 자율 주행 무인기, 아니 자율 주행 기술 전반에 대해서 소로는 무엇보다 도덕적 자율성의 결여를 문제 삼았을 것이다. 도덕적 자율성이라는 특별한 능력이 없다면 책임을 물을 수 없기 때문이다.

기계의 끔찍한 살상 능력은 한 가지 문제에 불과하다. 또 다른 문제는 기술이 가져오는 좀 더 사소하고 일상적인 피로감이다. 얼굴도 도덕

관념도 없는 기계는 끊이지 않는 자동 전화, 스팸 이메일, 알고리즘에 따라 보이는 맞춤 광고, 두뇌가 없는 "고객 센터" 챗봇, 자동 부과 수수료, 개인 정보 유출 등의 형태로 나타난다. 온 사방에 있는 이런 기계를 다루는 능력은 대부분의 일터를 비롯해 일상의 다양한 분야에서 필수적이다. 여기서 오는 편리함과 불편함의 총합을 내 보자. 익일 배송은 플러스. 신분 도용은 마이너스. 친구나 가족과 소통할 수 있는 인스턴트 메신저는 플러스. 성범죄자들이 인터넷을 통해 어린이에게 즉각적이고 직접적으로 비밀리에 접근할 수 있다는 점은 마이너스. 솔직히 따져 본다면 자명한 사실을 인정하지 않을 수 없을 것이다. 총 합계가 플러스인지 마이너스인지 알 수 없다는 사실 말이다. 게다가 어디를 향해 가는지도 알 수 없다. 옥스퍼드에서 기술 철학을 연구하는 닉 보스트롬은 심각한 실존적 위험이 우리의 앞길에 도사리고 있으며 특히 인공 지능이 위험하다고 경고한다.[20] 낙원은 악화일로를 걷는 경향이 있다.

물론 "기술"은 범주가 너무 넓어서 진지하게 찬성하거나 반대한다고 말하기 힘들다. 일반적으로 말해서 기술은 단지 도구일 뿐이다. 상당한 불확실성을 감수하고 이 도구를 사용하고 있을 뿐이다. 심지어 의도된 불확실성일 때도 있다. 인생의 온갖 복잡한 기술적 문제들 앞에서 우리 대다수는 절망하여 두 손을 들고 미래에 대한 모든 책임을 포기했다. 어떤 사람들은 세상을 잊기 위한 방법으로 대자연 속으로 피난을 간다. 모든 상황에 철저히 대비하고자 파스타 프리마베라를 동결 건조해서 쟁여 둔다. 자포자기 상태의 마음은 이렇게 말한다. "죽으면 죽는 거지 뭐." 하지만 소로는 전혀 다른 마음가짐이었다.

소로는 세상에서 손을 떼는 대신 세상의 구원으로 눈을 돌렸다. 에 츨러의 장밋빛 세상은 도가 지나쳤지만 적어도 그는 더 나은 세상을 목 표로 했고 희생을 감수했다. 눈 위에 드러누워 죽기를 택하지 않았다 이제 우릴 구원할 방법은 묵인이 아닌, 우리가 도달하려는 목적에 대해 다시 새로운 책임감을 갖는 것이다.

소로는 최대의 편의와 쾌락의 추구를 목표로 삼았다는 사실이 에츨 러의 "가장 큰 잘못"이라고 지적했다. 소로의 눈에 테크노 유토피아를 주장하는 사람들은 오로지 진부하고 단조로운 도취감이라는 "발전 없 는 목적"을 추구하는 것처럼 보였다(타인의 우위에서 지배력을 행사하는 데서 오는 도취감일 수도 있다). 하지만 이것은 실제로 절정에 이른 데서 오는 감 각이 아니다. 소로는 기술적인 수단으로 도달하는 천국이 엄밀히 말해 서 천국 같으리라는 사실은 부인하지 않는다. 우리가 말 그대로 유토피 아를 달성한다면 우리는 유토피아적인 삶을 살게 될 것이다. 하지만 이 것은 별 의미 없는 인정이며 단어의 반복, 소리와 메아리의 반복일 뿐이 다. 소로는 "인간이 자연의 단순한 힘을 제대로 관리할 수 있다면 그곳 은 건전한 낙원이 될 것"임을 인정한다.[22] 하지만 여기서 중요한 문구는 "제대로 관리"이다. 어떻게 자연을 제대로 관리할 수 있을까?

스티븐 호킹이 과학 공식에 대해 물었던 질문을 우리는 유토피아를 위한 공식에 대해 물어야 한다. "무엇이 공식에 불기운을 불어넣고 그 공식이 설명해 줄 우주를 빚어내는가?"[23] 우리가 피스톤과 전구, 테슬라 코일, 태양광 패널, 드론, 전자레인지, 스마트폰을 배치하고 또 재배치할 때 거기에 선善을 불어넣는 것은 정확히 무엇인가? 무엇이 이 모든 것을 가치 있게 만드는가? 왜 그것을 위해 노력해야 하는가?

*

소로는 모든 이상향에 대한 갈망에 불기운을 불어넣는 것이 바로 사랑이라고 생각했다.

> 사랑은 바람이고 밀물과 썰물이며 파도이고 햇볕이다. 그 힘은 계산이 불가능하다. 그 마력은 엄청나다. 결코 멈추지 않으며 절대로 처지지 않는다. 쉴 곳이 없어도 지구를 움직일 수 있다. 불이 없어도 온기를 줄 수 있으며 고기가 없어도 먹일 수 있다. 옷이 없어도 입힐 수 있고 지붕이 없어도 비바람을 막을 수 있다. 사랑 안에 낙원이 있으면 사랑 밖의 낙원은 필요가 없다.[24]

사랑이 있으면 낙원이 있다. 사랑이 없으면 낙원이 없다. 사랑은 "모든 성공적인 사회적 기계의 동력이다".[25] 사랑은 모든 유토피아의 전제조건이다. "천사가 가는 곳은 항상 낙원이지만 사탄이 가는 곳은 온통 불타는 흙과 재뿐이다."[26] 이런 사랑 찬가가 에츨러의 기술 찬양만큼이나 터무니없게 들릴지 몰라도 우리의 한정된 에너지를 에츨러의 이상향 같은 데 빼앗기면 우리가 매일 함께 행하는 보다 현실적인 일에 에너지를 쓸 수 없다고 우려했던 소로의 생각만큼은 옳다.

물론 기술적으로 우리는 차츰차츰 위로 또 위로 올라갈 수 있을 것이다. 태양계 밖으로, 그 어떤 생물종도 가 본 적 없는 곳으로 용감하게 나아갈 수 있을 것이다. 하지만 우리의 노동을 가치 있게 만들고 오늘 우리의 삶을 눈부신 미래 세대를 위한 디딤돌 이상의 것으로 만들어 주는 마음의 노력을 잊으면 안 된다. 지금 우리는 이 근본적인 노력을 소홀히 하고 있다. "기계적인 힘이 아직 물리적인 세상의 힘을 충분히, 광범위하게 이용해 이상향을 만드는 데 쓰지 못하듯 사랑의 힘도 아직 빈약하고 인색하게 쓰일 뿐이다. 구빈원, 병원, 성서 공회 등의 기계가 특허를 얻었지만 아직 사랑의 무한한 바람은 여전히 불고 있으며 이따금 이런 조직 위로 불어 내려온다."[27] 기계가 사랑에 근거한 도덕 판단을 내릴 수 있을 때까지, 인공 지능이 진정한 도덕적 지혜와 풍부한 감정을 가질 수 있을 때까지 우리는 내적인 진보, 좀 더 어려운 종류의 진보를 위한 행진을 계속해야 한다. 흔히 생각하는 바와 달리 사랑은 이처럼 꽤나 실용적이다. 소로는 우리가 사랑의 공방에서 너무 게으른 것은 아닌지 우려한다. "우리는 사랑의 힘을 축적하여 앞날에 훨씬 더 많은 에너지를 가지고 행동할 준비를 하는 데는 더욱 소홀하다. 그렇다면 이일에 힘을 보태야 하지 않겠는가?"[28]

또 다른 미국 철학자 윌리엄 제임스는 소로가 세상을 떠나고 반세기 이후 집필한 강연 원고 「실용주의와 상식」에서 우리의 기본적인 문제를 명시했다. 그리고 자신의 주장을 강화하고자 보다시피 악몽 같은 비유를 이용했다. 좀 길지만 인용할 만하다.

일터의 소로

갈릴레오는 우리에게 정확한 시계와 정확한 포격 기술을 주었다. 화학자들은 새로운 약품과 염료를 홍수처럼 쏟아 낸다. 암페어와 패러데이는 우리에게 뉴욕 지하철과 마르코니 무선 전신을 하사했다. … 과학적 사고가 우리의 손안에 새로이 쥐어 준 자연에 대한 실질적 통제력의 규모는 우리가 과거 상식에 기반해 발휘했던 옛 통제력의 규모를 훨씬 뛰어넘는다. 그 증가 속도는 점점 더 빨라져 누구도 한계를 추적할 수 없다. 인간 존재가 자기 힘에 의해 짓밟힐 수도 있다는 두려움이 생길 법도 하다. 인간이 지성으로 인해 점점 더 놀라운 기능을 수행하게 되고, 거의 신적인 창조력을 행사하게 되면 인간의 불변하는 생물적 본성이 그 무게를 감당할 수 없지 않을까 우려할 만하다. 인간은 마치 물을 틀어 놓고 잠글 줄은 모르는 욕조 속 아이처럼 풍요 속에 빠져 죽을지도 모른다.[29]

이보다 더 크게 경종을 울릴 수는 없을 것이다. 에덴, 코케인, 빅 록 캔디 마운틴과 같은 자유로운 놀이와 휴식에 대한 유치한 환상은 욕조가 너무 빨리 차면 우리와 함께 죽고 말 것이다. 제임스의 비유가 시사하듯, 소로가 우리에게 요청하듯 우리는 (무엇보다 사랑에 관하여) 성숙해져야 하고 서둘러야 한다.

5

농담과 일

어두운 농담은 종종 좀 더 깊은 진심으로 가는 열쇠다. 다른 사람뿐만 아니라 나 자신과 나의 고통, 내 삶의 어둡고 불분명한 불협화음에 더 솔직하게 다가가게 해 준다.

이상적으로 근무일에는 중간중간 휴식 시간이 있어야 한다. 너무 빨리 말라붙어 버리는 오아시스 같은 개인 시간 말이다. 기계와 일에 대한 장에서 의미 없는 노동에 대한 다음 장으로 넘어가려니 너무 갑작스러워서 여기서 잠깐 쉬고 가는 것도 괜찮겠다. 막간을 이용해서 일에 대한 소로의 좀 더 밝고 우스꽝스러운 생각들을 살펴보기로 하자.

일이 극히 고될 때, 어느 때보다 고생스럽고, 심한 소외감이 들고, 재촉이 빗발칠 때, 주변 사람들과 솔직한 감정을 나누기 위해 우리는 암울한 농담이라도 주고받아야 한다. 유독할 정도로 긍정적인 시각, 깐깐한 업무 태도, 그리고 근무 시간이라는 기이하고 힘겨운 제약에 얽매인 인간이라는 동물의 부자연스러운 처지 같은 것들을 타파하기 위해서 말이다. 소로는 실로 유머의 거장이었다. 지병이었던 결핵과 마지막으로 싸우느라 죽음이 가까워 온 시점에 칼뱅교 교회를 다니던 루이자 고모가 소로에게 하나님과 화해했느냐고 물었다. 소로는 "하나님과 싸운 적 없다"며 싱거운 소리를 했다.[1]

일터에 있으면 어떻게든 시간은 간다. 그것 하나만은 확실하다. 소로는 잠시라도 짬을 내서 그 모든 터무니없는 상황을 비웃음으로써 주어진 시간을 넉넉히 활용하곤 했다. 시간이 우리를 죽이려 든다면 우리는 적어도 익살이나 부리며 시간을 죽일 수 있을 것이다. 경험에서 우러나온 말이다. 우리 둘 중 한 명은 몇 년 동안 소매점에서 일했는데 영원처럼 느껴진 고객 응대 업무 끝에, 서서히 그러나 분명히 독일 비관론자 아르투어 쇼펜하우어의 명언을(사실은 쇼펜하우어의 말이 아니지만) 이해할 수 있게 되었다. "세상에는 두 종류의 인간이 있다. 양쪽을 모두 피하라." 회사에서 던지는 우스갯소리 중에는 시시한 농담도 있고 어두운 농담도 있었지만 어쨌든 시간이 좀 더 빨리 가게 해 주었다. "제가 필요하시면 언제든지 부르지 마세요." "여기서 일한 지 얼마나 되었냐고요? 해고하겠다고 을러댈 때부터 일했으니까 이제…." 일이 끊임없이 몰려들 때는 세련되지 못한 유머도 도움이 된다. "사장님이 만 원 벌 때 나는 천 원을 벌지. 그래서 똥은 근무 시간에 싼다." 심지어 소로도 세련되지 못한 농담을 멀리하지 않았다.

소로는 장난꾸러기에 익살꾼, 말장난의 명수였다. 마크 트웨인이 울고 갈 정도였지만 사하라 사막처럼 메마른 어조로 구사했기 때문에 가볍고 심지어 경박한 소로의 장난을 놓치는 사람이 많다. 소로는 월든 호수의 퍽이었다. 셰익스피어의 『한여름 밤의 꿈』에서 가져온 수식어를 쓰자면 퍽은 "영리하고 까불대는" 자연 속의 요정이다. 『월든』이 출간될 때 즈음 소로는 자신의 약점을 나열한 목록을 만들었는데 그 목록에 "언제나 솔직하지만은 않다" "말장난을 좋아하고 웃기려고 하며 성실하거나 강인하거나 관대하지 않을 때가 많다"고 적었다.[2] "웃기려고" 하는 소로의 모습은 『월든』의 첫 장에서 가장 잘 드러나는 듯하다. "붉은 허클베리와 모래 벗나무, 팽나무, 적송과 검정 물푸레나무, 백포도나무, 노랑제비꽃에 물을 주었다. 내가 아니었다면 건기에 시들었을 것이다."[3] 소로는 콩코드의 숲에도 "물을 주었다". 모든 의미에서 희극적이다.

소로는 웃을 줄 아는 진지함을 추구할 이유가 충분했다. 이미 언급했지만 다시 한번 그 이유를 살펴보자. 어릴 때부터 한창때인 44세에 죽음을 맞이하기까지 소로는 결핵을 앓았다. 서른셋에 이미 치아가 없었다. 그래서 19세기식 틀니를 맛보아야 했다. 스물여섯에 소로는 실수로 산불을 내서 숲을 36만 평 넘게 태웠고 콩코드 사람들은 소로의 실수를 잊지 않았다. 소로가 잊게 내버려두지도 않았다. 스물넷에 소로의 형 존은 파상풍으로 죽었다. 1837년 스무살 소로는 하버드를 졸업했지만 "1837년 공황"도 같은 해에 찾아왔다. 앞서 말한 이 불경기 때문에 대학을 갓 졸업한 소로가 얻을 수 있는 일자리는 적었고 조건도 별로였다.

시간을 거슬러 올라가며 소로 인생의 저점을 되짚는 이유는 소로의 인생에 불행이 마치 양파처럼 겹을 이루고 있었음을 강조하기 위해서다. 눈물을 흘리며 한 겹을 벗기면 또 다른 한 겹이 나와 눈물샘을 자극한다. 그러나 사람은 눈물 사이로 웃음을 터뜨릴 수도 있다. 울다가 웃으면 나사가 빠진 사람처럼 보일 수 있지만 때때로 나사를 죄다 빼고 안을 드러내야 할 때도 있는 법이다. 일터에서라면 실컷 울거나 울다 웃지 않더라도 유머를 발휘할 수 있을 것이다. 유머를 통해 나사를 살짝 풀어서 우리 마음을 딱 필요한 만큼만 환기시킬 수 있다. 농담은 예측 가능한 상황을 뒤흔들고 용인되지 않는 것을 용인하며 우리의 어둡고 괴로운 면면을 가볍게 다루면서 한바탕 신선한 무례를 범한다.

같은 맥락에서 우리 친구 코너는 캘리포니아주 피놀레의 지역 방송국에서 일한 경험에 대해 들려주었다. 미식축구 경기나 퍼레이드, 시 의회 회의 등 시에서 벌어지는 행사를 영상으로 기록하는 일이었다. 시 의회 회의가 가장 무미건조하고 따분했다. "굉장히 오래 이어졌기 때문에 집중하기가 쉽지 않았다"고 코너는 기억한다. "감독님이 일을 좀 더 수월하게 만들기 위해 헤드셋을 통해 시 의원들에 대해 유치한 농담을 하는 방법을 생각해 냈어요. 대신 절대로 웃어서는 안 됐죠. 정말 힘들었어요!" 코너는 이 놀이가 도덕적으로 미묘한 위치에 있다는 사실을 잘 알고 있었다. "못된 심보처럼 보일 수도 있지만 제대로 일하고 제대로 된 영상을 담는 데 도움이 됐어요. 우리가 졸거나 지루해지면 중요한 순간을 놓칠 수도 있고 의도치 않게 누군가의 발언을 검열해서 삭제했다는 오해를 받을 수도 있었겠죠."

어두운 농담도 때로는 필요하다. 물론 가장 신뢰하는 동료에게 속삭이며 농담을 건넬 때 우리는 직무상 품위 유지의 의무를 어겼다는 지적을 받을 수도 있다. 하지만 세상 모든 모순 가운데 어두운 농담은 가장 필수 불가결한 것일 수 있다. 우리의 불행한 행복이다. 인간 생존의 역사 속에서 어두운 농담은 희망만큼이나 생존에 유익했을지 모른다. 그 정도까지는 아니라고 해도 적어도 지금보다는 더 많은 인정과 칭찬을 받아 마땅하다. 훌륭한 어두운 농담은 비상시에 요긴하다. 전장에서, 붕괴된 광산에서, 병원 등에서 오가는 농담처럼 말이다. 비상 상황에서 특히 빛을 발하기 때문에 어두운 농담이라는 전통은 그 무엇보다 구성원이 많은 비밀 결사라고 할 수 있다. 지금도 매 순간 은밀한 곳에서 수백만 건의 입문 의식이 치러지고 있다.

처형을 앞둔 사람이나 굶주린 사람, 바다에 표류 중인 사람의 입에서 어두운 농담이 나오는 상상을 해 보자. 그런 상황에서는 희망이 부적절하고 심지어 잔인하게 느껴지기까지 한다. 그러나 어두운 농담이 주는 "어두운" 고양감은 그렇지 않다. 어두운 농담은 종종 좀 더 깊은 진심으로 가는 열쇠다. 다른 사람뿐만 아니라 나 자신과 나의 고통, 내 삶의 어둡고 불분명한 불협화음에 더 솔직하게 다가가게 해 준다. 똑딱거리며 우리 삶에 눈금을 긋고 있는 일터의 시계도 어쩌면 어두운 농담 같다.

물론 어두운 농담을 할 때 지켜야 할 미묘한 윤리적인 선은 있다. 하지만 어두운 농담을 악용하는 사람이 있다고 해서 장르 자체를 비난할 필요는 없다. 그래도 이 장르의 미래가 걱정되지는 않는다. 어두운 농담은 비난받을수록 변모한다. 어두운 농담에 주홍 글씨를 달면 더 어두워지고, 더 어두워질수록 풀어놓았을 때 더 큰 카타르시스를 준다. 더 큰 카타르시스를 제공할수록 더 요긴해진다. 송곳니를 닮은 글자 'k'가 들어 있는 "어두운 농담dark joke"이라는 말은 "애완용 코브라"와 같은 치명적 선善이다. 인생에 대한 예방 접종으로서 인생이 분비하는 약간의 독액이라고 할 수 있겠다.

소로도 어두운 농담에 능했다. 소로가 세상을 떠나고 3년 뒤 출간된 마지막 저서 『케이프코드』는 어둠으로 넘친다. 이 책은 소로의 다른 저서와 마찬가지로 처음에는 일기로 생을 시작했지만 이후 강연 원고로 만들어져 콩코드 라이시움(성인에게 교육을 제공하자는 미국 라이시움 운동의 일환으로 설립. 라이시움이라는 말은 아리스토텔레스가 제자를 가르쳤던 곳인 리케이온에서 왔다 ─옮긴이)에서 선보였다. 소로의 케이프코드 강연 시리즈를 듣던 관객은 『월든』의 라이시움 강연 때와 마찬가지로 "눈물이 쏙 빠지게 웃었다"[4]고 에머슨은 전했다.

「난파」라는 상서로운 제목을 달고 있는 『케이프코드』의 첫 장에서 소로는 무뚝뚝하고 매우 어두운 도입부로 여행기의 분위기를 잡는다. "우리는 1849년 10월 9일 화요일에 매사추세츠주 콩코드에서 출발했다. 보스턴에 도착했을 때 전날 입항했어야 할 증기선 프로빈스타운이 도착하지 않았다는 사실을 알게 되었다. 심한 폭풍우 때문이었다. 거리에 뿌려진 전단에는 '죽음의 코하셋! 145명 사망'이라고 되어 있었다. 우리는 코하셋에 들르기로 했다."[5]

코하셋에서 145명이 죽었다고? 거기로 가자. 소로의 섬뜩한 유머는 섬뜩한 호기심을 불러일으킨다. 소로도 잘 알고 있다. 소로의 여행기는 어느새 해안으로 밀려든, 해초에 엉키고 "모래로 가득 찬"[6] 시신에 대한 기록으로 바뀐다. 그야말로 처참한 광경이고 몹시 슬퍼할 뿐 어찌할 도리가 없다. 소로는 이 피해자들을 업신여기거나 사랑하는 사람의 시신을 찾으러 온 유족들을 비웃지 않는다. 그러나 소로는 우리, 지켜보는 사람들, 이런 소식을 듣고 멜로드라마의 주인공이 된 척 있지도 않은 슬픔을 꾸며 내는 사람들을 조롱한다. 그 145명에 대한 우리의 "깊은 슬픔"은 1시간이나 하루쯤 갈 뿐 우리는 어느새 산뜻한 마음으로 되돌아와 다음 비극을 맞이할 준비가 된다. "진심 어린 애도"를 보내고는 홍겹게 가던 길을 가는 것이다. 소로는 우리로 하여금 죽음을 둘러싼 사회의 가식을 비웃게 만든다. 오직 웃음을 통해서만 우리 자신에게 솔직해질 수 있기 때문일지도 모른다.

『케이프코드』에서 소로는 어두운 유머를 이용해 미국 역사를, 신실한 청교도들이 "언덕 위에 도시"를 세우며 시작하는 미국의 탄생에 대한 이야기를 뿌리부터 해부한다. 소로는 함께 여행 중이던 윌리엄 엘러리 채닝과 비바람이 치는 이스트햄 해안을 걸으며 "우산 속에서"[7] 청교도들의 이야기를 나누었다. 이스트햄은 케이프코드의 "팔뚝"[8]에 해당한다(소로는 케이프코드에 대해서 "매사추세츠주가 팔을 걷어붙인 모양"이며 구부린 팔은 항시 "북동쪽에서 불어오는 비바람과 권투를 하고 있다"[9]고 썼다). 두 친구는 이녁 프랫 목사의 1844년 저서 『이스트햄, 웰플릿, 올리언스의 교회 및 시민 역사 총람』[10]을 읽었고 소로는 『케이프코드』에서 프랫의 책을 인용하면서 두 사람이 얻은 교훈을 이렇게 요약한다.

플리머스에서 온 위원회가 인디언으로부터 이스트햄 지역을 사들일 때 "빌링스게이트는 누구 소유인지" 물었다고 한다. 빌링스게이트는 이미 사들인 지역의 북쪽으로 펼쳐진 케이프코드 전 지역을 의미하는 것으로 여겨졌다. 그러자 "소유한 사람이 아무도 없다는 답이 왔다. 위원회는 '그렇다면 그 땅은 우리 것'이라고 말했고 인디언들은 그렇다고 대답했다". 놀라운 주장이며 인정이다. 청교도들은 저들이 '아무도 없다'의 대리인이라고 생각한 듯하다. 이것은 아직 점령되지 않은, 혹은 아직 충분히 개발되지 않은 땅을 조용히 "요구한" 첫 사례였을지도 모른다. 후대에도 이런 방법을 썼고 여전히 광범위하게 쓰고 있다. '아무도 없다'는 양키(미국 북동부 주민—옮긴이) 이전 미국 전역의 유일한 소유권자였던 것으로 보인다. 하지만 역사를 읽어 보면 청교도들이 빌링스게이트 땅을 차지하고 여러 해가 지났을 때 마침내 "자기를 앤서니 중위라고 밝힌 인디언이 나타났고" 빌링스게이트 땅의 소유권을 주장했다. 청교도들은 그에게 땅을 샀다. 앤서니 중위가 언젠가 백악관의 문을 두드릴지 누가 아는가? 어찌 됐든 무엇이든 부당하게 차지하면 언젠가 악마에게 대가를 지불해야 한다는 사실만은 확실하다.[11]

소로는 미국의 기회주의, 비루한 땅따먹기와 황무지의 사유화를 조롱하고 미국이 수많은 민족과 영토를 굴복시킨 일도 조롱한다. 그런 따먹기의 역사가 붕괴한다는 생각, 앤서니 중위가 백악관으로 어슬렁어슬렁 다가가 미국이라는 대업을 풀린 실타래처럼 만들어 버릴 수 있다는 생각은 미국 역사의 심장을 쥐어뜯는 농담이다. 하지만 라이시움에서 강연을 듣고 있던 관객은 "눈물이 쏙 빠지게 웃었다"는 점을 기억하자.

유머는 인식의 고통을 완화할 수 있다. 유머가 없다면 그 고통은 고개를 돌리려는 본능을 자극할 수도 있고 더 심하게는 기저의 병이 아닌 고통스러운 증상만을 성마른 분노로 치료하게 만들 수도 있다. 어두운 농담은 어두운 진실을 마주하게 한다.『케이프코드』의 마지막 두 줄은 우리가 치유되려면 비바람과 눈보라, 어둠이 필요하다는 사실을 일깨운다. "가을이나 겨울에 비바람이 불 때 [케이프코드에] 가야 한다. 등대나 어부의 오두막이야말로 진정한 호텔이다. 거기 선 사람은 미국 전체를 뒤로할 수 있다."[12] 마지막 문장은 물론 지리를 고려한 말장난이다. 보라, 소로는 자신의 가장 암울한 저서를 말장난으로, 결정적인 한 방으로 끝내고 있는 것이다.

*

책에서든 일터에서든 삶에서든 굳이 웃기려 하지 않았어도 종국에는 웃길 수 있다.『월든』의 마지막 단락은 이렇다. "존과 조너선이 이 모든 걸 깨닫지 못할 수도 있다. 하지만 어떤 내일은 단지 시간이 흐른다고 밝아 오지 않는다. 우리의 눈을 멀게 만드는 빛은 그저 어둠일 뿐이다. 깨어 있을 때만 날이 밝는다. 밝아 올 날은 더 있다. 태양은 아침에 뜨는 별일 뿐이다."[13] 이 종결부는 그 자체로는 우습지 않지만 우리 두 저자는『월든』의 끝에 나오는 두 이름이 마침 우리 두 사람의 이름, 존 (캐그) 그리고 조너선 (반 벨)이라는 사실이 재미있다. 그게 너무 좋아서 이 책의 앞머리에 인용하기까지 했다. 안타깝지만 물론 소로는 여기서 우리 둘을 말하고 있지는 않다. 존 불과 형 조너선을 말하고 있는데 이 두 사람은 각각 영국과 미국을 의인화한 것이다(존 불은 가상의 인물이다—옮긴이). 그럼에도 이 두 이름의 조합을 듣고 우리를 향한 충고가 아니라고 생각하기는 힘들다.

이어서 소로는 존과 조녀선이 "이 모든 걸 깨닫지 못할 수 있다"고 부드럽게 말한다. 우리도 진심으로 여기에 동의한다. 우리는 그저 무수히 많은 문제를 안고 있는 두 남자일 뿐이다. 대출에 마감에 정신적 슬럼프에 일터에서 느끼는 불안감까지. 우리는 깨어 있을까? 대체로 그렇지 않다. 그러나 소로의 저술에서 오는 산뜻한 자극은, 그 맛이 마크 트웨인, 앰브로즈 비어스, 커트 보니것 주니어에 비할 만하고, 우리를 매일 조금씩 더 일깨운다. 소설가이자 평론가 제이 맥키너니가 커트 보니것 주니어에 대해서 한 말은 소로에게도 해당된다. "그는 애정 있는 풍자가이자 방귀 방석을 가진 도덕주의자이다."[14] 소로가 어둠이라면 또한 빛이기도 하다.

6

무의미한 일

모든 업무 요청에 바틀비는 이렇게 대답한다. "하지 않는 게 낫겠습니다." 업무와 관련 없는 요청에도 바틀비는 말한다. "하지 않는 게 낫겠습니다."

이번 장이 가장 쓰기 힘들었다. 무의미한 노동에 대해 생각만 해도 "소리 없는 절망"의 순간이 떠올랐다. 그렇지만 우리는 "소로라면 어떻게 할까?" 자문했고 이런 기분을 우리만 느낀 게 아니라는 점을 기억하고는 집필을 계속했다. 1843년 겨울, 형이 세상을 떠난 지 1년이 지난 시점, 몸도 아프고 마음마저 차가워진 소로는 이렇게 고백했다. "나는 지금 무엇일까? 아직 가지에 매달려 떨고 있는 시든 이파리처럼 시간과 영원 사이에 서 있는 병든 신경 한 줌이다."[1] 1855년 6월 11일 일기에는 이렇게 썼다. "넉 달에서 다섯 달 동안 병들어 무가치한 시간을 보냈더니 내 안에서 어떤 생명의 꿈틀거림이 느껴진다."[2] 거의 반년간 "무가치한" 삶을 살고 있다고 느꼈다는 것이다. 근무일은 왔다 또 지나가고 시간은 흘러간다. 일과 시간이 뜻깊은 흔적을 남기지 않은 채 지나가게 내

버려두기는 참으로 쉽다. 더할 나위 없이 훌륭한 노동자 소로, 우리가 일의 의미를 이해하기 위해 살펴보고 있는 소로 역시 자신이 하고 있는 일의 잠재적 무가치성을 걱정하며 종종 초조해했다. 추측하건대 이런 초조함이 적어도 부분적으로는 소로의 동기가 된 것 같다.

무의미한 노동을 이런 식의 틀에 가둘 경우 "제1세계만의" 문제처럼 느껴질 수 있다는 점을 우리도 인정한다. 적어도 선진국 사람들의 경우 어떤 직업을 갖고 어떻게 살아갈지 선택할 여지가 있다. 그런 행운을 누릴 수 없는 많은 노동자들이 억지로 무의미한 노동에 투입된다. 그리고 이 장에서 다룰 가치가 있는 진정한 위기 사태는 바로 그런 노동이 벌어지는 상황일 것이다. 우리는 이 문제를 다루기 위해 최선을 다할 것이다. 동시에 수많은 화이트칼라 노동자들, 어디서 일하고 어디서 의미를 찾을 것인지 비교적 자유롭게 선택할 수 있는 개인들을 괴롭히는 실존적 진공 상태에 대해서도 다루어 볼 것이다.

소로는 의미 있는 일과 의미 없는 허드렛일 사이에 뚜렷한 차이가 있다고 주장했다. 일은 확실한 목적이 있고 노동자에게 삶의 재미를 안긴다. 반면 허드렛일은 재미도 없고, 목표가 보이지도 않으며 상상하기도 힘들다. 무엇보다 먼저 짚어 둘 점은 강요된 업무, 절대적으로 해야만 하는 일의 경우, 자유 의지에 따라 선택된 일이 아니라는 이유만으로 무의미한 일이 될 위험이 아주 높다는 것이다.

바로 이런 이유만으로도 무의미한 노동을 사회 정의의 문제와 같이 고민해야 한다. 설명하자면 이렇다. 노예 제도에 반대했던 소로의 생각은 20세기 철학자 아이제이아 벌린이 "소극적 자유"라고 부른 것, 즉 직접적인 구속으로부터의 자유라는 문제에 대한 고민으로 이어졌다.³ 하지만 소로는 종종 노예 제도에 대해 좀 더 심도 있는 비판을 제기하곤 했는데, 그 비판은 의미 있는 삶의 바탕이 되는 노동의 본질과 관련이 있었다. 모든 미국인이 관심 분야를 찾고 의미 있는 목적을 설정해 행복을 위해 그것들을 추구할 수 있는 기회와 자유, 그리고 능력을 가질 수 있어야 한다고 소로는 생각했다. 이런 수고스러운 행복의 추구는 종종 "삶, 자유, 행복의 추구"(미국 독립 선언문에 나오는 문구로 모든 인간에게 주어진 권리를 말한다 – 옮긴이)의 서사 속에서 무시되고는 하지만 그래서는 안 된다. 살짝 다른 관점에서 보자면 19세기 미국 노예 제도의 가장 핵심적인 악행에는 수백만 명의 사람들에게 절대적으로 무의미한 노동을 과도하게 강요했다는 사실이 있다. 노예들의 삶 자체가 무의미했다는 말이 아니다. 그들이 노동을 의미 있는 것으로 받아들이기가 특별히 힘들었다는 말이다. 일에서 의미를 찾으려는 우리 자신의 노력을 힘겨워하기 전에 바로 이 점을 명확하게 하고 넘어가고자 한다.

*

　무의미한 일이라는 개념을 다룰 때 마주치는 또 다른 어려움은 노동이 정치적, 사회적 힘에 좌우된다는 사실과 더불어 노동의 의미가 주관적이라는 불편한 진실로 인해 생긴다. 우리에게 의미 있는 일이 독자들에게는 철저히 무의미할 수도 있다(우리 둘 다 낡은 칫솔로 욕조의 줄눈을 청소하는 일을 즐긴다). "회의에 대한 회의"가 시간 낭비라는 데에 오늘날 미국 기업 구성원들은 어느 정도 의견의 일치를 보았을지 모르나 철학자라면 "회의에 대한 회의에 대한 회의"가 지극히 만족스럽게 여겨지는 대체 우주가 있을 가능성을 열어 두어야 한다.

이 이론적인 가능성은 일단 보류해 두고 현실 세계로, 소로의 세계로 돌아와 보도록 하자. 소로가 자기 삶에서 의미 있다고 여긴 일을 세상은 관심과 경멸이 뒤섞인 시선으로 바라보았다. 소로의 이웃이었던 콩코드의 농부들은 소로가 무슨 일을 하는지 도통 모를 때가 많았고 그 일을 왜 하는지는 더더욱 알지 못했다. 그래서 소로의 일을 무의미한 일로 여기곤 했다. 한 콩코드 농부가 작가 메리 애덤스 프렌치에게 했던 말을 프렌치는 『조각가의 아내의 추억』이라는 저서에 담았다.

> 강 건너에 있는 밭으로 나갔는데 거기 있는 자그마한 진흙탕 웅덩이 옆에 데-에이비드 헨리가 서 있는 거예요. 뭐 별다른 걸 하는 것도 아니고 그냥 서 있었어요. 웅덩이를 내려다보면서요. 점심 때 돌아왔더니 여전히 뒷짐을 지고 서서는 웅덩이를 내려다보고 있었어요. 그리고 저녁 먹고 또 돌아왔더니 아니 그 데-에이비드 헨리 양반이 하루 종일 꼼짝도 안 하고 서 있었던 것마냥 또 거기 서서 웅덩이를 내려다보고 있지 않겠어요. 그래서 내가 가던 길을 멈추어 그 사람을 보고 물었죠. "데-에이비드 헨리 선생, 뭐 하고 계시오?" 그랬는데도 그 양반이 고개를 돌리지도 않고 날 쳐다보지도 않아요. 그저 웅덩이만 내려다보고 있어요. 그러더니 하늘에 있는 별 구경이라도 하는 것처럼 말해요. "머레이 선생, 저는 황소개구리의 습성을 연구하는

중입니다!" 아니 그 덜된 양반이 그래, 온종일 거기 서서 황소개구리의 습성을, 아 글쎄, 연구하고 있었다는 거 아닙니까![4]

엉뚱한 소로 선생이 아닐 수 없다. 아주 덜된 양반임이 분명하다. 소로는 그 시간에 부지런히 움직여 돈을 벌거나 울타리를 한두 개 고치거나 장작더미에 땔감을 한 가리는 더할 수 있었을 것이다. 하지만 소로는 거기서 그냥 황소개구리의 습성을, 아 글쎄, 연구를 하고 앉아 있었다. 비료를 사용하지 않는 소로의 농법에 대해서도 비슷한 평가가 이어졌다. 하지만 밭에 퇴비를 뿌리려면 불필요한 인력을 고용해야 했다. 월든이 얼어붙었을 때 아주 쓸모없는 구멍을 뚫은 일은 또 어떤가(소로는 이 덕택에 지역의 수중 지형도를 최초로 구축할 수 있었다). 농부는 그 구멍도 그다지 의미 있다고 생각하지 않았을 것이다. 하지만 의미가 있었다. 그리고 참, 황소개구리 연구도 마찬가지였다.

초월주의 철학자들과 매일 교류한 프레더릭 루엘린 허비 윌리스는 한 콩코드 어린이의 삶을 놀라울 만큼 자세히 기록한 저서 『올콧가 회고록』에서 월든에 머물던 소로의 초상을 그린다. 우리는 이 모습이 소로의 "무의미한" 노동이 가진 심오한 의미를 보여 주고 있다고 생각한다.

소로는 올콧 씨에게 월든 숲에 있는 야생화에 대해서 이야기하다가 갑자기 이렇게 말했다. "움직이지 말고 가만히 계세요. 우리 식구들을 보여드릴게요." 소로는 재빨리 오두막 문밖으로 나와 독특한 저음으로 휘파람을 불었다. 곧장 멀지 않은 구멍에서 마멋이 나와 소로에게 달려왔다. 높낮이를 바꾸면서, 그러나 여전히 기이한 저음으로 휘파람을 불자 이번에는 청설모 두 마리가 소리를 듣고 겁 없이 소로에게 다가왔다. 또 다른 음을 내자 까마귀 두 마리를 비롯한 새 몇 마리가 날아왔고 까마귀 한 마리는 소로의 어깨에 앉았다. 까마귀가 소로의 얼굴에 아주 가깝게 앉아 있었기 때문에 무엇보다 깊은 인상이 남았다. 까마귀는 원래 사람을 아주 두려워하기 때문이다. 소로는 주머니에서 먹이를 꺼내 동물들을 손으로 먹였고 놀란 눈으로 바라보는 우리 앞에서 부드럽게 그들을 쓰다듬었다. 그런 다음 다른 종류의 휘파람으로, 그러나 여전히 특이한 저음으로 짧게 소리를 내며 동물들을 해산시켰다. 작은 야생의 짐승들은 각각 그 특별한 신호를 듣고 즉시 돌아갔다.[5]

황소개구리는 이때 나오지 않았지만 아마도 2막에 등장했을 것이다. 황소개구리, 마멋, 청설모, 까마귀를 비롯해 수백 종의 동물들의 습성을 연구한 결과 소로는 동화 속의 백설공주처럼 이런 환상적인 광경을 만들어 낼 수 있었을 것이다. 올콧 집안의 아이들과 어린 프레더릭은 여기에 매혹되었다. 콩코드 농부 머레이 선생에게 자연을 보는 소로의 시선은 무의미했을지 모른다. 그러나 이 "무의미한 시선"을 올콧 집안 아이들의 "기쁨에 찬 시선"과 비교해 보자. 아이들이 주변을 에워싼 생태계를 맑고 투명한 눈으로 바라보며 불현듯 활기를 띠는 모습을 상상하기는 어렵지 않다.

우리 둘 다 북서부 태평양 연안 지역에서 꽤 오랜 시간을 보냈기 때문에 이 지역 고유의 프로젝트를 위해 애쓰는 수많은 노동자들에 대해 알고 있다. 그 프로젝트는 북동부나 심지어 서부의 도심에서 다른 가치관을 가지고 다른 공동체에 사는 사람들에게는 중요하지 않을 수 있다. 가령 조너선의 아내 주리엘은 포틀랜드 도심 코요테 프로젝트의 책임자다. 주리엘은 오리건주 비버튼에 위치한 워터하우스 등산로를 홍보하는 행사인 선데이 트레일웨이스에서 프로젝트를 알리는 부스를 운영하면서 즐길거리, 놀거리를 제공하고 무엇보다 환경 보호의 중요성에 대해 가르쳤다.

좀 더 유명한 오리건주립대학교의 수석 정원사 부스 옆에 위치하고 있었던 주리엘의 부스는 코요테 프로젝트와 관련된 책, 관찰 지도, 소책자 등 자료를 전시하고 있었다. 좀 더 깊은 시골에서 온 것 같아 보이는 한 남자가 프로젝트에 대해서 물었고 주리엘은 설명했다. "포틀랜드 도심 지역에서 코요테가 목격된 사례를 수집하고 지도에 입력합니다. 인간과 코요테 간의 상호 작용에 대한 연구를 위해서죠." 남자는 정신 나간 사람을 보듯 주리엘을 쳐다보았다. 누군가 코요테를 목격한 사례를 수집하는 것만으로 연구가 된다는 사실을 이해하기 힘들어하는 것 같았다. "아마 그 남자가 사는 지역과 연관이 있을 거예요. 코요테가 수시로 나타난다고 했으니 좀 더 외곽 지역에 사는 것 같았어요. 농지와 인접한 지역일 테니 코요테를 볼 때마다 제보한다는 생각이 우습게 여겨졌겠죠. 워낙 자주 나타나서 특별할 일이 없으니까요." 의심 많은 농부 머레이 선생이 황소개구리를 연구하는 소로를 보듯 이 이름 모를 남자는 주리엘이 의미 없는 일을 하고 있다고 생각했을 것이다. "하루 종일 코요테의 습성을, 아 글쎄, 연구한다네!"

*

　의미 있는 일의 기준은 주관적일 수 있지만 이른바 "용납할 수 없는 멍청함의 정도(Level of Unacceptable Inanity, 줄여서 LUI)"라는 것이 존재한다는 데 일종의 합의가 있다고 가정해 보자. 이 정도를 넘어서는 일은 의미가 없는 일이라고 해 보자. 쉽게 이해가 가지 않는다면 인터넷에서 구직을 하다가 다음과 같은 구인 광고를 보았다고 상상해 보자. "오렌지 1만 개의 껍질에 난 구멍 일일이 세기." "알파벳 노래 10만 번 이어 부르기." "'스파게티'라는 단어를 3년 내내 반복해서 말하기('쉬지 말고 기도하라'는 성경 말씀처럼이 아니라 정말로 3년 내내 쉬지 않고 말하기)." 대부분의 사람들에게 이런 일들은 LUI를 위반하는 일일 테고 우리는 무의미하다는 이유에서 이런 일을 거부하고자 최선을 다할 것이다. 소로도 이를 눈치채고 있었고 그는 사회에서 보아 온 수많은 업무가 잠재적으로 문제가 있다고 판단했다.

　「원칙 없는 삶」에서 소로는 말한다. "우리 마을 외곽에 한 거칠고 우악스럽지만 돈벌이에는 능한 남자가 하나 사는데 이 남자는 언덕 아래 초지의 가장자리를 따라 담장을 세우려고 한다."[6] 돈벌이에 능한 이 남자는 왜 이런 일을 하는 것일까? 소로는 이렇게 설명한다. "남자가 말썽을 부리지 못하도록 높은 사람들이 그를 부추긴 것이다."[7] 다시 말해 남자의 일은 그가 말썽을 부리지 못하게 만들기 위해서 주어졌을 뿐 다른 쓸모는 없었다. 담장을 세우려던 이 우악스러운 남자는 소로에게 도움을 청했다. "그는 나에게 3주 동안 같이 땅을 파 달라고 했다."[8] 소로는 주어진 선택지를 살펴보았다.

> 내가 그 일을 받으면 대다수 사람들은 나를 부지런하고 열심히 일하는 사람이라고 칭찬할 것이다. 좀 더 실질적인 이익을 가져오지만 딱히 돈은 되지 않는 노동에 몰두한다면 나를 게으름쟁이라고 생각할 것이다. 그럼에도 나는 의미 없는 노동이라는 규제에 의한 단속이 필요 없는 사람이고 그의 일이 우리 정부나 외국 정부가 하는 많은 일과 마찬가지로 조금도 청송받아 마땅한 일로 보이지 않는다. 그러므로 그 일이 그 남자나 다른 사람들에게 얼마나 재미있어 보이든 나는 나의 공부를 다른 학교에서 끝내는 쪽을 택하고자 한다.[9]

소로가 왜 이 일에 그토록 반감을 가졌는지 살펴보면 흥미롭다. 첫째, 나중에 동료 직원에 대한 장에서 언급하겠지만, 세상에는 좋은 동료만 있는 게 아니다. 이 우악스러운 남자는 좀 거슬리는 사람이었을 것 같다. 두 번째 이유가 좀 더 결정적인데 소로는 담장을 세우는 일은 말할 것도 없고 측량 기사로서 담장과 울타리를 측정하는 일을 해야 한다는 사실조차 불만스러웠다. 담장은 사람이 만들어 낸 장치로 토지 소유에 집착하는 사회가 강요한 것이다. 담장을 지으라고? 고맙지만 싫다고 소로는 말했다.

나는 오늘날의 삶의 방식과 생계 유지의 방식이 싫다. 농사, 가게 운영, 전문직 등이 다 혐오스럽다. 단순하고 원시적인 방식으로 생계를 유지할 수 있다면 흡족할 것이다. 사회가 나에게 강요하는 삶은 지나치게 인위적이고 복잡하며 지지대가 빈약해서 마침내 무너질 것이 분명하므로 이런 삶은 분명히 어떤 사람에게도 영감을 불어넣지 못할 것이다.[10]

다소 지나친 주장이다. 특정한 삶의 방식은 너무 참담해서 어떤 사람도 거기서 영감을 받지 못할 게 분명하다니. 소로는 선이 분명했다. 소로가 의미 없는 노동을 정의한 방식은 많은 것을 시사한다. 의미 없는 노동은 "인위적"이다. 다시 말해 소로가 『월든』의 도입부에서 강조하는 필수적인 요소들, 즉 "생명의 열"을 좀처럼 제공하지 못한다. 굉장히 높은 임금을 받을 수 있는 대부분의 직업도 소로의 기준에서는 아주 무의미할 수 있다. 비슷한 맥락에서, 불필요하게 복잡한 일도(스팽글로 뒤덮인 웃옷의 제작을 돕는 공장 주인의 일) 그 존재 가치를 의심해 볼 수 있다.

소로가 요청받은 일은 그저 불필요한 일이었고 근대 이후로 그런 일은 점점 늘어났다. 루이 14세의 궁정 규칙 21조(1681년 개정)를 보자. "폐하의 수라는 다음과 같이 들인다. 근위병 둘이 먼저 들어오고 이어서 문지기, 그런 뒤 집사가 의례봉을 들고 들어온다. 그 뒤로는 빵을 내오는 시종, 재무 담당관, 재무 담당관의 비서, 주방의 종자, 상차림 관리인이 순서대로 입장한다."[11] "빵을 내오는 시종"이나 "상차림 관리인"이 되고 싶은 사람도 있을 것이다. 루이 14세의 빵에 버터를 바르는 위풍당당한 일이 좋아 보일 수도 있다. 하지만 소로는 그런 욕구가 아마도 다소 그릇된 생각에 이끌린 결과이거나 가식과 사치에서 비롯되었다고 말할 것이다.

다른 무엇보다도 소로는 "지지대가 빈약한" 일을 피했다. 이런 일들은 금전적인 목적을 넘어서는 합당한 이유를 찾기 힘든 일들이다. 의미 있는 노동을 논하기에 앞서, 우리에게는 각자 너무 짧은 생이 주어졌기 때문에 우리는 우리가 행하는 의무를 제대로 설명할 수 있어야 한다. 고대 그리스 사람들은 이를 아폴로기아*apologia*라고 했다. 소로는 철학자답게 어떤 일을 제대로 설명하자면 "지지대", 즉 뒷받침하는 근거이자 합리적 정당화가 필요하다고 믿었다. 급여만 맞다면 의미 없는 일을 하겠는가? 이미 그렇게 하고 있을 수도 있고 그렇게 하고 있다는 기분이 들 수도 있다. 얼마나 많은 돈을 받아야 충분할까? 소로는 아무리 돈을 많이 줘도 생을 낭비할 가치는 없다고 여러 차례 경고한 바 있다.

소로는 또한 한때 의미 있었던 일이 서서히 의미 없고 따분한 일, 진부하고 생각이 필요 없는 일이 될 수 있다고 경고하기도 했다. 실로 아무리 의미가 큰 일이라도, 가령 소로가 월든 호수에서 했던, 의식적으로 사는 실험도 케케묵은 일이 될 수 있다. 숲에 지은 집을 떠나기로 결정한 소로는 자신의 결정을 이렇게 설명했다. "내가 숲을 떠난 데는 숲으로 들어간 이유만큼이나 타당한 이유가 있다. 좀 더 많은 인생을 살아 보아야 하기 때문에 숲에서의 삶에 더 이상 시간을 쓸 수 없다고 생각했던 것 같다. 우리가 얼마나 쉽게, 그리고 생각 없이 특정한 길을 택하고 그 길을 반복해서 오가는지 생각하면 놀랍다."[12]

소로는 일터에서 타성에 젖는 기분이 어떤지 잘 알고 있었다. 정신이 멍해지는 일들을 워낙 많이 했기 때문은 아니다. 삶 내부의 리듬, 특히 자기 자신의 리듬에 거의 초자연적으로 민감했기 때문이다. 적어도 일과 삶이 그 산뜻함과 의미를 잃어 가기 시작할 때만큼은 민감하게 포착했다.

∗

그렇다면 의미 없는 노동에 직면했을 때 우리는 어떻게 해야 할까? 소로의 도움을 빌려 앞서 설명하려고 시도했듯 퇴직을 하는 것도 한 가지 방법이다. 소로가 살던 지역의 남녀들도 1850년대 초 대거 퇴직하기 시작했다. 소로는 한때 농업이 번창했지만 어느새 활기를 잃어 가는 동네에 대해 이렇게 적었다.

> 농부의 아들 중에 농부가 되려는 사람은 없고 사과나무는 썩고 있으며 집보다 많은 것이 집이 사라지고 드러난 지하 창고이다. 철길은 이끼로 뒤덮여 있다. … 여기 서서 바라보고 있으면 이곳이 활발하고 진취적이기로 전 세계에 유명한, 젊고 희망찬 미국이 맞나 싶다.[13]

이직을 생각한 것은 소로 혼자가 아니었다. 분하게도 소로는 그다지 특별하지 않았다. 소로는 월든으로 향했지만 또래 대부분은 콩코드에서 예로부터 이어져 내려오는 일을 그만두고 일자리를 찾아 도시로 가거나 모험을 하러 서부로 향했다. 어쨌거나 일은 그만두었다.

소로가 1852년 묘사한 황량한 풍경은 1853년에도 계속 이어졌고 막 서른셋이 된 또 다른 청년 허먼 멜빌은 유명한 단편 『필경사 바틀비』를 (익명으로) 출간한다. 이 소설에서는 새 세대 노동자들의 기력 소진과 비관주의가 진하게 배어난다. 이야기의 주인공 바틀비는 월스트리트의 한 회사에서 일하는 말단 필경사이다. 바틀비는 성실하고 생산적인 직원이었지만 어느 날 갑자기 포기해 버린다. 모든 업무 요청에 바틀비는 이렇게 대답한다. "하지 않는 게 낫겠습니다." 업무와 관련 없는 요청에도 바틀비는 말한다. "하지 않는 게 낫겠습니다." 바틀비는 그저 무감각해진 모습으로 벽돌 벽을 바라보며 시간을 보낸다. 결국 바틀비는 삶에서 손을 떼 버린다. 먹지 "않는 게 낫겠다"며 굶어 죽는 쪽을 택한다. 이야기는 한숨과 푸념으로 끝난다. "오, 바틀비! 오, 인간이여!"[14]

의미 없는 노동 앞에서 우리는 의미를 찾아 다른 곳으로 도망칠 수도 있다. 하지만 텅 빈 땅과 농장에 대한 소로의 침울하고 씁쓸한 서술을 읽다 보면 우리는 멈추어 진지하게 고민하게 된다. 소로가, 오로지 소로만이 "보통 사람들"의 반복되는 고된 일상을 비판하던 때가 그리울 정도다. 한때 자신이 비판했던 농부들이 농사를 그만두자 소로는 못마땅한 마음이 든다. 이것은 소로의 글에서 흔히 느낄 수 있는 정서다. 소로는 앞장서 시류를 이끌다가 그 시류가 너무 무거워지면 그만두었다. 1850년대는 대부분의 미국 사람들이 직업적인 변화를 겪고 있던 시기였다. 사람들은 "좀 더 나은 삶"을 찾고 있었고 그러기 위해서 때로는 기존의 삶을 버려야 했다.

그러나 퇴직에 관한 우울한 사실은 얼마나 많은 직장을 관두든, 얼마나 많은 집을 팔든, 새로운 동료를 얼마나 많이 만나든 나는 언제나 나일 뿐이라는 사실이다. 에머슨이 말했듯이 나의 "거인"은 내가 어딜 가나 나를 따라다니고 그 거인의 이름은 "나 자신"이다.[15] 이렇게 되면 직장을 관두고 다른 직장을 구하는 일, 내가 선택한 의미 없는 노동에 대해 너무 예민하게 구는 행위, 의미 없는 일에 시간을 쓰는 것이 인생의 의미를 완전히 오염시킬 것처럼 법석을 떠는 짓 등이 아주 복잡한 의미를 갖게 된다. 소로가 아무리 심하게 야단을 치고 겉보기에는 자본주의나 금전적인 의미에서 "생계를 꾸리는" 일에 대해 반감을 갖고 있는 듯해도 우리 저자들은 포스트모던 시대의 좀 더 냉정한 소로주의자들 역시 잘 해낼 수 있으며 『월든』이라는 햇불을 든 소로 앞에서 너무 부끄럽지 않은 방식으로 살 수 있다고 생각한다.

오늘날 어른의 삶이 참을 수 없이 따분하다는 것을 우리도 안다. 하지만 우리가 알고 있는 정도가 새발의 피에 불과하다는 사실도 굳게 확신한다. 소로도 몰랐다. 자랑은 아니지만 많은 사람들이 우리보다 훨씬 더 지루하고 평범한 삶을 산다. 그들은 결코 월든에 가 보지 않을 것이며 자신의 월든을 발견하지도 않을 것이다. 그리고 이 책을 읽더라도 바빠서 절반밖에 읽지 못할 것이다. 지금 그런 사람들에게 말하려고 한다. 의미 없는 일을 하며 산다고 해서 나쁜 사람이 되는 것은 아니다. 헨리 데이비드 소로조차 그렇게 생각하지 않았다. 인생 전체가 의미 없어지는 것도 아니다. 생의 몇몇 순간들이 그렇게 될 위험이 없지는 않지만, "근데 난 그렇게 하기 싫은데"라고 생각한다고 하느님 아버지 소로에게 무슨 죄를 짓는 것도 아니다. 소로의 노동 철학에 어떤 "요점"이 있다면 그것은 우리가 우리의 일에 관해 적어도 자그마한 선택권은 행사할 수 있다는 사실이다.

인생의 상당한 부분이 주로 허드렛일로 이루어져 있다. 장 보기, 공과금 내기, 육아 등 말하자면 끝도 없다. 이 사실을 어떻게 받아들여야 할까? 도망치는 것이 언제나 좋은 선택은 아니다. 내가 하는 일에 대해 달리 생각하는 방법이 때로는 효과가 있다. 우리의 경험을 예로 들자면, 철학자의 삶은 가끔가다 굉장히 의미 없는 일로 여겨지곤 한다. 온갖 난해한 생각들을 따라가다 보면 마침내 종이 위에서 붙잡을 수 있다. 그래서 책을 내도 읽는 사람은 손에 꼽을 만큼이다. 강의도 하긴 하지만 강의 때문에 아무도 읽지 않을 매우 중요한 논문을 쓸 시간이 부족하다는 생각에 억울한 기분이 든다. 그러다 프랑스인 알베르 카뮈가 『시지프 신화』에서 말했듯 "무대 배경"이 무너지고 우리에게는 놀라움과 당혹감이 어우러진 질문만이 남게 된다. "왜?"[16] 왜 이 고생을 하는가? 다 그만두고 텃밭이나 가꾸어야 하는 건 아닌지 모르겠다.

그러다 우리는 데이비드 포스터 월리스가(월리스의 아버지도 철학자였다) 한 말을 접하고 깊은 감동을 받았다. 살면서 어디서 의미를 찾고 무엇에 대해 생각할지에 대해 의식적으로 결정을 내리는 것이 중요하다는 내용이었다. 이렇게 생각해 볼 수 있다. 의미 없는 노동을 하면서 보내는 시간은 그것을 의미 있는 방식으로 재구성할 기회다. 철학자의 경우라면 자기만 알고 다른 사람은 접근이 불가능한 거창한 관념들에 대해서만 생각하는 것을 멈추고 고대 철학자 포르퓌리오스가 아내 마르

켈라에게 보낸 서신에 적은 의견에 대해서 생각해 볼 수 있을 것이다. 아마 소로는 여기 부합하는 철학자다. "인간의 고민을 덜어 줄 수 없는 철학자의 말은 허황된 말입니다. 몸의 병을 치료할 수 없는 의술이 아무런 이익을 가져다주지 못하듯 철학도 영혼의 고통을 없애 주지 못한다면 어떤 도움도 되지 못합니다."[17] 이것은 어디서든 밝은 면만 보는 아동 문학 속 주인공이 할 법한 잔소리가 아니라 비교적 초심자에 속하는 우리 두 사람의 제안일 뿐이다. 우리 모두 의미 없는 일을 좀 더 의미가 깊은 무언가로 바꿀 수 있으며 오로지 우리 시각의 힘으로 그렇게 할 수 있다는 말이다. 그걸로 충분하다. 보다시피 이렇게 철학을 그만두지 않아도 소원해진 무언가를 뜻깊은 무언가로 바꿀 수 있다. 아마도 역사상 가장 미약한 사례가 아닐까 싶지만(철학을 뜻깊은 무언가로 바라보기로 마음먹은 철학자의 사례라니) 누구나 편하게 느낄 수 있는 예를 들어 주장을 뒷받침하고 싶었을 뿐이다.

그렇다면 이제 좀 더 현실적인 이야기를 해 보자. 3장 육체노동에서 만나 본 존의 어머니는 지금 요양원에 살고 계신다. 이제 걷지 못한다. 소변도 가릴 수 없다(어머니의 허락을 받고 밝힌다). 매일 도움을 받아 화장실에 가는 일은 극도로 단조로운 동시에 창피한 일이다. 이 단조롭고도 창피한 일을 한다고 상태가 좋아지는 것도 아니다. 이것은 생의 마지막 단계에 이루어지는 돌봄이다. 이 일은 아무것도 고칠 수 없다. 아무것도 회복시킬 수 없다. 여기서는 승진도 아무 의미가 없다. 상여금이 주는 짜릿함도 없고 수당도 없으며 은퇴식도 없다. 그런 단순한 관점에서 이 일은 의미가 없다. 이런 종류의 돌봄 노동은 가치가 지나치게 저평가되는 일도 흔하다. 분명히 해 두자면 존이 평소에도 어머니를 돌보는 것은 아니다. 하지만 존이 어머니를 맡는 날에는 그 일에 대해 (원한다면) 살짝 다른 방식으로 생각할 수 있다. 생의 마지막 단계에 이루어지는 돌봄 노동은 궁극적으로 가장 헛되기 때문에 무의미하게 느껴질 수 있지만 헛된 일의 반대가 의미 있는 일은 아니다. 헛된 일도 무엇보다 의미심장할 수 있다. "사랑의 아픔은 더한 사랑으로 치유할 수밖에 없다"고 소로는 말했다. 사랑과 돌봄의 문제를 해결하기 위해 외부의 도움을 찾아 헤매는 일은 헛수고다.[18] 생의 마지막에 다다른 사랑하는 사람과 함께하는 삶보다 의식적인 삶은 없다. 생의 절정에 다다른, 한때 교사였던 베키는 이 창피한 순간을 인생의 불가피한 일들에 관한 마지막 강의로 바꾸어 성인이 된 아들에게 가르침을 준다.

7

불성실과 부도덕

불성실은 내가 하는 모든 행동이 자유 의지에 의한 것임을 인정하지 않는 태도이다. 실존주의자들이 주장하듯 우리 인간에게 가장 본질적인 것이 자유라면 "불성실"은 나의 본질 자체에 대한 최악의 거짓말이다.

"선생님은 제가 착한 사람이라고 생각하세요?"

윤리학을 오래 가르치다 보면 언젠가는 학생이 아침 9시에 연구실 문을 두드리며, 때로는 눈물을 흘리며, 이 질문을 하는 날이 올 것이다. 선생의 의무는 문을 열어 주고 학생을 위로하는 것일 테다. 대답은 정해져 있다. "아마 그렇지 않을걸." 대부분의 사람들은 자신의 삶이 어떤 특정한 윤리적 지침을 따른다고 생각하고 싶어 하지만 대다수의 사람들이 착각 속에 살고 있다. 우리가 경험해 봐서 잘 안다. 소로 역시 잘 알고 있었다. 소로의 삶에도 우리처럼 도덕적인 모순과 실수가 있었다. 그 와중에도 소로는 일종의 도덕적 규율에 맞추어 일했고 그 규율은 삶이라는 일의 어떤 발판이 될 수 있는 분명한 기준이었다. 일터에서 우리를 인도해 줄 소로식 계율을 만든다면 소로는 아마 반대했겠지만 이제 와서 우리를 말릴 수는 없다.

> "신실하게" 일하라.
>
> 타인의 자유를 침해하지 말라.
>
> 의도적으로 해를 입히지 말라.
>
> 의도적으로 훔치거나 파손하지 말라.
>
> 일터에서 허세를 부리지 말라.

간단하지 않은가? 하지만 인생에서 가장 간단한 일들이 때로는 가장 불가능한 법이다. 간단한 일은 간과하기가 매우 쉽기 때문이다. 일단 "신실하게" 일하는 데서부터 시작하자. 소로는 원래 종교적인 사람은 아니었다. 교회에 다니지 않았고 안식일에 쉬지 않고 일을 했다. 그래서 "신실하게" 일하는 것은 말하자면 신앙심이 깊은 것과 아무런 상관이 없다. "신실하다"는 말은 20세기 실존주의 철학자 장 폴 사르트르가 말한 "불성실"[1]의 대척점에 있는 것이다. 요점만 말해서 불성실은 내가 하는 모든 행동이 자유 의지에 의한 것임을 인정하지 않는 태도이다. 실존주의자들이 주장하듯 우리 인간에게 가장 본질적인 것이 자유라면 "불성실"은 나의 본질 자체에 대한 최악의 거짓말이다.

장 폴 사르트르가 이 표현을 만들어 내기 한 세기 전 소로는 이미 "불성실", 즉 우리가 살고 일하는 방식에 책임을 지지 않으려는 거의 무의식적인 경향을 지적했다. "일하러 가야 한다"는 말은 불성실하다. "해야 하기" 때문에 상사의 명령을 생각 없이 따른다면 불성실하다. 오로지 어떤 상황이 가진 관성 때문에, 혹은 집안 때문에 특정한 분야에서 일하거나 일자리를 얻거나 한다면 불성실하다. 소로가 살던 콩코드 주위에는 가족이 운영하는 거대한 농장이 흔했다. 많은 경우 다음 세대가 농장을 물려받았고 그로 인해 수많은 농부들은 불성실의 씨앗을 품게 되었다.

> 농장과 집, 헛간, 가축, 농기구를 물려받는 불운을 겪는 젊은 사람들이 마을에 많다. 이것들을 받기는 쉬워도 없애기는 힘들다. 너른 초지에 태어나 늑대의 젖을 먹고 자랐다면 더 나았을 것이다. 제 힘으로 일구어야 하는 밭을 좀 더 맑은 눈으로 볼 수 있었을 테니까. 누가 그들을 흙의 노예로 만들었는가? 사람이 밭 한 뙈기만 먹어도 사는데 왜 7만 평이나 먹어야 하는가? 왜 태어나자마자 무덤을 파기 시작해야 하는가?[2]

이 젊은 농부들은 태어날 때부터 농사를 짓게 되어 있었다. 그들의 관점에서 세상은 위험을 감수하고 보상을 추구하며 개척할 수 있는 가능성의 장이 아니었다. 청소년이 된 순간부터 그들은 아버지와 할아버지가 일궜던 흙에 속박되었다. 하지만 소로는, 그리고 그로부터 영감을 받은 실존주의자들은 이 농부들이 스스로 노예가 되었다고 주장한다. 인간은 태어나는 순간부터 무덤으로 떨어지는 게 사실이지만 소로의 생각에 따르면 우리는 그 사이의 시간을 자유롭게 살아야 한다. 이

것이 에머슨식의 자립과 별다를 게 없다는 생각이 든다면 그렇지 않다. 아주 같지는 않다. 놀랍게도 소로의 주장은 도덕적 주체가 되기 위한 노력, 그렇게 될 의무와 관련이 있다. 1848년에 소로는 H.G.O. 블레이크에게 이렇게 썼다. "사람이 선할 수도 있고 악할 수도 있다는 사실은 중요합니다. 삶은 진실할 수도 있고 거짓될 수도 있습니다. 삶은 치욕이 될 수도 영광이 될 수도 있습니다. 선한 사람은 자신을 세우고 악한 사람은 자기를 파괴합니다. 하지만 무엇을 하든 당당해야 합니다."[3]

선한 일을 하든 악한 일을 하든 자신의 일을 책임질 수 있는 도덕적 용기가 있어야 한다. "당당한" 주인의식을 가지고 일을 하면 그 일은 의미를 가질 수 있겠지만("나는 내 일이 자랑스럽다") 그 부산물은 책임이다. 그래서 "신실한" 노동은 도덕적인 노동의 근본이 된다. 도덕적 책임을 단지 지시를 따르거나 의무를 다하는 행동과 혼동하기 쉬운데 책임은 사실 이런 행동에 우선한다. 그것은 내가 특정한 길을 선택했다고 말할 수 있는 마음이다. 소로는 월터 롤리 경에 대한 수필에서 이렇게 말했다. "사람을 평가할 때는 단지 겉으로 드러난 행실이나 입 밖으로 꺼내는 생각만을 보아서는 안 된다. 모든 상황에서 자유로운 품성을 가지고 있는지, 그렇게 느껴지는지 보아야 한다."[4]

최근에 우리는 한 부동산 거물(그러니까 억만장자)과 이야기를 나누었는데 그 사람은 적어도 직업적으로는 선택권이 별로 없었다고 말했다. "다른 일을 한다고 했다면 아버지가 절 가만두지 않았을 거예요." 70대 억만장자의 말이었다. 살면서 "유리한 거래"도 했고 "불리한 거래"도 했지만 문제는 그 모든 거래에 대해 어떤 책임 의식도 느끼지 않은 사실

일터의 소로

이라고 남자는 덧붙였다(소로 역시 이를 문제 삼았을 것이다). 남자는 자신의 인생의 각본을 스스로 쓰지 않은 것이다. 이는 무의미하기도 하지만 잠재적으로는 비도덕적일 수 있다. 왜냐고? 우리가 그 거물에게 그렇다면 그 모든 거래에 대한 책임은 누구에게 있느냐고 물었을 때 그는 잠시 뜸을 들이다 이렇게 말했다.

"잘 모르겠어요. 회사겠죠. 우리 집안일까요? 잘 몰라요."

개인 소비자와 직접 거래하는 대기업의 경우를 생각해 보면 우리의 요점을 이해하기가 더 쉬울 것이다. 이런 기업에는 대체로 영업 담당자들이 많은데 그들은 남이 써 준 영업 각본, 본인은 동의하지 않는 절차, 얼굴을 모르는 상사를 일개미처럼 따라야 한다. 한 대규모 유통 회사에서 영업 일을 하는 패티는 이렇게 고백했다. "저는 회사가 하는 일에 대한 책임을 누가 지는지 전혀 몰라요. 일단 저는 아니에요." 이 기묘한 실존적 상황은 현대식 노동 소외의 핵심에 있기도 하지만 가장 심각한 종류의 도덕적 문제 상황을 야기할 수 있다. 시스템과 제도, 기업이 책임을 지지 않고도 돌아갈 수 있는 상황 말이다. 게다가 이러한 소외로 인해 사람들은 주어진 상황 속에서 선택의 자유가 있다는 사실, 나아가 개인적 책임이 있다는 사실까지 망각하게 된다.

*

불성실하게 일하는 태도는 좋지 않다. 초월주의자들에게 이것은 자유로운 존재로서의 자아의 본질을 거스르는 죄악이었고 도덕적 책임을 방기하는 태도였다. 그러나 그보다 심한 일, 훨씬 더 심한 일을 할 수도 있다. 소로는 타인의 자유를 노골적으로 희생하는 종류의 노동, 예속 상태를 지속시키는 감독관과 관리자들의 주머니를 두둑하게 불리는 노동이 있다는 사실을 인지하고 있었다. 1840년대에 이런 "관리자"들은 노예주였다. 소로는 이렇게 썼다. "미국에는 400만 노예가 사슬에 매여 있다. 미국은 이런 상태를 지속하기로 굳게 결심했다. 매사추세츠 주는 노예의 탈주를 막기 위해 남부 연합과 공모한 감독관이다."[5] 소로는 살면서 돈을 받지 않고 여러 가지 일을 했지만 그 가운데 좀 더 위험한 축에 속하는 일이라면 지하철도Underground Railroad(노예들의 탈주를 돕기 위한 비밀 조직망 - 옮긴이)에 가담한 것이다.

월든의 오두막이 탈주 노예들이 잠시 머무르는 장소이기도 했다는 전설이 있다. 듣기 좋은 얘기지만 사실이 아니다. 진실은 좀 덜 낭만적이고 훨씬 더 영웅적이다. 소로는 주기적으로 탈주 노예들을 데리고 국경을 향해 북쪽으로 달리는 기차를 탔다. 자금을 대고 의복을 제공하고 머물 곳(여동생의 집)도 제공했다. 그리고 그들이 가고자 하는 곳으로 보내 주었다. 소로가 이런 "범죄자"들을 자유의 품으로 데려다주었다는 기록이 많이 남아 있지는 않다. 하지만 『월든』에는 "그중에 진짜 탈주 노예가 있었는데 내가 북극성을 향해서 갈 수 있도록 도와주었다"[6]고 상기하는 부분이 있다. 소로가 대가를 받지 않고 한 일에는 타인의 독립을 확보해 주는 일이 많았다. 이 일에는 끝이 없었다. 적어도 소로의 생애 중에는 끝나지 않았다. "자유를 찾아 피난 온 사람들이 이룬 국가에서 인구 6할이 노예라면, 한 나라가 외국 군대에 의해 정의롭지 못하게 침략을 당하고 정복되었다면 정직한 사람들이 들고 일어나 혁명을 하기에 너무 이르지는 않다고 생각한다. 그럴 의무가 더 시급한 이유는 우리 나라가 침략을 당한 나라가 아니라 바로 그 침략군이기 때문이다."[7]

노예 제도는 어떤 의미에서는 링컨이 해방 선언에 서명을 하면서 종식되었다. 하지만 소로는 다른 형태의 강제 노동이 현대 사회에서도 이어질 것이라는 사실을 예견하고 있었다. 실제로 월든 호숫가에서도 강요된 노동의 징후를 찾을 수 있었다.

*

그는 월든 호수 북쪽으로 펼쳐진 약 1200평 정도의 부지에 살았다. 작은 정원이 있었고 땅을 일구며 살았으며 19세기 매사추세츠주 콩코드 주변에 아직 남아 있던 능금나무에서 열매를 따 먹기도 했다.[8] 그가 월든 호수 근처에 살았던 이유는 거기서 가장 자유로울 수 있었기 때문이다. 그의 이름은 헨리 데이비드 소로가 아니었다.

브리스터 프리먼은 흑인이었고 월든 숲의 원주민 가운데 하나였다. 프리먼은 독립 전쟁에서 싸웠고 이후 "성을 바꿈으로써 독립을 선언했다". 그리고 "독립적 정체성을 더욱 뚜렷하게 확립하기 위해 월든 호수 북쪽에 있는 언덕에 땅 1200평, '브리스터스 힐'을 샀다".[9] 오늘날 월든은 주립 공원이자 국가 공인 사적지로 등록되어 있으며 방문객은 주차할 자리만 찾을 수 있다면 마음대로 오갈 수 있다. 소로도 그랬다. 하지만 소로의 이웃들 중에는 그럴 수 없는 사람들도 많았다. 소로는 우리가 그런 남녀를 기억해 주기를 바랄 것이다. 역사에 남지 못했고 국가에게 착취당했으며 세상 한구석 작은 낙원에 가두어진 사람들 말이다. 월든은 정말 안식처 같은 곳이었지만 소로의 여러 이웃들에게 일터의 자유는 매우 제한적이었다. 역사가 엘리스 르미어에 따르면 그들의 세상, "블랙 월든"은 그다지 고요하지 못한 절망이 자리한 곳이었다.[10]

주류 역사를 소비하는 사람이라면 월든 호수에 살았던 사람은 소로가 유일하고 월든이 사람의 손이 닿지 않은 청정한 지역이었다고 생각하기 쉽다. 그렇지 않았다. 월든은 문명화된 기성 사회의 경계를 넘어서면 바로 닿을 수 있었다. 착취당하는 노동자, 현대 자본주의 사회로부터 버림받은 사람들이 사는 곳이라는 의미다. 소로도 이 사실을 알고 있었고 기꺼이 그들 사이에 살았다. 그들은 보스턴의 여러 부유한 교외 도시 내부로 접근할 수 없었다. 우리는 소로의 자연 친화적인 삶의 방식을 그가 자발적으로 보여 준 검약의 미덕과 연결시키곤 하는데 사실이것은 사회의 주변부에서 근근이 어려운 삶을 이어가는 사람들을 이해하기 위한 수단이었다. 그렇다고 소로가 성인이라는 말은 아니다. 하지만 소로가 숲으로 들어갔다는 사실과 그가 억압의 조건에서 고통받는 사람들을 잘 이해하고 있었다는 사실에는 밀접한 연관성이 있을 수 있다.

그렇다면 소로의 이웃은 정확히 어떤 사람들이었을까? 이들은 미국 내 인종과 노동의 험난한 역사를 몸으로 보여 주는 사람들이었다. 브리스터 프리먼의 누이 질파 화이트 역시 해방 노예였다. 독립 전쟁이 끝난

후 화이트가 살았던 곳은 이후 소로가 일구었던 그 유명한 콩밭 주변이었다. 소로가 랠프 월도 에머슨의 "자립"을 실천하기 위해, 남에게 의지하지 않고 스스로 서는 매우 힘겹고도 흔치 않은 경험을 하고자 2년 동안 애썼던 그 콩밭 말이다. 질파 화이트는 그 어떤 법석도 피우지 않고 가진 것이 아무것도 없다시피 한 상태에서 이를 해냈다. 천을 짜고 빗자루를 만들어 생계를 유지했다. 1813년에는 방화범들 때문에 집이 불탔다. 화이트는 빠져나왔지만 개와 고양이, 닭들이 죽었다. 화이트는 다시 집을 지었다. 화이트의 삶은, 그리고 화이트와 비슷한 다른 여성들의 삶은 자연 속 삶에 관한 온갖 낭만적인 이상과는 딴판이었다.

나아가 월든 숲에는 피부가 창백하고 머리칼이 붉은, 그러나 백인 취급은 받지 못하던 주민들이 있었다. 아일랜드 사람들이었다. 19세기 초반 미국으로 건너온 아일랜드 이민자들은 대체로 사회 주변부 빈민가로 몰려났다. 소로는 월든 근처 철도 건설 현장에 살며 일하러 온 여러 아일랜드 이민자들과 길고 뜻깊은 관계를 유지했다. 휴 코일이라는 아일랜드 출신 이민자는 구덩이 파는 일을 하는 사람이었는데 소로는 이 사람에게 브리스터스 힐 근처에 맑은 샘물이 흐르는 곳을 알려 주겠다고 말했다. 하지만 늙고 병든 코일은 그 짧은 거리조차 이동할 수 없었다. 그는 수많은 아일랜드 노동 빈곤층이 그랬듯 비참한 가난을 술로 달래다 죽음을 맞이했다.

현대 사회의 풍요와 타락의 이면에는 늘 이런 사람들이 있다. 부도덕한 노동을 지속하게 하는 시스템의 부수적인 피해자들이다. 우리도 알고 있다. 씁쓸한 얘기지만 이런 책을 읽을 여유가 있는 사람들의 대다수는 코일이나 화이트, 프리먼 같은 사람이 아니다. 그래서 우리 모두는 그들이 겪었던 고초에 우리도 책임이 있는 건 아닌지 의문을 가져야 한다.

소로는 자신이 온갖 이점을 누리고 있다는 사실을 알았다. 그리고 특권을 가진 사람들이 일반적으로 불리한 위치에 있는 사람들에게 신경 쓰지 않는다는 사실도 알고 있었다. 다시 말해서 수많은 노동자들이 매일 고된 노동을 하면서 자유를 상실하지만 그 노동이 지탱하고 있는 훨씬 더 적은 숫자의 소유주와 관리자들은 타인을 고용해 자신의 일을 맡김으로써 자유를 확보한다. 이런 사실은 처음에도 인지하기 힘들지만 시간이 흐르면 더 어려워진다. 사회 정의는 무엇보다 바로 이런 근시안을 없애는 데, 눈앞에 뻔히 드러나 있지만 보이지 않는 타인의 고통을 제대로 알아보는 데 있다.

부유한 사람들이 가난한 사람들의 고통을 이해하지 못하는 까닭에 대해 소로는 부분적으로는 부유함, 즉 재물 때문이라고 말한다. 비유나 관념적인 의미가 아니라 문자 그대로의 의미에서의 재물이다. 쇼핑을 하거나 집안일을 돌보거나 서둘러 파티장으로 향하는 등 언제나 나의 멋진 자유를 행사하다 보면 타인의 내적 삶을 이해하기 힘들다. 소로가 말하는 "의식적인 삶"은 이런 쳇바퀴 경쟁 같은 삶에 주의를 빼앗기기를 거부하고 소비와 취득이라는, 겉으로는 매우 시급해 보이는 문제가 돌봄과 사색이라는 진정으로 뜻깊은 문제와 어떻게 다른지 이해하는 삶이다. 소로는 우리에게 "새 것을 사느라 너무 애쓰지 말라"고 가르친다. "옷은 팔아 치우고 생각은 간직하라"고도 한다.[11] 우리의 주의를 빼앗는 현대 사회의 모든 것들로부터 자유로워지면, 끝없이 전시된 물건과 물건이 주의를 빼앗는 보통의 사교적인 삶으로부터 해방되면 집중하고 생각할 수 있게 된다고 말한다. 세속적 물질에 생각을 빼앗기지 않는다면 어떤 생각을 하며 살 수 있을까? 우리가 우리 자신만을 돌보며 살지 않는다면 무엇을 돌보고 누구를 돌볼 수 있을까? 얼마나 많은 이웃이 자유 비슷한 무언가를 찾으려고 아등바등 살고 있는지 알아차릴 수 있지는 않을까?

*

정치적 자유주의의 중요한 원칙 중에는 "위해 원칙"이라는 것이 있다. 간단히 말하면 타인에게 위해를 가하지 않는 선에서 내 자유를 누릴 수 있다는 원칙이다. 나는 주먹을 휘두를 자유가 있지만 그 자유는 상대의 코끝 앞에서 끝난다는 말이다. 앞서 논의한 노예 제도와 노동 착취는 이 원칙에 노골적으로 위배된다. 소로는 노동에 대해 자주, 깊이 사유하면서 병사, 백정, 사냥꾼, 도둑 등은 직접적이고 물리적인 위해를 가하는 직업이라는 사실을 지적했다. 멕시코와 미국 간의 전쟁이 한창이고 남북 전쟁의 불길한 기운이 돌기 시작할 당시 남자들 중에는 이런 역할을 동시에 여러 개 맡아 하는 사람이 점점 많아지고 있었다.

멕시코와 미국 간의 전쟁에서 얼마나 많은 사람들이 죽었을까? 말하기 어렵다. 전쟁이 잔인하고 정의롭지 못할수록 전사자의 수를 세기는 어렵다. 아마 2만 명도 넘을 텐데 대부분 전염병 때문에 죽었다. 멕시코와 미국 간의 전쟁의 원인은 무엇이었을까? 이 질문에 대답하기는 훨씬 쉽다. 바로 제국주의적 야망이다. 미국은 멕시코로부터 독립을 선언한 텍사스를 인정하고 서쪽으로 확장하기를 원했다. 미군 3만 5000명, 그리고 각 주의 자원군 7만 3000명만 있으면 충분했다. 그만큼이면 충분했다. 약 10만 명의 노동자들이 고생하고 죽이고 약탈했다. 소로가 정의롭지 못하다고 생각한 목적을 달성하기 위해서.

다른 무엇보다 소로를 거슬리게 한 것은 당대의 가장 자극적이고 정의롭지 못한 고용 계획이었던 이 전쟁에 대한 일반 시민의 무신경한 태도였다. 나아가 이웃들이 제국주의라는 "일"에 철저히 가담하고 있다는 사실이었다. 미국 시민들이 힘들게 번 달러로 이 전쟁에 돈을 대고 있었지만 그들은 대체로 눈치채지 못하고 있었다. 정말이지 다소 어처구니없고 역겨운 일이다. 노동자들은 사람을 죽이고 물건을 빼앗는 대가로 급여를 받았고 그 대가를 지불하는 사람들은 자신이 비도덕적인 일을 후원하고 있다는 사실을 별 상관 않는 무지한 시민들이었다. 소로는 참지 않았고 세금 납부를 거부하고 하룻밤을 감옥에서 보냈다. 소로의「시민 불복종」의 뿌리에는 부도덕한 노동이 있었던 것이다.

이 글에 대해 말하기에 앞서 솔직한 이야기부터 하자. 오늘날 미국 군대의 1년 예산은 7770억 달러이다. 그 돈의 일부는 약 3조 달러 가량인 미국의 연간 세수입에서 온다.[12] 국방 예산을 세수입의 약 4분의 1이라고 보수적으로 잡아 보자. 이 비용을 (아주 높은) 안보 비용이라고 말할 수도 있겠지만 20세기에 미국이 벌인 전쟁 중에 목적과 결과가 의심스러웠던 전쟁이 얼마나 많았는지 고려하면 소로의 주장은 일리가 있어 보인다. 정부의 용인 아래 이루어지는 타인에 대한 살상과 위협은 현대 경제의 상당 부분을 차지하고 매우 큰 수익을 가져다준다. 도덕적 판단을 내리려는 게 아니라 비도덕적인 노동에 대한 소로의 비판이 오늘날에도 매우 명확한 울림을 갖는다는 점에 대한 지적이다. 사실을 직시하기만 하면 뻔히 보이는 문제다.

소로의 「시민 불복종」은 비도덕적인 노동을 부추기는 국가에 일조하지 않겠다는 강한 거부였다. 국가 자체가 악한 존재는 아니었지만 국가는 개인을 고용해 비도덕적인 일을 시켰고 널리 위해를 가했으며 그것은 악한 행위였다. 국가는 개인을 불의의 도구로 만들었다. 이 행위가 종국에는 노동의 본질과 이에 대한 소로의 생각과 관련이 있다. 어떤 종류의 일을 하든 상관없이 오로지 급여만을 위해 일하는 것은, 다음 장에서 다룰 예정이지만 미리 살짝 공개하자면 좋지는 않다. 타인의 고통이나 죽음에서 이익을 볼 수 있다는 생각을 하면 속이 뒤틀리고 도덕적으로 구역질이 나야 마땅하다. 그런 기분이 들지 않는다면 적어도 소로의 관점에서 '나는 실패한 인간'이라는 생각을 가지고 남은 페이지를 넘겨야 할 것이다. 폭력적으로 느껴질 수도 있겠지만 소로의 불복종은 적어도 다른 살아 있는 존재가 아닌 추상적인 존재를 향하고 있다. "내 생각은 국가를 죽음으로 몰고 가기 위해 무심결에 음모를 짜고 있다."[13]

소로가 국가의 지원을 받는 직업 군인과 도둑 중에 어느 쪽을 더 혐오했는지는 확실하지 않다. 막상막하일 것이다. 자연적인 질서의 유지라는 관점에서 소로는 벌목꾼, 토지 소유주, 광부, 공장주 등의 직업을 가진 사람들이 자연을 훼손하고 세상으로부터 매우 결정적인 무언가를 빼앗아 가고 있다고 생각했다. 매사추세츠주에서 땅을 일구던 농부들에 대해서 소로는 이렇게 쓰기도 했다. "우리 모두가 갖고 있는 탐욕과 이기심으로 인해, 그리고 땅을 소유할 수 있는 재산으로 보거나 재산을 취득하기 위한 주된 수단으로 보는 비굴한 태도로 인해 자연은 훼손되고 목축업도 우리와 함께 타락하며 농부는 가장 비천한 삶을 산다. 그는 자연을 알지만 강도로서 안다."[14] 하지만 이는 너무 추상적인 생각이어서 납득하기가 쉽지 않다. 나무를 대변하는 닥터 수스의 로렉스가(닥터 수스는 유명한 미국 동화 작가이고 로렉스는 동화 속에 등장하는 나무 요정이다 - 옮긴이) 우리 아이들에게는 말이 될지 몰라도 어른들은 자연을 훼손하는 일을 거의 당연하게 여긴다(물론 소로는 편의를 위한 윤리적 타협을 받아들이길 거부했다). 그러나 인간 이외의 생명이 강도질이나 폭력에 비할 만한 행위에 의해 불필요하게 이 세상에서 지워지고 있다는 뼈아픈 사실이 소로를 괴롭혔다. 우리 두 저자에게도, 어쩌면 독자들에게도 괴로운 사실이다.

오지에서 훈계나 하는 사람처럼 보이지만 소로는 사실 마음이 여린 사람이었다. 일에 목적이 있어야 한다고 생각했고 때로는 고통스러울 수 있겠지만 결코 불필요하게 고통스러워서는 안 된다고 생각했다. 나이가 들어 메인주로 여행을 간 소로는 이렇게 썼다. "가죽이 필요해서도 아니고 단지 죽이기 위해, 특별한 수고를 할 필요도 없으며 어떤 위험도 감수하지 않은 채 하는 무스 사냥은 한밤중 숲 주변의 초원에 나가 이웃집 말을 쏘아 죽이는 행위와 얼마나 다른가."[15]

현대 사회의 노동은 대부분 무스 사냥 같다.

＊

"실적 죽이네."

보스턴 교외 어느 전시장 뒤쪽에 있는 한 사무실의 닫힌 문 너머로 나온 말이다. 재러드는 중고차를 판다. 부도덕한 중고차 업자에 대한 편견이 뚜렷한 데에는 다 이유가 있다. 재러드만의 비법은 월 납입금을 낼 수 없는 구매자들에게 차를 파는 것이다. 재러드는 주로 피부색을 보고 표적을 선정한다. 일정한 시간이 지나면 구매자는 차를 갓길에 세워 두고 재러드에게 연락해 다시 끌고 가 달라고 한다. 그러면 재러드는 차에 다시 광을 내고 또 다른 고객에게 파는데 그 사람 역시 납입금을 내지 못할 확률이 높다. 재러드는 스스로 죽이는 실적을 내고 있다고 말한다.

우리 친구 클랜시는 불교 신자이며 기업 윤리를 가르치지만 항상 그렇지는 않았다(클랜시는 기만과 거짓의 철학에 관해서는 세계적 대가이기도 하다). 젊은 시절 클랜시는 텍사스주의 한 보석상에서 일했는데 기업 윤리학 관점에서 절대로 닮지 말아야 할 직업인의 본보기였다. 클랜시가 들려준 이야기에 따르면 보석을 팔 때 가장 중요한 것은 고객들이 아주 좋은 가격에 물건을 사고 있다고 생각하게 만들면서 바가지를 씌우는 것이다. 시계와 다이아몬드를 파는 사람들 중에도 분명 정직한 사람들이 있겠지만 클랜시 같은 직원도 있다. 클랜시는 세척해 주겠다며 롤렉스를 받아서는 그럴싸해 보이는 가짜와 바꿔치기했고 다이아몬드 보증서를 위조해 가격을 올려 받았다. 수리를 위해 받은 보석을 "분실"하기도 했다. 장사는 죽여주게 잘됐다.

2008년 세계 경제를 들었다 놓은, 악명 높은 동시에 너무나 흔한 사기도 있다. 증권업자들은 독성 유가 증권으로 월스트리트를 기름칠했다. 특히 회수가 어려운 주택 대출 상품을 잘 포장하고 AAA 등급을 달아 팔았다. 영화 「빅쇼트」에 나오는, 현실을 바탕으로 한 어느 인물의 말을 빌리자면 이 자산의 가치는 "개똥"만도 못했다. 나아가 개똥 같은 숫자가 벽을 도배하고 있는 것을 본 월스트리트는 이 증권의 하락에 돈을 걸었다(공매도, 즉 "쇼트"를 했다). 그러자 마법처럼 수십만 명의 사람들이 전 재산을 잃었고 생계를 잃었고 집을 빼앗겼지만 "거기서 제일 똑똑한 사람들"은 상당한 커미션을 벌었다. 죽이는 거래를 했다.

이런 일은 가장 오래된 일은 아닐지 몰라도 아주 옛날부터 존재했을 것이다. 소로도 이런 일에 대해 알고 있었고 혐오했다. 1850년 콩코드에 날아든 소식에 따르면 뉴욕주 해안에 있는 파이어아일랜드에서 배가 난파했다. 소로와 에머슨의 친구였던 마거릿 풀러가 배에 타고 있었는데, 해안에 도달하고자 끔찍하게 오래 애썼으나 사망했다. 에머슨은 건강이 좋지 않아 갈 수 없었지만 젊은 소로에게 부탁해 해안에서 풀러의 유해를 수습해 달라고 했다. 이것은 작가이자 사상가가 잘할 수 있는 일이었고 소로는 즉시 남쪽으로 향했다. 그런데 그곳에는 난파선으로 한밑천 잡으려는 남자들이 한둘이 아니었다. "젊은 남자들이 물에 빠져 죽은 사람들의 유품으로 모자를 장식하고 도미노 놀이를 하고 있었다."[16] 이 젊은이들은 사체를 뜯어 먹는 새들처럼 난파선을 약탈하는 자들로 마치 신나게 쇼핑이라도 하는 양 죽은 자들의 물건을 그러모았다. 하지만 젊은 사람들만 사체를 뜯어먹은 것은 아니다.

이웃하는 육지에 사는 거의 모든 가정에서 커다란 굴잡이 배를 가지고 있었고 배가 난파할 때 마침 현장에 있지 않았던 사람들은 될 수 있는 대로 빨리 난파 현장으로 향했다. 일부 여성과 아이들은 식량까지 준비해서 갔다. 목적은 약탈이었다. 그들도 이 사실을 부정하려고 들지 않았다. 그들 중에는 제대로 된 해적도 있었지만 대부분은 해적이라고 부를 가치도 없다. 해적의 기백도 없는 하찮은 도둑, 좀도둑이었다. 철저하게 수사한다면 점잖아 보이는 여러 시민들도 처벌을 피하지 못할 것이다.[17]

부도덕한 노동자가 있느냐고? 오로지 "얼마나 많은가" 물어야 한다.

＊

헨리 데이비드 소로의 노동의 본질에 대한 생각을 담은 책을 아직까지 읽고 있다면 아마도 현대 경제 사회 속 최악의 "죽이는 사람들"에 속하지는 않을 것이다. 아마 대부분이 주체적인 선택을 하는 특수한 집단에 속할 것이다. 정말 고맙다는 말을 전하고 싶다.

하지만 소로는 우리에게 자기 만족을 피하라고 말할 것이다. 우리가 소비하는 방식이 "죽이는" 기업들, 혹은 불운한 사람들을 착취하는 기업들의 배를 불리고 있지는 않은지 늘 검토해야 할 것이다. 현대 사회의 소비자는 다 공범이지만 그래도 저항할 수 있다. 재활용이 기후 변화와 대량 멸종의 불가피성에 저항하듯 말이다. 우리는 적어도 온몸으로 시도는 해 보아야 한다. 어떻게 보면 "무의미한 노동"보다 더 나쁜, 사소한 굴욕과 불의에도 깨어 있어야 한다.

현대 노동 사회에서 도덕적으로 가장 심각한 문제는 아닐지 몰라도 짚고 가야 할 문제가 하나 더 있다. 소로는 우리에게 신실하게 일하고 자신의 일과 반복되는 업무에 대해 책임을 지라고 하는 동시에 일터에서 허세를 부리지 말라고, 거짓된 모습을 꾸미지 말라고 한다. 소로는 현대 사회에서 나타나는 온갖 겉치레를 경멸했다. 소로가 후기 자본주의 시대의 자칭 권위자와 지도자들을 보았다면 완전히 실성했을 것이며 도덕적인 이유에서 이의를 제기했을 것이다. 허세를 부릴 때 우리가 쓰는 가면은 소로가 본질적으로 선하다고 본 진정한 소통과 화합을 방해한다. 그런데 특정한 직군에서는 허세를 부리기가 쉽다. 사실 허세가 거의 필수적인 일도 있다.

버몬트주의 스토우라는 마을 외곽에는 매우 세련된 필기체 글씨로 "고급 와인 매장 겸 고급 베이커리"라고 자처하는 가게가 있다. 안으로 들어가서 동양풍의 양탄자를 따라가면 40달러가 넘는 로제 와인이 나무랄 데 없이 정연하게 늘어선 냉장고가 있다. 그 옆에는 러시아에서 온 캐비아병과 핀란드산 생선 캔이 전시되어 있다. 진열대 뒤쪽으로 카운터가 있고 그 뒤에는 1만 3000달러짜리 에스프레소 기계가 있다. 수요일 아침에 잉글리시 머핀을 먹으려고 버몬트주 스토우에 있는 이 가게에 간다면 아주 후줄근해 보이는 300달러 상당의 플란넬 셔츠를 입은 남자가 맞이할 것이다. 소매는 말아 올려 팔을 뒤덮은 아주 멋진 문신을 드러냈다. 콧수염에는 왁스를 잘 발랐고 검은 비니 모자 밑으로 흘러내린 빨간 머리는 완벽한 언더컷 스타일로 다듬어져 있다. 얼굴에는 조종사 스타일의 금테 안경을 쓰고 있다.

"머핀이 있는 경우는 없습니다. 있을 수가 없지요. '크러핀'은 있어요. 크루아상을 머핀 틀에 넣고 구운 거죠. 그런데 화요일에만 나옵니다. 수요일에 나오는 경우는 절대로 없습니다. 크러핀은 그야말로 천상의 맛이에요."

마지막 한마디가 길게 늘어지는 게 마치 한심한 내 평생 결코, 절대로 크러핀을 먹을 자격은 없을 것이라고 말하는 것 같기도 하다.

"화요일에는 9시 5분에 크러핀이 나와요. 10분이면 다 나가요. 딱 10분이요."

결코 머핀 따위는 먹을 생각조차 안 하는 천상의 존재들이 다 먹어치우나 보다. 그렇다면 커피 한잔이라도?

"커피는 없어요. 코르타도는 있어요. 맛을 보장하는 한 가지 사이즈로만 드려요."

남자는 골무만 한 작은 보온 용기를 꺼내 보인다.

소로는 정직하고 단순하며 숨김 없고 품위 있는 삶과 일을 추구했다. 소로는 스토우에 있는 크러핀과 코르타도를 파는 콧대 높은 가게를 조롱할 것이다. 이런 사치스러운 선택이 거짓된 유행, 궁극적으로는 거짓된 삶을 통한 우월감의 추구에서 비롯된 것임을 직시할 것이다. 그리고 그 거짓된, 불성실한 삶은 "죽이는" 결과물을 가져다주는 맷돌에 기름칠을 하고 계속 돌아가게 만든다고 말할 것이다.

＊

월터 하딩은 「『월든』을 바라보는 다섯 가지 방법」에 이렇게 썼다. "20세기 들어 소로의 사상에 대한 관심이 본격적으로 높아진 시기가 1930년대 대공황 시기였다는 점은 매우 의미심장하다고 생각한다. 이 당시 수많은 사람들이, 거의 모든 사람들이, 상황의 압박 때문에 마지못해 단순한 삶을 살아가야 했다. 선택권이 없었다. 하지만 소로는 이런 삶을 견딜 수 있게 해 주었을 뿐만 아니라 심지어 매력적으로 느껴지게 만든 드문 작가였다. 30년대 당시 친구가 내게 이렇게 말한 적이 있다. '주머니에 땡전 한 푼 없는 상황에서 읽어도 기분이 나쁘지 않은 작가는 소로밖에 없어.'"[18]

소로는 경제라는 방앗간이 갈고 빻은 뒤 내뱉은 사람들을 거두어 준다. 침체가 길어져 고난이 되어도 견딜 수 있게, 심지어 약간 즐길 수 있게 도와준다. 그들을 모욕하지 않는다. 착취하지도 않는다. 비도덕적인 노동과 반대되는 도덕적인 노동과 도덕적인 노력의 본보기가 필요하다면 소로는 괜찮은 모범이 되어 준다. 소로는 최선을 다하려고 했다.

아일랜드의 케리 카운티에서 이민 온 마이클 플래너리의 사례를 보자. 플래너리는 사랑하는 아내 앤과 자녀들을 남겨 두고 미국에 일을 구하러 왔다. 돈이 충분히 모이면 식구들을 좀 더 밝은 이곳 땅으로 데려오는 게 목표였다. 플래너리는 소로의 친구였다. 앞서 말했듯 당시에 아일랜드 사람들은 민족적, 문화적으로 열등하다고 여겨져 다양한 수준에서 경멸의 시선을 받고 있었다. 1853년 9월 플래너리는 콩코드의 연례 "미들섹스 카운티 가축 전시회"에 참여했다. 구체적으로는 이 축제에서 열리는 농업 기술 경연 대회에 참여한 것인데 가래질, 즉 삽질 부문이었다. 플래너리는 열두 명과 경쟁해서 2등을 했고 상금 4달러를 받았다.

당시 플래너리의 고용인이었던 에이비얼 H. 휠러는 생각이 달랐다. 휠러는 무턱대고 플래너리의 4달러를 가져갔다. 자신이 고용한 플래너리의 상금이 제 것이라고 생각한 것이다. 일을 시키려고 플래너리를 고용했고 4달러는 플래너리의 노동의 결실이었기 때문이다. 그래서 상금은 휠러에게 돌아갔다.

소로가 나서기 전까지는.

소로는 이 잔인한 행위에 대해 듣고 서명지를 돌렸다. 말 그대로 사람들이 어떤 목적을 위해 기부를 약속하고 서명을 하는 종이였다. 서명지에는 이렇게 적혀 있었다.

> 아래 서명자는 하기 금액의 기부를 서약한다. 총액 4달러는 마이클 플래너리의 가래질 보상금으로서…, 고용주 에이비엘 H. 휠러가 가져간 금액과도 같다.[19]

안타깝게도 콩코드 주민들의 인심은 소로를 실망시켰다. 주민 대부분이 아무것도 기부하지 않았고 기부를 서약한 사람의 경우에도 금액이 아주 적었다. 소로는 이 일에 대해 일기장에 솔직하게 털어놓았다.

오늘, 식구들을 이 나라로 데려오려는 가난한 아일랜드 남자를 위해 돈을 꾸는 경험을 했다. 이웃들이 진정 어떤 사람인지 궁금하다면 서명지를 돌려 보면 된다. 아, 정말이지 이런 사람들과 이웃하고 산다는 일에 대해 여러 슬픈 사실을 깨닫게 된다. 어떤 사람들은 정말 이기적이고 비겁한 핑계를 댄다. … 이럴 때 은행장이 아니라, 가진 게 많지 않고 평소 무시를 당하는 이른바 정신 나간 여성을 찾아가게 된다는 사실은 얼마나 얄궂은 현실인가![20]

우리는 도덕적인 판단의 순간이 오기 전에는 자신이나 이웃들에 대해 잘 알지 못한다. 소로에게 도덕적인 아름다움은 주로 꼭대기가 아닌, 그러니까 "은행장"이 아닌, "가진 게 많지 않고 평소 무시당하는 이른바 정신 나간 여성"에게서 찾아볼 수 있는 것으로서 그런 사람은 너그러운 마음을 온갖 아름다운 형태로 보여 주며 선한 일을 한다. 그런 사람들이 받는 보수는, 부족할지언정 전보다 좀 더 나아진 세상이다.

8

월급의 기회비용

내가 버는 돈은 내 자유에 대한 보상이자, 내 자존감에 대한 보상이며, 밤에 편히 잘 수 없는 데 대한 보상이다. 우리는 돈으로 환산할 수 있는 매시간 자신으로부터 소외된다.

"그냥 입에 담지 마."

생각하고 집착하고 걱정하되, 세어 보고 쌓아 놓고 탐하고 투자하되 입에 담지는 말라.

"돈."

입에 담았다. 어쩔 텐가.

최근 골드만삭스 투자 은행의 한 직원이, 돈에 대해 별 걱정 안 해도 되지만 그럼에도 걱정을 멈출 수 없는 사람이 우리에게 솔직한 질문을 던졌다. "언제부터 돈이 그렇게 비밀스러워지고 금기시되었죠? 섹스나 죽음보다 더해요."

당시 우리는 그저 웃었을 뿐이지만 사실 답이 있다. 산업 혁명 초기, 소로가 태어났을 때 즈음 돈은 많은 사람들에게 생사의 문제였다. 기계화된 생산과 분업은 노동자의 인생을 계산 가능한 것으로 만들었고 그 계산은 주로 달러와 센트로 이루어졌다. 이 업무는 얼마짜리인가? 이 업무를 하는 데 얼마나 걸렸는가? 이 돈의 시장 가치는 무엇인가? 이 제품이 생계 유지에 기여하는 정도는 얼마인가? 1830년대 어느 시점부터 미국은 가진 자와 못 가진 자로, 잉여 자금이 있는 사람들과 없는 사람들로 나뉘었다. 돈 문제, 돈에 대한 얘기를 창피하게 여기는 우리들의 습관은 우리가 돈과 떼려야 뗄 수 없는 관계에 있다는 불편한 진실과 모순된다.

우리는 얼마나 버는지 입 밖에 내지 않고 자세한 재정 사항은 쉬쉬한다. 추정 자산이나 스톡옵션에 대해서도 입을 다문다. 그 결과 압력이 높아진다. 결코 입에 담지 말아야 하는 것이 있다면 그게 무엇이든 압력을 높이기 마련이다. 그러다 미처 예상하지 못할 때 터져 나온다. 금기를 어기는 한마디가 터지면 돈에 대한 얘기는 물밀듯 흘러나온다.

"연봉 4만 6000달러."

"최저 시급."

"겨우 팁으로 살아요."

"자산만 그 정도."

"석 달만 더 버티면 스톡옵션을 받을 수 있어요."

우리는 돈에 대해서 이야기해야 한다. 하지만 이런 식으로는 안 된다. 일에 대해 우리 머릿속을 맴돌고 있는 생각들은 대체로 보수에 관한 것으로 우리는 이런 생각을 해야 마땅하다. 그러려면 보수에 대해서 제대로 이해하고 있어야 한다.

소로의 절친한 동료 랠프 월도 에머슨은 우주가 "보상"을 바탕으로 돌아간다고 주장했다. 모든 행위에 동등한 반작용이 있는, 가는 게 있으면 오는 게 있는 우주에서 모든 결정에는 그에 대응하는 결과가 있고 모든 행운에는 대가가 따른다고 생각했다. 노동자가 제공하는 서비스나 생산하는 제품에도 부수적인 대가가 따르거나 따라야 한다. 그런데 소로는 현대 사회에서 중요하게 여기지 않는 일들이 많으며 그런 일은 해도 보수를 받을 수 없다는 사실을 깨닫고 경악했다. 소로에게 주된 직업이 있다면 작가였다. 작가가 받는 보수는 그때나 지금이나 처참하다. 작가는 또 아무도 원치 않는 물건을 팔러 다녀야 한다. 책을 출간해 이익을 얻는 대신 소로는 팔리지 않은 재고에 대한 비용을 정기적으로 치러야 했다. 랠프 월도 에머슨이 "아주 특별한 가치"[1]가 있는 책이라고 칭찬했던 『콩코드와 메리맥강에서의 일주일』은 망했고 소로는 친구에게 "지난 76일 동안 매일 하루에 1달러밖에 벌지 못했다"[2]고 한탄했다.

＊

소로는 우리 모두와 마찬가지로 선택해야 했다. 돈을 더 벌어서 점점 더 커지는 욕구와 필요를 채울 수도 있었고 수중의 돈에 욕구와 필요를 맞출 수도 있었다. 소로는 널리 알려졌다시피 후자를 택했다. 많은 젊은 노동자들도 비슷한 선택을 한다. 이 책의 저자인 우리 둘은 젊은 시절 바나나와 피넛 버터 샌드위치를 먹으면서 기꺼이 임대 아파트에 살았다. 둘 다 비슷하게 낡아 빠진 중고차를 몰았다(사는 곳은 수천 마일 떨어져 있었지만). 그리고 학교 역시 되는 대로, 학비가 들지 않거나 가장 저렴한 학교에 다녔다. 낭만화할 것은 없지만 그래도 가난에는 쓸모가 있다. 무엇이 삶에 실제로 필수적인지, 무엇이 없어도 살 수 있는지 알 수 있는 능력을 길러 준다. 그래서 실제로 필요한 돈이 정확히 얼마인지 알 수 있었으며 그 액수는 의외로 적다. 소로의 『월든』은 바로 이 사실을 입증한다.

> 우리에게 크로이소스 왕의 재물이 있더라도 우리의 목표는 여전히 동일하며 수단도 본질적으로 동일하다는 사실을 종종 되새긴다. 뿐만 아니라 가난 때문에 범위가 제한된다고 해도, 가령 책이나 신문을 살 수 없다고 해도, 가장 중요하고 결정적인 경험의 범위 안에 갇히는 것이다. 그 안에서는 가장 많은 당과 가장 많은 녹말을 제공하는 재료를 사용하지 않을 수 없다. 그런 삶은 골수에 가장 가까운, 가장 달콤한 삶이다. 하찮은 일에 삶을 낭비할 우려가 없다. 높은 수준에서 고결할 수 있는 사람은 낮은 데서 잃을 게 없다. 불필요한 부로는 불필요한 물건을 살 수 있을 뿐이다. 영혼이 필요로 하는 것을 사는 데는 돈이 들지 않는다.[3]

소로가 처참한 상황을 그럴싸하게 포장하려는 듯 들리기도 하지만 요점은 그게 아니다. 요점은 글의 마지막에 있다. 과잉은 우리를 과잉으로 이끌고 그것은 거의 항상 불건전하다. 욕구는 급여와 함께 증가한다. 이를 "라이프스타일 크리프(생활 수준이 꾸준히 상승하는 현상 - 옮긴이)"

라고 하기도 한다. 특정한 생활 수준에, 좀 더 "사치스러운 삶"에 적응해 가는 것이다. 하지만 금전적 운이 진정한 행복과 일치하는 경우는 매우 드물다. 과도한 부가 우리를, 소로가 말하는 "영혼의 필요"로부터 능히 멀어지게 만들 수 있기 때문이다. 그렇다면 영혼에 필요한 것은 정확히 무엇일까? 『월든』에서 소로는 명확히 말한다. 쉴 곳, 옷, 음식, 그리고 사랑 등 "온기"를 가져오는 것들이다. "내가 삶에 필수적인 요소라고 할 때는 인간이 스스로의 힘으로 얻을 수 있는 것들 중에 처음부터, 혹은 오랫동안 사용해 오면서 아주 중요해진 것들을 뜻한다. 미개해서든 가난해서든 사상 때문이든 이런 필수적인 요소 없이 살아 보려고 한 사람은 매우 적거나 없을 정도이다."[4]

이런 말이 믿을 수 없을 만큼 이상주의적이라는 사실을 우리도 인정한다. 마치 단식하는 스님의 말 같기도 하고 공기와 햇살만으로도 살 수 있다고 믿는 사람들의 주장 같기도 하다. 우리가 선교라도 하려고 드는 것처럼 보일 수도 있겠다. "사랑만 있으면 됩니다! 돈으로는 사랑을 살 수 없습니다!" 소로는 돈의 가치에 대해서는 이상주의자였지만 아주 까다로운 실용주의자기도 했다. 소로는 구매 능력에 따라 사람의 가치를 평가하는 데는 별 관심이 없었다(아니, 전혀 관심이 없었다). 오히려 생을 유지하는 데 필요한 돈이 얼마인지 아주 정확히 계산해 보는 데 관심이 있었다. 『월든』의 많은 부분이 마치 에버니저 스크루지의 꼼꼼한 가계부처럼 읽힌다. 하지만 스크루지와 달리 소로의 지출 목록은 삶의 잉여품이 아닌 필수품이 무엇인지 보여 준다. 소로가 월든에서 노동과 보수, 그리고 생의 유지 사이에서 어떻게 섬세한 균형을 잡았는지 스스로 남긴 기록을 다소 길게 인용해 본다.

나는 측량과 목공 일을 하고 마을에서 각종 날품을 팔아 13.34달러를 벌었다. 손에 꼽기도 힘든 온갖 기술에 능한 덕분이었다. 나는 월든에서 2년 넘게 살았지만 8개월간, 즉 7월 4일부터 이듬해 3월 1일까지 내가 먹은 식료품은 다음과 같다. 내가 키운 감자와 약간의 풋옥수수, 콩, 그리고 계산할 당시 남은 분량은 제외했다.

쌀 .... 1.73^{1/2}$

당밀 .... $1.73 (가장 저렴한 형태의 당)

호밀가루 .... 1.04^{3/4}$

옥수숫가루 .... 0.99^{3/4}$ (호밀보다 쌈)

돼지고기 $0.22

아래는 실패한 실험:

밀가루 .... $0.88 (옥수숫가루보다 비싸고 번거로움)

설탕 $0.80

비계 $0.65

사과 $0.25

건사과 $0.22

고구마 $0.10

호박 1개 $0.06

수박 1개 $0.02

소금 $0.03

다 합하면 식비로 총 8.74달러가 들었다. 내가 이처럼 창피한 줄도 모르고 나의 죄를 전시하는 이유는 독자들 대부분도 나처럼 유죄이며 그들의 식비를 책에 나열해도 별로 다르지 않을 것이라는 사실을 알기 때문이다.[5]

맞다. 다소 따분하다. 시인 소로 역시 틀림없이 그걸 의도했을 것이다. 그러나 소로가 월든 호수의 생활비를 세세하게 공개하는 데는 이유가 있다. 최소한의 필수품을 사는 데 별로 돈이 들지 않는다는 사실을 우리가 깨닫기를 바란 것이다. 나아가 필수품을 산 뒤에도 돈이 남았다는 사실, 삶을 유지하기 위해 이런저런 결정을 내렸다는 사실, 그리고 자립을 위한 소득과 지출의 밀물과 썰물을 신중하게 관리하고 거기서 보람을 느낄 수 있다는 사실을 보여 주려 한 것이다.

우리 둘 다 어머니가 급여와 지출을 세세히 적은 가계부를 썼다. 어머니는 매주 가계부를 확인하면서 식구들에게 부족한 게 없도록 신경 쓴 것은 물론, 성서에 가까웠던 이 가계부들은(하나라도 없어지는 날은 하늘이 무너지는 날이었다) 각각의 가족이 삶의 우선순위를 어떻게 설정했으며 어떻게 생계를 유지했는지, 가족이 어떻게 자립할 수 있었는지 보여 주는, 끝없이 확장되는 이야기를 담고 있었다. 소로 역시 완벽한 자립을 이루지는 못했다. 우리도 다 마찬가지이다. 하지만 소로가 월든에서 남긴 기록은 진심 어린 시도를 보여 준다. 소로가 월든에서 보낸 2년 2개월 이틀은 긴 시간이다. 소로는 그저 장난삼아 "의식적으로 살기"의 가장자리에 머문 것이 아니다. 소로는 현대 소비 중심주의가 가져온 "소리 없는 절망"과 싸우려면 돈, 그리고 "영혼의 필수품"에 대해 특정한 지향을 가져야 한다고 믿게 되었다.

이 모든 것은 부와 명성을 추구하는 오늘날의 아메리칸드림과 가락이 맞지 않는다. 소로는 그런 꿈이 악몽이기 쉽다고 말한다. 소로는 "삶을 누릴 기회는 그 '수단'의 증가에 비례해서 감소한다"고 말했다.[6] 우리가 학생들에게 인생에서 원하는 게 무엇이냐고 물으면 갈수록 많은 학생들이 뜻깊은 일을 찾고 "변화를 가져올 수 있는 삶"을 살고 싶다고 말한다(신이 있다면 감사할 일이다). 우리는 바로 그 학생들을 위해 이 책을 쓰고 있다. 하지만 굉장히 솔직한 어떤 학생들은 어마어마한 부자가 되어서 낸터킷(매사추세츠주의 여름 휴양지 – 옮긴이)의 대저택으로 이사 가고 싶다고 한다. 우리는 사실 바로 그런 학생들을 위해 이 책을 쓰고 있다. 대박을 노리는 이런 사람들에게 소로가 보내는 메시지가 있다. "대부분의 사치품과 생활의 편의라고 하는 것들은 없어도 될 뿐 아니라 인류의 향상을 적극적으로 방해한다."[7] 분명히 말하자면 우리는 현대 사회의 소로가 아니다. 우리도 종종 인생의 사치를 추구하곤 한다. 그게 옳은 행동이라는 것도 아니다. 옳지 않다. 소로의 도움을 받으면 그게 얼마나 심각한 잘못인지 깨달을 수 있다.

일터의 소로

＊

현대 사회는 원하는 것과 필요한 것을 혼동한다. 바로 이런 심각한 혼란을 해결하고자 하는 바람이 소로의 철학의 중심에 있다. 소로는 이 두 가지를 결코 혼동하지 않는 여러 일용직 노동자들에게 끌리곤 했다. 한 캐나다 나무꾼과 대화를 나누며 소로는 그에게 "공장 없이도 살 수 있는지" 물었다. 남자는 "집에서 지어 입는 평범한 회색 외투로 충분하다"고 대답했다. 소로는 "차와 커피 없이도 살 수 있냐고" 물었다. 남자는 다시 그럴 수 있다고 했다. "물에 솔송나무 잎을 우려먹는데 날이 따뜻할 때는 물보다 낫다고 나무꾼은 말했다." 그리고 마지막으로 "돈이 없어도 살 수 있냐고 물었을 때 남자는 돈의 장점에 대해 이야기했는데 그것은 화폐 제도의 기원에 대한 지극히 철학적인 설명, 그리고 페쿠니아*pecunia*의 어원과도 어느 정도 일치했다. 황소를 한 마리 가진 사람이 가게에서 바늘과 실을 사고 싶다면 매번 그 금액이 필요할 때마다 황소의 일부를 담보로 돈을 빌리는 것은 아주 불편한 일이며 금세 불가능해진다고 남자는 말했다".[8] 『월든』에서 소로는 독자들에게 "간소하고 또 간소하게"[9] 살라고 명한다. 나무꾼은 이미 이런 시각으로 돈과 삶의 재화를 관리하고 있었던 것이 분명하지만 그가 돈의 실제적 가치를 분명히 설명했다는 점은 놀랍다.

돈은 물건을 최대한 많이 사기 위해서가 아니라 쉽게 나눌 수 없는 삶의 필수품을 대체하기 위해 생겼다. 소로의 설명을 빌려 와 보자. 돈을 뜻하는 라틴어 페쿠니아는 소(페쿠*pecu*)라는 말에서 파생되었다. 고대 세계에서 가축은 곧 부였다. 하지만 시장에 가서 필요한 물건을 살 때 실이나 바늘을 위해 소 한 마리의 일부를 담보로 잡힌다는 것은 말이 되지 않았다. 그래서 소의 일부를 상징하는 돈이 발명되었다. 돈은 삶에 필수적인 것들로부터 나왔고 단지 그것을 구하기 위한 수단일 뿐이었다. 그뿐이었다고 소로는 말한다.

현대 사회는 페쿠니아의 관념을 논리적으로 끝까지 밀어붙여 산산조각으로 만든다. 소의 일부를 돈으로 환산할 수 있다면 모든 것을 돈으로 환산할 수 있을지도 모른다는 생각이 나온 것이다. 그렇다면 세상은 철저한 상품화의 단계에 이른 것일지 모른다. 내 시간과 몸, 내 정신 건강까지 죄다 상품화의 대상이라고 생각하는 사람도 있을 것이다. 그렇다면 얼마를 부를 것인가?

소로는 이 추한 질문이 우리 세기에 완전히 모습을 드러내기 전에 이미 그 실루엣을 보았다. 실제로 숲속 작은 오두막에 적합한 땅을 구하면서 그 질문과 똑바로 마주했다. 월든은 사실 소로가 처음 선택한 집터는 아니었다. 처음에는 "플린트 연못"을 선택했다. 하지만 이 연못에는 심각한 문제가 있었는데 플린트라는 농부의 소유였다는 점이다. 돈으로 숲, 해안, 물, 하늘을(뉴잉글랜드의 이런 연못에는 물속에 하늘이 들어 있다) 살 수 있다는 사실에 소로는 진저리를 치며 경멸이 가득한 말을 남겼다. "플린트 연못이라니! 정말 보잘것없는 명칭이다. 이 지저분하고 멍청한 농부의 농장이 하늘 연못에 접하고 있다고 해서, 그자가 연못의 가장자리를 가차 없이 갈아엎었다고 해서 제 이름을 붙일 권리가 주어지는가?"[10] 아름다운 장소를 너무 사랑해서 자기 이름을 붙일 수는 있어도 제멋대로 주장한 소유권을 이유 삼아 천연의 절경에 출입을 제한하는 행위는 또 다른 문제였다.

이 "플린트Flint"는 대체 누구였을까? 소로는 곧바로 농부에 대한 서술을 이어 간다. "지독한 구두쇠skin-flint일 것이다. 표면에 제 뻔뻔한 얼굴이 비치는 1달러나 빛나는 1센트를 더 좋아하고 연못에 내려앉은 들오리마저 침입자로 생각하는 놈이다. 하르피아이아처럼 움켜잡는 오랜 버릇 탓에 손가락이 구부러지고 손톱은 새의 발톱처럼 단단할 것이다. 그러니 이 연못은 내게는 이름 없는 연못이다."[11] 플린트는 돈을 버느라 너무 바빠서 자기가 사들인 연못에 가 볼 기회도 거의 없었던 모양이다. 소로의 말에 따르면 플린트는 연못을 보지도 않았고 거기서 몸을 씻지도 않았으며 지키지도 않았고 사랑하지도 않았고 "연못을 만든 신께 감사하지도 않았다".[12] 플린트는 그 신성한 장소를 단지 "화폐 가치"로만 생각했고 그 가치가 크지 않았기 때문에 거의 생각하지 않았다. 실상 연못 바닥의 진흙을 팔 수 있었다면 물을 뺐을 사람이다. 소로는 "그자의 노동, 모든 것에 값이 매겨져 있는 그자의 농장에 어떤 경의도 보낼 수 없다"[13]고 꾸짖었다.

바로 이것이 현금화와 상품화의 가장 허무주의적인 모습이다. 사실일에는 "보상"이 없다. 어떤 일도 대체 가능하지 않다. 소로는 예언에 가까운 글을 통해 "돈이 된다면 풍경이라도, 하느님이라도 장에 내다 팔" 끔찍한 사람을 그려 낸다. "그자는 실상 제가 숭배하는 돈이라는 신을 얻고자 장에 가는 자이며 이자의 농장에 공짜로 자라는 것은 없다. 밭에는 어떤 작물도, 초지에는 어떤 꽃도, 나무에는 어떤 열매도 없고 오직 화폐뿐이다. 결실의 아름다움을 사랑하지 않고 그 결실이 화폐로 바꾸기 전에는 덜 익은 열매로 치는 자이다."[14]

월든에서 이런 사고방식을 탈피하고자 했던 소로의 시도는 불완전한 성공에 그쳤다. 호수의 "얼음권"이 프레더릭 튜더에게 팔렸고(뉴잉글랜드에 악덕 자본가가 있다면 바로 이 튜더라는 자였다) 튜더는 아일랜드인 100명을 고용해서 겨우내 매일 1000톤의 얼음을 채취했다. 소로는 존경과 연민이 담긴 시선으로 노동자들을 보았지만 튜더에게는 경멸의 눈빛을 보냈다. 50만 달러 재산에 50만을 더 걸치겠다고 호수가 입은 유일한 외투를 빼앗았다고 했다. 소로의 일생 동안 플린트와 튜더 같은 사람들의 마음가짐은 경제를 비롯해 더 넓은 세상을 바라보는 미국인들의 주된 사고방식으로 신속하게 자리 잡았다.

*

에머슨이 말한 "보상"의 개념으로 되돌아가서 생각해 보면 소로가 노동의 실제 대가와 거기서 나오는 금전적 혜택 간의 타협에 주목하고 있다는 사실이 명확해진다. 일터에서 보수는 단지 돈을 받는 문제, 돈을 좀 더 받는 문제에서 끝나지 않는다. 내가 버는 급여의 대가로 내가 무엇을 포기하는지 계산해 보아야 한다. 내가 버는 돈은 내 시간에 대한 보상이지만 그보다 훨씬 더 심오하다. 흔히 그 돈은 내 자유에 대한 보상이자, 내 자존감에 대한 보상이며, 밤에 편히 잘 수 없는 데 대한 보상이다. 다소 과하다고 느껴진다면 소로는 아마 과한 게 맞다고 말할 것이다. 소로의 시대에 콩코드 주변에 있는 농장들은 규모가 매우 컸다. 아직도 콩코드 외곽에 남아 있는 집들은 훨씬 더 크다(캐그가 사는 집도 그런 집이다). 그런 집에 사는 데는 실존적 대가가 따른다. 소로는 부유하고 돈을 잘 벌지만 항상 가난하다고 느끼는 슬픈 역설에 대해 일기에 썼다. 심지어 그 가난하다는 기분은 물질적 욕구가 영영 충족되지 않는다는 불교적 의미에서의 가난도 아니다.

소로는 큰 농장을 갖고 싶어 한 적이 없다. 그런 농장을 유지하는 데 드는 시간과 노력을 잘 알고 있었기 때문이다. 그 시간과 노력을 삶의 기쁨을 느끼는 데 쓰는 게 낫다고 소로는 생각했다. 수필 「원칙 없는 삶」에서(제목이 「직업 없는 삶」이라도 적절했을 것 같다) 소로는 이렇게 썼다.

> 돈을 벌 수 있는 방법은 거의 어떤 예외도 없이 내리막길로 이어진다. 그게 무슨 일이든 단지 돈을 벌기 위해 일을 한다면 아무 일도 하지 않는 것이나 다름없다. 차라리 아무 일도 하지 않는 게 나을 수도 있다. 노동자가 고용주에게 받는 급여 이외에 더 가져가는 게 없다면 기만을 당하는 것이다. 자기를 기만하는 것이다.[15]

소로가 "내리막길"이라고 말하고 있다는 것에 주목하자. 이것은 강등이나 해고를 말하는 게 아니다. 최악의 의미에서의 내리막길, 내가 나답지 못하게 된다는 의미다. 우리는 돈으로 환산할 수 있는 매시간 자신으로부터 소외된다. 소로는 대부분의 일이 어떻게 내리막길로 이어지는지 찬찬히 설명한다. "작가나 강사로 돈을 벌고자 하면 인기가 있어야 한다. 그 내리막길은 수직으로 떨어진다. 공동체가 가장 기꺼이 돈을 지불하는 일은 그 일을 제공하는 사람에게 가장 불쾌한 일이다. 인간 이하의 것이 되는 대가로 돈을 받는 것이다."[16]

소로는 CEO, 업계 최고, 유명 변호사, 스포츠 스타 등 이 시대의 가장 "성공한" 사람들도 예외로 두지 않는다. 오히려 외부적으로 올라갈수록 내면적으로는 내리막길을 간다고 말한다. 심지어 역사에 이름을 남기고 국가가 인정하는 사람이 되어도 손해를 보는 일이라고 소로는 말한다. "국가가 천재에게 상을 내리는 방식도 현명하지 못하기는 마찬가지다. 심지어 계관 시인도 그 영예에 따르는 부속적인 사정에 기뻐하지 않는 편이 낫다고 생각한다. 국가는 거대한 포도주 한 통을 뇌물로 준다. 그 통을 평가하느라 또 다른 시인이 시적 영감을 내려놓을지도 모른다."[17]

이 즈음에서 소로의 직업은 얼마나 발전적이며 현명했는지 냉소적인 질문을 던지지 않을 수 없을 것이다. 소로의 직업도 그렇지 못했다. "내 일로 말할 것 같으면 내가 가장 만족스럽게 보여 줄 수 있는 측량 기술은 고용주가 원치 않는 기술이다. 고용주들은 내가 일을 대충 하길 원하고 너무 잘하면 싫어한다. 충분히 잘해도 싫어한다. 내가 다양한 측량 기술이 있다고 설명하면 고용주는 어떤 방법이 가장 정확한지 묻지 않고 어떤 방법을 써야 땅이 가장 넓게 측량되는지 묻는다."[18] 정확하고 혁신적인 기술, "옳은" 방식을 고집하면 소로는 그 대가로 무시를 당하거나 사기가 꺾이는 말을 들었다. "장작 한 가리를 정확히 측정하는 방식을 고안한 적이 있었다. 보스턴에서 이 방식을 도입하려고 했지만 거기서 측정을 맡은 사람이 말하기를 상인들은 땔감을 정확하게 측정하길 원치 않는다고 했다. 그들 기준에서는 이미 너무 정확히 측정하고 있어서 상인들은 다리를 건너기 전 찰스타운에서 측정을 맡긴다고 했다."[19] 확실히 해 두자면 소로는 일을 대충 했을 때, 의도적으로 속임수를 썼을 때 더 많은 돈을 받았을 것이다. 장작의 양을 측정하는 이유는 정확하게 하기 위해서가 아니라 이익을 가장 신속하게 늘리기 위해서였다.

일에 대한 자부심이 없으면 돈은 공허하다. 쓸모는 있겠지만 공허하다. 더 높은 목적이 없다면 돈은 무의미하다.

> 노동자의 목적은 생계를 유지하거나 '좋은 일자리'를 구하는 게 아니라 어떤 일을 잘하는 것이다. 심지어 금전적인 측면에서 생각해 봐도 노동자들에게 충분한 보수를 줌으로써 단지 생계를 위해 보잘것없는 일을 하는 게 아니라 과학적이고 심지어 도덕적인 목적을 위해 일한다는 생각을 심어 주는 것이 마을 경제에 더 도움이 될 것이다.[20]

"충분한 보수를 줌으로써 단지 생계를 위해 보잘것없는 일을 하는 게 아니라"고 생각하게 한다는 말을 곰곰이 생각해 보자. "충분한" 보수를 주어서 일이 보다 높은 목적을 향하고 있다는 생각을 심어 준다는 것은 무슨 뜻일까? 아무리 많은 돈을 받아도 지금 하는 일에 어떤 그럴싸한 명분이 생기지 않는다고 생각하는 사람도 있을 것이다. 수억대 연봉을 받으면 좋지만 그렇다고 그 일 자체에 대단한 목적이 생기지는 않는다. 덕분에 호강할 뿐이다. 그냥 참고 견딜 뿐 일로 구원받을 수는 없다. 돈이 일과 아무 상관 없다고 생각하는 사람들도 있다. 돈이 필요 없다는 것은 아니지만, 돈을 더 준다고 마다하지는 않겠지만, 그 일을 하는 이유가 단지 돈 때문은 아니다. 그런 사람들은 애정을 가지고 일한다. 나라에 대한 애정, 일 자체에 대한 애정, 도움을 받는 사람들에 대한 애정 등.

소로는 바로 이런 좀 더 본질적인, 비금전적인 형태의 보수에 주로 관심이 있다. "온 세상을 얻어도 제 영혼을 잃는다면 무슨 이득이 있겠느냐?"[21] 성경에 나오는 이 경고는 세속의 이득을 영혼의 아름다움 그리고 선함과 비교한다. 소로는 이 오랜 시각을 되풀이하고 있으며 우리의 영혼과 보다 고상한 영혼의 목적을 일터라는 맥락에 가져다 놓고 마치 성서에 나올 것 같은 자기만의 계율을 선포한다. "돈을 위해 일하는 사람이 아니라 일을 사랑해서 일하는 사람을 고용하라."[22]

매년 우리는 철학 입문 강의를 하는데 소로의 사상도 가르치지만 그보다 2300년쯤 더 일찍 태어나 살았던, 소로가 존경했던 소크라테스에 대해서도 가르친다. 소크라테스는 자기가 해 준 일에 대한 대가를 받지 않기로 유명했다(악명 높았다). 소크라테스가 아테네 시민들에 의해 기소된 사건을 기록한 플라톤의 『변론Apologia』에서 소크라테스는 시민들 사이에 널리 퍼져 있는 소문, 즉 그가 돈을 받고 지식을, 심지어 덕을 가르쳤다는 소문에 대해 반박한다. 소크라테스는 이런 소문을 일축하며 이른바 소피스트로 알려진 무리와 자신은 다르다고 했다. 소크라테스와 플라톤은 소피스트가 고대 세계 최악의 장사꾼이라고 생각했다. 그들은 부유한 아테네 사람들에게 돈을 받고 유창한 언어와 화려한 화법을 가르쳤다. 어느 날 한 학생이 질문했다. 아마도 모든 학생들의 머릿속에 맴돌고 있는 질문이었을 것이다.

"소크라테스가 그렇게 똑똑했으면 왜 돈을 벌지 못했어요?"

또 다른 학생이 끼어들었다.

"그 사람이 가르친 게 무가치했기 때문이지. 그러니까, 아무 가치가 없었다고."

우리는 학생들을 사랑한다. 정말이다. 학생들은 점잖고 눈치 빠른 어른들과 달리 정직한 질문을 던진다. 우리가 이 학생들을 가르치는 대가로 받는 돈은 많지 않다. 그래서 우리는 마음껏 학생들의 생각을 바로 잡아 줄 수 있다. 소크라테스가 대가를 받지 않은 것은 그의 가르침에 값을 매길 수 없었기 때문이다. 그러니까, 돈으로 살 수 없을 만큼 귀중했기 때문이다. 소크라테스가 금전적 대가, 소비자의 영향력, 상사의 요구, 관념과 제품의 시장을 움직이는 보이지 않지 않는 손에 휘둘리는 것을 원치 않았을 수도 있다. 소크라테스와 소로는 이처럼 보수를 받는다는 생각 자체를 거부했고 그래서 괴로울 정도로 비현실적이라는 오해를 받곤 했다.

철학의 비현실성과 철학자들의 가난에 대한 이런 편견은 매우 오래된 것이고 심지어 소크라테스 이전부터 존재했다. 하지만 이것은 자본의 힘에 의해 움직이거나 통제되기를 노골적으로 거부하는 태도와 관련이 있다. 자본은 언제나 심오하고 영구적인 문제를 눈앞의 관심사와 혼동하게 만들기 때문이다. 소로는 그리스 철학자들의 사상을 읽고 외우다시피 함으로써 이를 깨달았다. 플라톤의 가장 유명한 제자인 아리스토텔레스는 소크라테스 이전 시대의 철학자 탈레스에 대한 기록을 남겼다. 탈레스는 가난했고 사람들은 철학 하느라 가난하게 산다고 그를 조롱했다.

> 예를 들면 밀레토스의 철학자 탈레스의 계획이 있다. 이것은 탈레스의 지혜가 잘 드러나는 사업 계획으로 알려져 있다. … 사람들은 그가 가난하다며 철학이 쓸모없다고 비난했다. 탈레스는 천문학에 대한 지식을 바탕으로 올리브 수확이 늘어날 것을 알았고 그래서 겨울 동안 약간의 돈을 모아 밀레토스와 키오스 두 지역에 있는 모든 올리브 착유기에 대한 보증금을 지불했다. 당시에는 경쟁자가 없었기에 탈레스는 낮은 가격으로 착유기를 빌릴 수 있었다. 이후 수확철이 되었고 착유기에 대한 수요가 갑자기 늘어났을 때 탈레스는 자기가 원하는 값에 착유기를 재임대했고 상당한 돈을 벌 수 있었다. 이를 통해 철학자들이 마음만 먹으면 쉽게 부자가 될 수 있지만 철학자들은 돈에 진지한 관심이 없을 뿐임을 보여 주었다.[23]

소로 역시 탈레스처럼 자연 세계를 읽을 줄 알았지만 이 지식을 이용해 올리브 착유기를 임대하거나 다른 콩코드 사람들처럼 아스파라거스나 옥수수, 목재 투기를 하고 싶지 않았다. 부분적으로 이것은 돈보다 의미를 따지는 태도와 관계가 있지만 그렇게 단순하게 볼 게 아니다. 우리가 볼 때 이것은 살면서 무엇을 동기로 삼고 있는지 알고자 하는 욕망과 관계가 있다. 하지만 돈은 심오하고 회복 불가능한 방식으로 판단력을 흐려 놓는다. 돈만 주는 일이 아니라 사랑하는 일을 해야 한다는 소로의 말을 다시 생각해 보자. 이 또한 단순하고 진부한 말처럼 들린다. 하지만 단순하다고 말하기엔 부족하다. "사랑"은 고대 그리스어로 필리아*philia*로 깊은 동료 의식이나 형제 간의 사랑을 의미한다. 전장에서 함께하는 병사들은 가장 깊은 필리아를 형성할 수 있었는데, 얼마나 깊었느냐 하면 이 사랑의 힘을 바탕으로 서로를 위해 죽을 각오를 했다. 일을 하는 동안 우리가 죽어 가고 있다는 사실은 명백하다. 부인할 수 없는 사실이다. 하지만 내가 하는 일은 과연 내가 깊이 사랑하는 일인가? 무엇보다 깊이 사랑하는 일인가? (그 일을 위해 목숨을 바칠 수 있을 정도로?) 그런 희생을 할 만한 가치가 있는 일이 얼마나 있을까? 마지막 순간이 오면 나는 내가 선택한 직업에 만족할 것인가, 아니면 은행 잔고를 위해 내 영혼을 (그리고 나에게 주어진 시간을) 희생했다는 사실을 깨닫게 될 것인가?

*

보수의 개념에 대해 제대로 살펴보았다고 하려면 적어도 일확천금을 위해 실제로 금광을 찾아 떠난 사람, 지위 상승을 노리는 사람, 푼돈을 위해 모든 것을 건 투기꾼에 대해 적어도 언급은 해야 할 것 같다. 소로는 1850년대에 쓰고 다듬었던 유명한 수필에서 이런 사람에 대해 계속해서 이야기한다. 이 수필의 제목은 처음에는 「먹고사는 일Making a Living」이었다가 결국 「원칙 없는 삶」으로 출간되었다. 현대 사회의 노동과 자본이라는 살인적인 세력에 맞서는 개인의 독립에 대한 소로의 생각이 가장 잘 요약되어 있는 수필이다.

오스트레일리아의 골드러시에 대한 이야기를 읽은 소로는 땅을 50미터 깊이로 파고도 금맥을 찾지 못하는 상상을 했다. 엄청난 가치가 있는 금맥이 불과 30센티 옆에 있었고 그것은 심지어 야영장 바로 밑이었다. 엄청난 재물이 지척에 있었지만 구덩이에서는 아무것도 나오지 않자 동료들이 "악마로 변하는" 모습을 소로는 상상했다. 그들은 무릎까지 오는 물속에서 밤낮으로 일하면서 땅을 훼손하고 제 몸을 훼손하다가 "마침내 비바람과 질병으로 인해 죽었다".[24] 한편 실제로 거대한 금덩이를 찾은 "운 좋은" 얼간이도 있었다. 축하할 일이다. 과연 그럴까? "무게가 28파운드나 나가는 가장 큰 금덩이를 찾은 남자는 … 곧 술독에 빠졌고 말을 타고 온 사방을 전속력으로 누비고 다니면서" 사람들에게 내가 누군지 알고 있으라고, 나는 돈이 아주 많은 멍청이라고 외치고 다녔다. 남자는 행복하게 잘 살았고 하느님을 믿게 됐다. 소로의 말을 빌리자면 정확하게는 "결국 전속력으로 달리다 나무에 부딪혔고 머리가 박살이 날 뻔했다".[25] 대부분의 기록에 따르면 금덩이를 찾은 이 사람은 인간 폐물이었다. 하지만 인간으로 살다 보면 언제든 그렇게 될 수 있다. 소로는 목격자의 증언을 되풀이하며 "그는 철저히 망가졌다"고 적었다.[26] 보수에 대해 심각하게 비뚤어진 시각을 가지면 이런 결과가 나온다.

물론 더 심한 경우도 있었고 소로도 잘 알고 있었다. 가령, 파나마와 콜롬비아의 도굴꾼들이 그랬다. 근대 제국주의와 한패였던 아메리카

대륙의 광업 종사자들은 재물로 가득한 고분을 도굴하는 데 거리낌이 없었다. "망자를 욕되게" 하면 안 된다는 생각은 없었다. 옛 무덤과 묘에는 황금이 있었기 때문이다. 1850년대 소로는 푼돈 때문에, 아니 사실 수백만 달러 때문에 삶과 죽음이 모독을 당하는 광경을 지켜보았다. 소로는 이 "사업"에 참여하는 가장 좋은 방법에 대해 쓴 한 신문 기자의 진심 어린 충고를 건조하게 인용한다. "품질 좋은 곡괭이와 삽, 도끼 정도만 있으면 별다른 게 필요 없다."[27] 소로는 오늘날의 타블로이드 신문에 해당하는 일일 뉴스 매체에 실린 광고를 통해 이런 사업에 대해 알게 되었다. 미래의 도굴꾼을 모집하는 글에는 짧은 경고문이 달려 있었다. "국내에서 형편이 괜찮다면 지원하지 마시오." 소로는 이 경고를 꽤나 합리적으로 해석했다. "국내에서 묘지를 도굴해서 버는 돈이 쏠쏠하다면 지원하지 마시오."[28] 굳이 멀리 이동할 필요가 없다는 말이 되겠다. 국내에서든 외국에서든 도굴로 돈을 벌고 있다면 죽는 게 낫다고 소로는 친절하게 암시한다.

*

만약 돈이나 보수를 위해 영혼을 내다 파는 이야기가 도가 지나치고 어처구니없다는 생각이 든다면 약간 다른 방식으로, 너무 잔소리처럼 느껴지지 않는 방식으로 이야기 나누어 보자.

매월 고용인은 내가 수행한 업무에 대한 급여를 준다. 하지만 그 돈은 경제학자들이 "기회비용"이라고 부르는 것을 발생시킨 대가이기도 하다. 기회비용이란 내가 특정한 업무를 하는 동안 할 수 없었던 다른 모든 일들, 그 업무로 인해 포기한 다른 기회들의 값이다. "돈만을 위해" 일하면 나와 나의 시간, 나의 자유를 가장 비싼 값을 쳐주는 사람에게 파는 것이 된다. 소로가 일을 통해 "영혼을 판다"고 하는 말은 바로 이런 뜻일 것이다. 큰 물류 회사의 인사팀을 이끌고 있는 우리 친구 프랭크는 연봉이 20만 달러가 넘는다. 어느 날 밤 술을 너무 마신 나머지 프랭크는 울음을 터뜨렸다. 그리고 흐느끼면서 자기 자신에게도 쉽게 말하지 않았던 비밀을 털어놓았다. "나는 10대 때부터 도장공이 되고 싶었어. 집에 페인트를 칠하는 사람 말이야." 정말? 정말이라고 했다. 밖에서 하는 일이고 만질 수 있는 결과물에서 오는 성취감이 있다고 했다. 그것 말고 다른 이유도 있었는데 어쨌든 우리는 아직도 이해가 잘 안 된다. 하지만 프랭크의 평생 꿈이 무엇이든 상관없다. 중요한 것은 꿈이 있었고 수십만 달러의 연봉 때문에 그 꿈을 접었다는 사실이다. 프랭크는 보수의 측면에서 궁극의 타협안을 받아들였다. 우리는 보수를 받는 대가로 무엇보다 귀중한 우리의 잠재력을 포기한다. 보수는 실존적 기회비용에 대한 보상이기도 한 것이다.

소로가 말하는 "영혼"은 적어도 간접적으로는 우리의 가장 본질적이고 아름다운 모습을 말한다. 세상에 존재하는 여러 가능성을 잘 고려해서 우리를 고양시키고 기쁘게 해 줄 수 있는 방식으로 순간을 즐길 수 있는 우리의 지극히 고유한 힘을 말한다. 우리에게 주어진 시간을 정말 잘 쓰는 방법을 말한다. 그게 영혼이 담긴 일이다. 그러므로 일터에서 "영혼"을 잃는다면 더 이상 주어진 시간을 유용하게 쓰고 창의력을 발휘하고 자기 인생을 책임질 수 없게 된다.

눈물을 닦은 프랭크는 인사팀장 자리에서 물러나기에는 나이가 너무 많고 도장 사업을 시작하기에도 너무 늦었다고 했다. 우리는 60세에 정년을 맞으면 그때 도장 일을 시작할 수 있지 않겠느냐고 말했다. 프랭크는 우리를 정신 나간 사람처럼 쳐다보았다. "60세에 사다리를 타고 비계를 오르내리라고?" 인정한다. 멍청한 생각이었다. 열심히 일해서 돈을 왕창 번 다음 무덤에 들어가기 직전 은퇴자의 삶을 즐긴다는 생각만큼이나 멍청하다. 소로는 이미 150년 전에 우리 생각을 앞질렀다.

> 생의 가장 좋은 시기에 돈을 벌어서 생의 가장 덜 귀중한 시기에 의심쩍은 자유를 즐긴다는 생각을 하면 시인으로 살고자 했던 한 영국인이 떠오른다. 그는 시인으로 살기 위해 먼저 재산을 모으러 인도로 갔다. 실은 곧장 다락으로 갔어야 하는데.[29]

소로가 노동자로서 가장 큰 성공을 거둔 시기는 월든에서 이런저런 일을 맡은 시기였다. 얼마 전 세상을 떠난 형 생각이 계속 머리에 맴돌았다. 죽음은 멀지 않았고 온갖 장애물이 눈에 띄었다. 그래도 소로는 일했다. 죽어 가는 동안 일을 할 수 있는 사람이 얼마나 있을까? 매일이 마지막일 수 있다. 제대로 된 방식으로 일을 하는 것이 다가오는 어둠에 대응하는 유일하고 적절한 방법일 수 있다. 하지만 죽을 때는 돈도 명성도 가져갈 수 없다. 가장 진부한 말은 그만큼 진실이기 때문에 남용되는지 모른다. 소로가 가장 좋아했던 시가 베르길리우스의 『게오르기카』,

노동의 진정한 의미에 보내는 찬가였다는 사실을 다시금 떠올려 보자. 소로는 아마 이 구절을 가장 아꼈을 것이다.

"시골이, 작은 골짜기를 흐르는 냇물이 나의 기쁨이기를. 이름은 사라져도 물과 나무에 대한 나의 사랑은 여전하기를(*Rura mihi et rigui placeant in vallibus amnes, flumina amem silvasque inglorius*)."[30]

일하며 살아온 생의 끝에 이르러 잔고는 두둑할지라도 소로가 『월든』에서 말하듯 제대로 살지 못했다는 사실을 깨닫는다면 이보다 큰 비극은 없다.

9

불행의 동반자

결정적인 순간 동료들은 당신을 살릴 수 있다. 죽고 싶다는 생각을 하지 않게 도와줄 수 있다. 소로와 동시대에 살았던 독일 철학자 아르투어 쇼펜하우어가 말했듯 동료는 "불행의 동반자"이다.

우리는 각자 자기만의 『일터의 소로』를 쓸 수 있었을 것이다. 같이 쓸 때만큼 빠르지도, 쉽지도, 재미있지도, 의미 있지도 않았겠지만 그래도 끝까지 써냈을 것이다. 사실 그럴 만한 강력한 이유도 많았다. 책과 사색을 좋아하는 독자들을 위해 책을 출간하는 일은 결국 사업이고 거기서 나오는 돈은 천문학적인 액수는 아니지만 그렇다고 절대적으로 미미하지도 않다. 그리고 모든 양의 정수는 반으로 나누면 나누기 전에 비해 상당히 작아진다. 명성과 영예도 마찬가지이다. 동료들은 언제나 부를 나누어 가져야 한다. 게다가 현대 사회의 예술과 인문학 분야에는 공동 작업에 대한 성가신 편견이 자리 잡고 있다. "고독한 천재에 대한 숭배"라고도 할 수 있는 이런 편견은 작가와 예술가들이 거의 언제나 희석되지 않은 자신만의 피로 작품을 만들어야 한다는 생각을 노골적으로 사수한다. 수많은 개인 작업을 했던 소로는 일견 외로운 천재들의 수호 성인이 될 자격이 있어 보인다. 하지만 일견은 거의 항상 부정확하다. 소로의 직업 인생을 다시 한번 살펴보면 그가 반복해서 동료들에게 의지했으며 기꺼이 동료가 되어 주었다는 사실, 그리고 최악과 최고의 협업에 대해 신중한 철학적 반성을 했다는 사실을 알 수 있다. 이것은 우리가 함께 책을 쓰기로 결정한 한 가지 이유이기도 하다.

*

로웰에 위치한 공장 지구에서부터 세일럼의 여러 조선소까지 소로의 주위에 있는 수많은 일터에서는 점점 더 많고 많은 노동자들이 서로 아주 근접하여 일하기 시작했다. 하지만 가까이에서 일한다고 해서 결코 의미 있는 협업으로 칠 수는 없다. 큰 물류 창고에서 지게차를 운전하는 자말은 이렇게 말한다. "누가 누군지 몰라요. 사람이나 안 치면 다행이죠. 서류 작업이 너무 복잡하거든요." 인간이 이기적인 무인기처럼 작동하는 사무실과 공장은 넘치게 많다(역설적이지만 현대 자본주의 사회가 이를 가능케 한다). "네트워크 성능 관리" 업계에서 영업 사원으로 일하는 캐서린은 동료 직원 100명과 같은 층에서 일한다. 직원들이 일하는 책상은 여덟 개 단위로 무리 지어져 있는데 각 단위는 "버스"로 칭한다. 매일 영업 전화 110통을 돌리고 약 2만 8000달러의 연봉을 받는 캐서린은 최근 우리에게 일에 대해 간략하게 설명해 주었다.

"처음 시작할 때는 정말 창피해요. 나쁜 년이 되어야 하거든요. 첫 거래를 성사시키기 전에는 헤드셋도 주지 않아요. 공장 전체에는 형제애 같은 게 있어요. 하지만 결국에는 각자도생이에요. 목표치를 달성하든가 잘리든가. 이거 절대 농담 아니에요."

캐서린은 한숨을 쉬고 고개를 절레절레 내두르더니 단숨에 불만을 터뜨렸다. "가끔은 본사에서 자기들이 목표치를 못 채워 놓고 각각의 버스에서 가장 실적이 안 좋은 사람을 잘라요. 버스 자체 실적이 아무리 좋아도 상관없어요. 그래서 사실 다들 서로 미워해요. 거지 같죠."

이것은 좋은 협업의 모습이 아니다. 소로의 유토피아주의자 동료들 가운데 1940년대 브루크 농장을 설립한 조지 리플리와 프루틀랜즈에서 짧은 협업 실험을 했던 브론슨 올콧 역시 이런 형태의 소외에 대해서 잘 알고 있었고 이에 대항할 수 있는 방식으로 협동체를 구성하려고 했다. 그들의 유토피아적 구상에서는 적어도 집단이 구성원들에게 실질적인 혜택을 제공할 수 있도록 하는 규칙과 지침이 있었다. 당시 모두가 고민하던 질문은 이것이었다. 인간은 어떻게 협업할 때 가장 잘하는가? 리플리와 올콧 같은 유토피아주의자들은 여러 가설을 세워 실험했다. 소로는 단 한 가지 답변을 내놓았다. 의식적으로 살 때 협업도 가장 잘한다는 답변이었다. 일터에서 더 좋은 동료가 되고 더 좋은 동료를 선택하는 데 딱히 도움이 되지 않는 것 같은 답변이지만 일터에 있는 소로의 모습을 살펴보면 사실 꽤 많은 가르침을 얻을 수 있다.

의식적인 협업에서는 아무도 정신이 팔리거나 지루해하지 않으며 요령을 피우는 사람도, 남을 끌어내리는 사람도 없다. 아무도 거짓말이나 아부를 하지 않는다. 동료들은 일을 잘 해내기 위해 의식적으로 주의를 기울이고 신중하게 책임을 다한다. 소로는 이런 식으로 형 존과 함께 중등학교를 세웠고, 엘러리 채닝과 각자의 시 쓰기 프로젝트를 다듬었으며, 아버지와 신기술이 적용된 연필을 만들었고, 랠프 월도 에머슨과 초월주의 사상을 발전시켰다. 리디언 에머슨을 도와 에머슨 집안 아이들을 키웠고 페레즈 블러드와 매사추세츠 땅을 측량했다. 이뿐 아니라 얼음을 절단하고 채취하는 사람들, 벌목꾼, 어부, 선원, 변호사들과도 협력해서 일을 벌였다. 이 모든 사례에서 소로는 분배할 수 있는 노동의 결실보다 동료와의 의식적인 관계를 더 중요하게 생각하곤 했다.

최고의 협업은 진정한 우정으로 이어진다. 소로는 이런 우정이 기막히게 드물고 그래서 기막히게 귀중하다고 생각했다. 사랑하는 사람을 일터에서 만나는 사례가 흔한 데는 이유가 있다. 일이 너무 많아서 다른 사람과 데이트할 시간이 없어서 그런 게 아니다. 의미 있는, 의식적인 협업은 둘 이상의 사람들 간에 진실된 관계를 형성하기 때문이다. 소로가 말하는 협업은 공동의 목표를 향한 깊은 애착을 형성하는 일이다(이것은 오래된 우정이나 건전한 인간관계와 크게 다르지 않다). 도덕적인 목적을 좇는 개인은 이상적인 우정을 통해서 성장한다고 말했던 아리스토텔레스의 주장과도 비슷하다. 다만 협업의 경우 공동의 목표는 언제나 "일을 잘하는 것"이다.

동료들에 대해서 생각할 때 일이 끝나고 같이 맥주를 마시는 사람들이나 달력에 잊지 않고 내 생일을 적어 놓는 사람들을 떠올리기가 쉽다. 혹은 내 급여가 인상되는 데 도움을 주고 상사 앞에서 내 잘못을 두둔하는 사람일 수도 있다. 물론 이런 관계도 현실적으로는 도움이 될 수 있겠지만 소로는 이런 관계에 아주 중요한 무언가가 결여되어 있다며 살며시 운을 뗀다.

> 사람들이 사회적 덕목, 동료 의식이라고 하는 것은 흔히 온기를 빼앗
> 기지 않으려고 몸을 붙이고 누운 새끼 돼지들의 덕목에 불과하다.
> 술집 같은 데서 사람들이 한 집단, 떼거리로 뭉치는 데는 유용하지
> 만 덕목이라고 부를 가치는 없다.[1]

소로는 아리스토텔레스부터 친구이자 동료인 에머슨까지 수많은 사상가들의 생각을 바탕으로 일터에서의 "사회적 덕목"은 매우 불만족스러운 두 가지 범주로 나눌 수 있다고 말할 것이다. 하나는 이익, 다른 하나는 즐거움을 바탕으로 하고 있다.

이익이 되는 동료는 예를 들면 이렇다. 철학자가 되기 전에 존은 남성복 가게에서 판매 직원으로 일했다. 존의 가장 친한 친구이자 동료 낸은 평범하고 단정한 여성복 브랜드를 입는 60대 할머니였는데 매일 아침 존이 실제로 출근하기 1시간 전에 출근 도장을 찍어 주었다. 즐거움을 주는 동료는 예를 들면 이렇다. 낸의 생일에 존은 직접 코코넛을 갈아서 독일식 초콜릿 케이크를 만들어 주었다. 별로 나쁜 관계 같지 않지만 그렇게 "좋은" 관계도 아니다. 만약 동료와의 관계가 단지 도움과 즐거움을 교환하는 관계라면 아주 위태로운 상태에 머물게 된다. 낸은 결국 게으른 젊은이를 위해 거짓말을 하는 데 지쳤고 젊은이는 사고를 치기 시작했다. 그리고 낸은 더 이상 초콜릿 케이크를 받지 못했다. 옷은 팔렸

고 매장은 깨끗했지만 지극히 수동적인 노동의 결과였다. 낸이 피츠버그에 있는 아들의 집으로 이사했을 때 둘은 작별 인사도 하지 않았다.

　반면 소로와 에머슨의 관계를 생각해 보면 도움이 된다. 두 사람은 주기적으로 최고의 협업을 이루어 냈는데 생각을 서로 나누고 상호 의존적인 글쓰기를 함으로써 삶을 고양하려는 목적이었다. 알고 보면 에머슨이야말로 1837년 10월 소로가 흥분해서 열심히 일기를 쓰게 만든 장본인이었다. 이후 에머슨이 강연 원고를 쓰기 시작했을 때는 소로가 항상 곁을 지켰다. 1841년 에머슨은 소로가 "우리 집에 살면서 정원에서 나와 함께 일도 하고 사과를 접목하는 방법도 알려 주려고"[2] 왔다고 적었다. 소로는 에머슨의 서재를 자유롭게 드나들 수 있었고 그 대가로 정원 일을 해 주었지만 더 중요한 사실은 두 사람의 교류가 사상의 교류로 빠르게 이어졌다는 것이다. 에머슨이 「자립」에서 서술한 "든든한 청년… 마다하는 일이 없고 무슨 일이 됐든 수레를 몰고 밭을 일구고 영업을 하고 아이들을 가르치고 설교를 하고 신문을 편집하고… 어떻게 떨어져도 고양이처럼 똑바로 착지하는, 도시 인형 100명과 바꿔도 아깝지 않은 청년"은 소로를 바탕으로 만들어진 인물이라고 로라 대소 월스는 예리하게 주장한다.[3] 이 "든든한 청년"은 에머슨의 집안에서 사상가이자 노동자로 성장했고 스승의 말에 따르면 "온갖 음율과 기발한 생각으로 가득한 고결하고 강건한 젊은이"가 되었다.[4]

　앞서 말했지만 협업에 관한 이 논의에서 다시 한번 반복해서 이야기하지 않을 수 없는 것이 에머슨이 소로와 함께 보낸 시간에 대해 했던 말이다. "날마다 우리는 정원에서 함께 일을 하고 나는 굳세고 건강해

집니다."[5] 에머슨은 소로에게 영감을 주기도 했지만 한동안은 무조건적인 지지를 보내기도 했다. 두 사람은 1842년 10월 마가릿 풀러의 초월주의 사상지 「다이얼*Dial*」의 발행을 맡게 되었고 함께 편집했다(총책임은 소로가 맡았다). 결과물은 신통치 않았다(오타와 인쇄 오류가 수도 없이 많았다). 하지만 에머슨의 무언의 지지를 등에 업고 소로는 10월호에 시 여덟 편을 실었다.

타인과 "의식적으로" 일하는 것이 언제나, 누구에게나 자연스러운 방식은 아니다. 인간은 이기적이고 변덕스러운 동물이며 사회와 경제 시스템도 인간의 그런 본성을 다잡아 주지 못한다. 소로의 시가 출간된 뒤에, 그리고 마거릿 풀러가 출간을 묵인한 에머슨을 들볶은 뒤에, 에머슨은 제자의 글에 대해 입장을 바꾸어 일기에 "아직 순도가 높지 않은 금"[6]이라고 적었다. 소로는 에머슨의 평가에 실망을 금치 못했다. 우정이 정직하고 상냥한 태도에서 나온다는 에머슨의 말은 유명하지만 에머슨은 가끔 상냥하지 못할 때가 있었다. 그럴 때면 다른 동료들, 이 경우에는 리디언 에머슨이 소로의 편에 섰다. 남편에게 젊은 소로가 강연을 할 수 있게, 지식으로 먹고살 수 있게 가르침을 주라고 한 것이다. 그런 일은 일어나지 않았지만 소로가 마침내 월든에서 살아야겠다고 결심했을 때 의논한 상대는 에머슨이었고 호수 옆 땅을 빌려준 사람도 에머슨이었다. 소로가 1853년 의지를 상실하고 일조차 찾지 못했을 때 에머슨은 소로와 엘러리 채닝에게 100달러를 주고 셋이서 『시골 산책*Country Walking*』이라는 책을 공동 집필하자고 했다. 이들 동료들은 언제나 협업을 생각하고 있었다.

에머슨이 소로의 장례식에서 했던 추도사에는 소로에게 야망이 없었다는 에머슨의 생각이 뚜렷하게 드러나지만 그와 동시에 곁에서 수년 동안 함께 일했던 한 사람에 대한 깊고 한결같은 존경심도 담겨 있다. "이 나라는 얼마나 훌륭한 아들을 잃었는지 아직도, 조금도 깨닫지 못하고 있습니다. 그가 그 어느 누구도 끝낼 수 없는 일을 망가진 채 남겨 두고 떠났다는 사실은 큰 손해입니다."[7] 흥미롭게도 소로의 일은 그 자신만의 일이었다. 하지만 의식적으로 함께 일했던 동료들이 없었다면 결코 그런 방식으로 꽃피울 수 없었을 것이다. 소로의 일, 즉 "의식적으로 사는 일"은 비슷한 시도를 했던 다른 사람들에게 지지를 받았다. 에머슨만이 아니었다. 의식적으로 살았던 수많은 사상가이자 노동자들은 책 속에 살아 있었다. 소로는 이를 잘 알고 있었고 끊임없이 원군을 찾아 먼 과거로 향했다.

그리스 시인 호메로스, 로마 시인 베르길리우스, 베다 경전의 저자들을 비롯해서 수많은 사람들의 도움을 받아 소로는 필요한 일을 할 수 있었다. 그들 또한 소로의 동료였다. 소로에게 역사는 살아 움직인다. 과거와 현대의 진실은 결코 모순되지 않는다. "동양"과 "서양"도 그토록 다르게 느낄 필요가 없다. 소로는 일기에 이렇게 적고 있다. "세계사를 읽다 보면 한 세기는 아무것도 아니라고 느껴진다. 우리는 헤로도토스가 100년 전의 일을 우리와 달리 아주 오래된 옛날처럼 느끼지 않았을 거라고 생각한다. 우리는 기원전 500년 즈음에 살았던 모든 로마인들이 서로를 동시대인으로 느꼈을 것으로 착각한다. 하지만 시간은 그때도 지금도 동일한 속도로 신중하게 움직인다."[8] 소로는 이어서 서기 79년에 죽은 대 플리니우스를 언급한다. 그는 생전에 가이우스, 티베리우스 그라쿠스, 키케로, 아우구스투스, 베르길리우스 등 고대의 인물들에 대한 생각을 남겼다. 고대 사람들도 우리처럼 그들의 선조를 상상하려고 애썼고 우리의 후손도 그럴 것이다.

소로는 우리의 상상력이 부실하다는 사실을 이야기하면서 "우리들의 상상력으로 200년 전은 2000년 전과 크게 다르지 않다"고 적었다.[9] 가령 고대 이집트에 대해서 생각할 때 우리는 수천 년 단위로 흘러가는 지질학적 깊은 시간deep time의 진정한 의미를 잘 체감하지 못한다. 하지만 우리는 자연에 대한 지속적이고 창의적인 생각을 통해 이 무거운 시간의 더께를 하나씩 걷어 낼 수 있다. 좀 더 예리한 통찰과 강렬한 호기심이 있으면 죽은 사람이든 산 사람이든 타인의 삶을 더 생생하게 느낄 수 있다. 루크레티우스, 마르쿠스 아우렐리우스, 아우구스투스, 그리고 사도 바울이 살았던 시점은 기자Giza의 대피라미드가 건설된 시점보다 우리와 더 가깝다. 이렇게 생각해 볼 수도 있다. 기자의 대피라미드가 완공되었을 때 북극해의 브란겔섬에는 여전히 소수의 매머드가 살아 있었다. 월든에서 소로가 하곤 했던 이런 유희적인 상상은 우리를 잠에서 깨운다. 죽은 자들도 정신이 번쩍 들 것이다. 소로는 상상력을 재차 발휘하며 역사의 매 순간을 새로이 생생하게 느끼고자 했다. "지구는 책장처럼 겹겹이 포개어져 주로 지질학자나 골동품 연구가들의 연구 대상에 그치는, 단지 죽은 역사의 단편이 아니다. 나무에서 잎사귀가 나오고 이어서 꽃과 열매가 뒤따르듯 살아 있는 시 같은 지구는 화석이 아니라 생명의 지구이다."[10]

하지만 여기에는 정반대의 위험도 동일하게 존재한다. 현재의 삶을 망각할 위험이다. 과거의 신성한 아우라가 현재에도 동일하게 적용될 수 있다는 생각은 소로의 작업에서 중요한 주제다. 우리는 고대의 세계와 심지어 미래의 세계까지도 대단한 것으로 오해하면서 동시대의 삶이 가진 성스러운 풍요로움을 얕잡아 본다. 우마이야 칼리파국의 기세등등하고 압도적인 성장에 비하면 우리 시대는 지극히 따분하고 흐리멍덩한 오점이다! 여기 앉아서 넷플릭스나 보는 대신 스키피오 아프리카누스가 카르타고를 상대로 싸워 승리하고 로마로 돌아오는 모습을 목격할 수 있다면! "우리는 현재와 현재 벌어지는 일들을 왜 상식과 이성으로만 인식하고, 그래서 단조롭고 황량하다고 느끼는 걸까? 우리 앞의 공기는 후광도, 푸른 법랑의 빛깔도 띠지 않는 것 같다. 반면 과거나 미래의 일이라고 하면 즉각 이상적으로 보인다."[11] 남의 역사가 더 커 보이는 법이다. 사람에 대한 시각도 마찬가지다. 과거 사람들은 "더 강인하고" "더 윤리적"이거나 "어쨌든 지금보다 나았다"고 우리는 생각한다. 반면 우리 주변 사람들은 그들에 비해 가여울 만큼 인간적이다. "이 사람들 또 시작이네. 에도 시대에 태어나 사무라이들과 함께 살았다면 얼마나 좋을까!"

소로는 과거도 현재도 깨인 눈으로 바라보고 과거 안에 살아 있는 현재, 현재 안에 살아 있는 과거를 느끼라고 권유한다. "시인의 능력은 현재의 사물을 멀리 있거나 보편적으로 유의미하다고 보는 능력이다. 같은 의미에서 과거와 미래의 사물도 그런 눈으로 본다."[12] 우리의 시적인 재능을 발휘함으로써, 운율을 맞추거나 하이쿠를 쓰는 게 아니라 현재에 성스러운 의미를 부여함으로써 우리는 우리 자신과 동시대 사람들을 고결한 존재로 볼 수 있다. 나아가 좀 더 나은 삶을 위해 온 시대와 온 지역 사람들과 함께 일할 수 있다. 비옥한 상상력을 가지면 키케로와 베르길리우스도 우리의 동료가 될 수 있다(베르길리우스를 부활시켜 지옥을 안내하게 만든 시인 단테를 생각해 보자). 우리 손으로 동료를 선택할 수 있다는 말이다. 우리가 일터에서 만나는 동료들은 아주 작은 일부분에 불과하다. 나머지는 도처에 있다. 온 지구에 있고 매 시대에 있다.

✳

점잔 떠는 이야기는 이제 그만하자. 우리 두 저자 주변에는 온갖 다양한 직장에 출근 도장을 찍는 월급쟁이들이 많다. 그래서 아무리 연봉이 높고 편안한 일이라도 동료 직원을 잘못 만나면 살아 있는 지옥이 된다는 사실도 잘 안다. 굳이 사탕발림할 이유는 없다. 그러니 일단 고백한다. 소로는 그렇게 원만한 사람은 아니었다. 실은 대놓고 불쾌감을 주는 사람이기도 했다. 소로의 친구였던 너새니얼 호손은 이렇게 썼다. "소로가 올곧고 양심적이며 용감한 사람이라는 말을 하지 않을 수 없다. 그가 누구보다 고결한 사람이라는 생각을 하지 않는 것은 불가능하다. 하지만 원만하게 지낼 수 있는 사람은 아니다. 돈이 있거나 집이 있어도, 외투가 두 개만 되어도, 대중이 읽고 싶어 하는 책을 써도 소로 앞에서는 부끄러움을 느끼게 된다. 소로 자신의 삶의 방식이, 세상이 용인하는 다른 모든 삶의 방식에 대한 거침없는 비판이기 때문이다."[13] 소로는 주변 사람들을 좋아하지 않는 경우가 많았고 자신도 미움을 받곤 했다. 그렇다면 소로는 일터의 동료와 어떻게 지내야 한다고 생각했을까?

일단 대부분의 노동자들이 같은 부서에서 일하는 동료에 대해 불만을 가지지 않을 수 없다는 점은 당연해 보인다. 게다가 그런 막되어 먹은 자들은 꼬리를 물고 들어오고 꼭 내 부서로 들어오며 꼭 내 교대 시간에, 내 구역에 배치된다. 소로는 충분한 카타르시스의 기회를 제공한다. 그 덕에 우리는 선택의 여지가 있다면 절대로 함께 일하지 않을 사람들에 대해서 시원하게 감정을 토로할 수 있게 된다. 우리가 알고 있지만 입에 담지 않는 사실을 소로는 노골적으로 표현하고 있기 때문이다. 그놈들은 멍청이라고 말이다. "우리가 돌에 빗대는 우둔하고 무딘 사람은 사실 돌보다 더 무디다. 나는 거칠고 우둔하며 무딘 사람들에게 어떤 연민도 없으며 차라리 비교적 유연한 마음을 가진 돌과 이야기하겠다."[14] 카타르시스도 좋지만 소로는 우리가 동료에게 기대할 수 있는 것이 무엇인지 생각해 보게 한다. 그것은 늘 명백한 의도가 담긴 지지와 배려만은 아니다. 의식적으로 타인과 일을 할 때는 마찰이 생길 수 있고, 심지어 필요하다.

에머슨의 말에 따르면 소로는 논쟁을 낙으로 삼았다. "마치 반대하는 사람이 있어야 제 본모습을 찾을 수 있다는 듯 오류를 드러내고 실수를 조롱하고 싶어 했습니다."[15] 이 추도사에서 에머슨은 또 다른 동료의 말도 인용한다. "소로를 사랑하지만 좋아할 수는 없습니다. 그 친구와 팔짱을 끼느니 느릅나무의 가지를 붙잡겠다고 생각했습니다."[16] 소로는 결혼을 하지 않았고 자녀도 없었기에, 부모가 되거나 사랑해서 한

쌍이 되는 데서 오는 성숙함이 있다면, 소로에게 그런 성숙함은 없었다. 이런 이유에서 소로가 친구나 동료와의 관계에 대해서 말할 자격이 없다는 생각이 든다면, 소로를 높이 평가하기는커녕 그에게 동의하기도 어렵게 느껴지는 사람이 있다면, 소로는 바로 당신 같은 사람을 호숫가 집에 초대하고 싶어 할 것이다. 자신에게 무조건 동조하는 사람은 원치 않을 것이다. 소로는 마치 소크라테스처럼 당신 같은 사람과 논쟁하고 싶어 할 것이다. 그런 의미에서 소로는 최초의 눈엣가시 소크라테스를 닮고자 했다. 아테네를 맨발로 활보하고, 논란의 여지는 있지만 자발적으로 가난을 택했던 바로 그 소크라테스 말이다.

소로는 성가신 문제 제기를 멈추지 않았던 역사상 수많은 등에 가운데 하나였다(끊임없는 문제 제기를 통해 상대가 깨어 있도록 한다는 의미에서 많은 철학자들이 등에라는 별명을 얻었다. 소크라테스도 아테네를 위해 신이 보낸 등에라고 스스로 말했다-옮긴이). 건설적인 비판, 진심 어린 평가가 필요하지 않다는 결론에 이르렀다면 소로라는 귀찮은 존재가 필요 없는 사람이다. 하지만 소로를 견딜 수 있다면 보상이 따른다. 그런 면에서 소로는 운동과 비슷하고 밥값을 하는 동료와도 비슷하다. 바로 그 불편함이 소로의 삶과 글이 가진 매력이다. 소로는 "좋은 게 좋은 것"이라는 모든 무언의 규칙을 꼬치꼬치 캐고 또 파고들었다. 소로는 내가 용기만 있었다면 상사와 동료들에게 하고 싶었던 말을 대신 해 준다. 1999년작 코미디 영화 「오피스 스페이스」가 있기 전에 소로의 『월든』이 있었다고 말할 수 있다. 단조로운 사무직 업무 전반에 대한 풍자를 담은 「오피스 스페이스」에서 주인공 피터 기븐스는 시험 절차 보고서, 가사, 팩스, 전화

등이 밀물처럼 들어오는 와중에 모든 걸 그저 내려놓는다. 기번스는 상사들을 대할 때, 무엇보다 두 기업 "컨설턴트"(다시 말해 구조 조정 전문가)와 하는 면접에서 지극히 솔직하게 말하면서 폭소를 자아내고 결국 승진하게 된다. 우리도 직장에서 그렇게 뻔뻔하게 행동하고 싶은 마음이 있기 때문에, 그렇게 자유롭고 편안하고 독립적인 자아를 드러내고 싶기 때문에 함께 웃는다. 그리고 그런 동료를 만나면 말없이 미소 지으며 소로가 「걷기」에서 했던 말을 떠올린다. "나는 온순한 사람들이 아니라 길들여지지 않은 사람들을 친구로, 이웃으로 두고 싶다."[17]

*

동료들에 대해 뭐라고 말해도, 아무리 열심히 욕해도 평생을 동료 없이 살 수는 없을 것이다. 이것은 분명 다행스러운 일이다. 소로는 노동조합 운동의 태동기에 살았다. 소로가 참여한 지하철도 운동은 노조 활동의 가장 급진적인 형태로 모든 노동자가 피부색과 혈통을 막론하고 충분히 존중받아야 한다는 생각이 깔려 있었다. 일터는 의미 있는 삶의 배경일 수 있지만 착취와 억압의 온상일 수도 있다. 소로가 노예들의 삶을 걱정한 것은 단지 노예들이 끔찍한 학대를 당하고 모욕적인 상태에 있었기 때문만이 아니라 노예들이 강요받았던 노동, 그 노동이 노예들의 몸과 마음에 끼친 영향 때문이었다.

동료들은 내 뒤를 봐줄 수 있다. 같이 맥주를 마시고 상사를 비웃을 수 있다는 의미에서만은 아니다. 노동이 종종 횡재처럼 느껴질 수 있는 것은 사실이다. 특히 현금 지급기에 "잔액 부족"이 깜빡일 때는 더욱 그렇다. 사탄은 나태한 사람을 노린다고 하지 않는가. 하지만 노동은 몹시 괴로운 것이며 소외와 인간성의 말살을 가져올 수도 있다. 동료들은 두 철학자가 굳이 말해 주지 않아도 이를 알고 있다. 두 철학자보다 당신의 동료가 당신의 근무 환경에 대해 더 잘 알고 있다. 몸소 경험하고 있기 때문이다. 동료들에 대해 무슨 말을 해도 좋지만 결정적인 순간 동료들은 당신을 살릴 수 있다. 죽고 싶다는 생각을 하지 않게 도와줄 수 있다. 빈말이 아니다. 소로와 동시대에 살았던 독일 철학자 아르투어 쇼펜하우어가 말했듯 동료는 "불행의 동반자"이다.[18] 동료들은 정말로 우리가 고단한 인생을 살아갈 수 있게 돕는다. 소중하지만 때로는 귀찮은 동행으로 우리 곁에서 근근이 살아가는 존재들이며 아무리 못해도, 철저한 고독이라는 난관을 함께 헤쳐 가는 사람들이다.

노자의 도덕경에는 소로가 기꺼이 동의할 만한 고독에 대한 생각이 담겨 있다.

> 범인은 고독을 싫어하지만
> 성인은 이를 방편으로 삼아
> 외로움을 기꺼이 받아들이고
> 우주 전체와 하나임을 깨닫는다.[19]

겉보기에는 고독을 권장하는 것처럼 보이고 부분적으로는 맞지만 더 자세히 들여다보자. 노자는 고독으로부터 배우는 심오한 포용성을 향해 손짓한다. "우주 전체와 하나임을" 깨닫게 된다. "우주 전체"에는 저마다 매일 반복되는 지루한 노동을 버티는 동료들이 불가피하게 포함되어 있다. 노자, 그리고 소로의 관점에서 우리는 우리의 동료와 하나다. 이 다음에 동료를 만나면 그렇다고 말해 주면 어떨까.

10

보람 있는 일

일터에서 내가 쓰고 있는 시간은 다름 아닌 내 삶이기 때문이다.

"저는 제 일이 싫어요."
"저는 상사가 싫어요."
"저는 직장에서 제 모습이 싫어요."
"일은 짜증 나요."

아마 이 시점에서 독자들은 우리 친구 소로가 어떻게 목적이 이끄는 삶을 살게 해 줄 것인지 딱 잘라서 설명해 주길 바랄 것이다. 미안하지만 그럴 수는 없다. 일터 혹은 삶에서 영원한 의미를 찾게 도와줄 묘약은 없다. 적어도 우리는 발견하지 못했다. 우리가 헨리 데이비드 소로에 끌린 것은 그가 유머와 연민을 동원해 현대 사회의 일터에서 발생할 수 있는 실존적 재앙에 대해 일관적으로 경고하고 있기 때문이다. 소로는 소크라테스의 다이몬, 그러니까 소크라테스의 머릿속에서 무엇을 해서는 안 되는지 속삭였던 작은 영혼의 목소리 같다. 이 책을 시작할 때 우리는 소로의 관점에서 일터에서 "해야 할 것과 하지 말아야 할 것"에 대해 쓰고자 했다. 하지만 "하지 말아야 할 것"이 "해야 할 것"보다 많은 것 같아 보인다는 사실은 충분히 인정한다. 부도덕한 일을 피하고, 의미 없는 일을 피하며, 돈을 숭배하지 말아야 한다. 죄다 피할 것투성이이다. 하지만 소로를 즐거움이라고는 모르는 잔소리꾼이라고 생각하는 대신, 우리가 일과 좀 더 의미 있는 관계를 가질 수 있도록 안내하는 쓸모 있는 표지판을 그가 세우고 있다고 생각해 보자. 이것이 우리의 궁극적인 바람이다. 이제 일터에서의 고된 노동에서 오는 보람에 대해 마지막으로 몇 마디 하고자 한다.

＊

소로의 대걸작은 『월든』이 아니라 그가 20년 넘게 쓴 일기였다. 분류가 불가능한 이 방대한 일기는 삶과 죽음을 통해 소로가 드러낸 존재감을 어렴풋이 반영한 그림자 같은 것으로서, 삶이라는 일을 어떻게 관리해야 하는지에 대해 단서를 제공한다. 소로에게도 일기를 쓰고 싶지 않은 날이 있었다는 사실은 명백하다. 짧게 쓰거나 전혀 쓰지 않은 날도 있다. 하지만 소로의 진정한 소명이 날마다, 달마다 소로를 거듭 불러들인다. 소로에게 일기를 쓴다는 결정은 19세기 실용주의 철학자 윌리엄 제임스가 말한 "중대한" 선택이었다. 중대한 선택은 지극히 특별한, 고유의 선택이며 나의 삶에 정확히 맞추어져 있다. 소로의 일기는 다른 누구도 쓸 수 없었을 것이다. 내가 가장 의미 있다고 여기는 일은 그 어느 누구도 대신 할 수 없다. 의미 있는 일을 할 때는 우주가 나를 위해 정해 둔 일을 하고 있다는 느낌을 받는다. 우리가 (우리 선택에 따라) 학생들을 가르치는 것은 수입이 짭짤해서가 아니라 우리가 학생들에게 제공하는 것이 오직 우리만 줄 수 있는 것이라고 생각하기 때문이다. 그것은 어떤 사고방식일 수도 있고, 학문적인 내용에 대한 경의일 수도 있고, 해당 주제에 대해서 우리만이 갖고 있는 애착일 수도 있다.

의미 있는 일은 정의상 대체 불가능한 일이다. 다른 사람이 마찬가지로 잘 할 수 있는 일이 아니다. 물론 더 잘 가르치는 교수들도 있겠지만 결코 우리가 하는 그런 강의를 할 수는 없을 것이다. 이 점도 짚고 넘어가야 한다. 중대한 결정이란 인생을 바꿀 결심 없이는 내릴 수 없는 결정이다. 반대로 의미 없는 일은 거의 언제나 사소한 결정과 관련이 있다. 제임스의 말에 따르면 "판돈이 미미하거나 이후 현명하지 못한 결정임이 밝혀졌을 때 뒤집을 수 있다면 그 기회는 둘도 없는 고유한 기회가 아니다".[1]

소로에게 한 장 한 장 자신의 생각을 기록하는 일은 중대한 일이었다. 소로는 "일기는 모든 기쁨, 모든 희열을 담게 될 책"[2]이라고 설명했다. 펜실베이니아주 중부의 작은 마을 출신인 약사 폴은 가족을 부양하기 위해 일을 하다 죽을 뻔했음에도 직원들에게 "일 속에 나를 집어넣어야" 한다고 말했다. 그저 "열심히 일해야" 한다는 말이었겠지만 소로는 폴의 충고에 담긴 좀 더 심오한 지혜에 주목했을 것이다. 의미 있는 일은 우리가 자기 자신을 온전히 그리고 단호히 내던질 수 있는 일이며 그로써 자신을 찾을 수 있게 한다. 소로의 일기를 열면 소로라는 인간,

아니 소로의 삶을 발견할 수 있다. 거기에는 삶의 활기뿐만 아니라 어둠도 있다. 소로의 일기는 기쁨과 감사의 기록이자 슬픔과 후회의 토로이기도 했다. 그러나 전체를 통틀어 그것은 삶의 기록이자, 한 인간이 무엇이 뜻깊고 두렵고 신성한지 고민한 결과였다. 어떤 직업 분야에서든 절정에 이른 노동은 이런 식의 기록을 남긴다.

다시 말해 의미 있는 일은 철저히 개인적이다. 너무 당연해서 말이 필요 없다고 느껴질 정도다. 학생들이 빈정대는 소리가 들리는 것 같다. "그렇죠, 내가 일할 때 일을 하는 건 바로 나 자신이니까요. 당연한 거 아닌가요." 하지만 장담하건대 수많은 노동자들이 근무 중에 자신을 잊고, 자기를 잃어버린다. 결코 아름답고 신비로운 방식으로 잊는 게 아니다. 하찮은 업무를 마치고 난 뒤에야 그동안 다른 데 정신이 팔려 있었다는 사실을 깨달은 적이 많지 않은가? 의미 있는 일의 즉시성에 대해서는 잠시 후 다루겠지만 여기서는 그런 의미가 아니다. 훨씬 단순하다. 의미 있는 일을 선택한다는 것은 일을 자신의 표현 수단으로 본다는 것이다. 소로는 모든 글을 쓸 때 이런 느낌을 받았지만 일기를 쓸 때 특히 그랬고 이렇게 결론지었다.

가장 잘 쓸 수 있는 만큼 가장 잘 살 수 있다.[3]

글쓰기는 소로가 깊은 애착을 가졌던 일이므로 이 말은 모든 의미 있는 일에 해당된다. 내가 가장 잘 그릴 수 있는 만큼, 가장 잘 변호하고 가르치고 조언하고 셈하고 건설하고 디자인하고 이끌고 치료하고 수리하고 청소할 수 있는 만큼 가장 잘 살 수 있다. 일과 인간 존재 간에는 말하자면 실존적인 연음 현상이 있고 소로는 이를 강조하고자 애썼다. 소로의 말은 단지 "나의 가능성을 최대한 발휘"할 의무가 있다는 말이 아니라 나의 천직이 곧 "나"에서 시작한다는 상냥한 깨우침이다. 일터에서 내가 쓰고 있는 시간은 다름 아닌 내 삶이기 때문이다. 소로에게 가장 의미 있는 일은 자신을 설명하는 일이었다. 1857년 10월 21일 소로는 일기에 이렇게 적었다. "시인은 결국 자서전을 쓰게 되어 있지 않을까? 좋은 일기를 쓰는 것만큼 중요한 일이 있을까? 우리는 시인의 상상 속의 영웅이 아닌, 현실 속의 영웅인 시인 그 자신이 어떻게 일상을 살아갔는지 알고 싶어 한다."[4]

다시 소로의 집필용 책상으로 돌아가 보자. 제롬 로렌스와 로버트 E. 리(로버트 E. 리 장군과는 무관함)가 공동 집필한 희곡 「소로가 감옥에서 보낸 하룻밤」 속의 인물 소로는 그를 취조하는 베일리에게 이렇게 말한다. "이름을 쓰면 문장을 쓰게 됩니다. 그러다 보면 단락이 만들어지고 또 그러다 보면 책을 쓰게 됩니다. 그러다 보면 그쪽도 나처럼 곤란한 지경에 이르게 될 겁니다."[5] 아주 진지하면서도 유머러스한 이 대사를 실존 인물 소로가 들었다면 높이 평가했을 것이다. 모든 의미 있는 업무는 비유적으로 혹은 글자 그대로 그 업무의 입구에 자기 이름을 적는 데서 시작한다. 그렇게 자기 것으로 만든 뒤 다음 입구로 걸어 들어가거나, 뛰어 들어가거나, 달려서 혹은 우당탕거리며 들어가는 것이다. 소로는 온갖 잡다한 일과 직무를 수도 없이 맡았지만 매번 조용하고 고집스럽게, "이 일은 내 일이다. 이 일은 나 자신의 일이다"라고 거의 기도에 가까운 주문을 외운 듯했다.

삶이라는 일에 대해 주인의식을 가지는 것은 쉬워 보일지 몰라도 자본주의 사회 속의 지겨운 일상에서는 결코 그렇지 않다. 그 어려움은 매사추세츠주 로렌스의 대형 건축 자재 매장에서 일하는 22세 크레그의 말에서 뚜렷하게 드러난다. "약에 취한 상태로 회사에 가요. 그렇게 하면 훨씬 견딜 만해요. 그러면 거기 있어도 있는 것 같지가 않아요. 아무도 눈치 채거나 상관하지 않아요. 일은 그냥 해야 하니까 하는 거죠." 2주 후 크레그는 직장을 그만두었다. 에머슨의 자립을 배우고 익히던 소로는 우리가 이 세상에서 일할 수 있는 시간이 매우 제한적이기 때문에 날마다 최선을 다해서 노력하고 자신을 표현해야 한다고 생각했다. 『월든』의 시작에서 소로는, 책에서 "나는"이라는 말이 생략되는 경우가 많지만 이 책에서는 생략하지 않을 것이라고 한다. 『월든』은 자기를 의식하는 사적인 글이며 1인칭으로 서술되어 있다. "내가" 중요하다는 사실을 당시의 문화, 우리의 문화 속에서 일깨워 주고자 했기 때문이다. "나는 일한다"에서 "나는"이 중요하다. 소로는 첫 번째 책 『콩코드와 메리맥강에서의 일주일』에서 수사적 질문을 던진다.

내가 나일 수 없다면 누구일 수 있겠는가?[6]

"나는" 잘 돌보고 키울 가치가 있는 존재이다.

*

여기서부터는 속도를 늦출 필요가 있다. 소로가 지지했던 특정한 종류의 개인주의는 오늘날 팽배한 물질적 이기주의와 전혀 다른 것이다. 나의 삶에서 내가 하는 일의 주인이 되고 나의 직업 인생을 내 뜻대로 만들어 가야 한다는 요청은, 사무실에서 이기적이고 막되어 먹은 사람이 되어도 괜찮다는 의미가 아니다. 오히려 내 일에 대한 책임을 져야 할 필요가 있다는 뜻이다. 소로는 보람 있는 일이 일하는 사람을 원만한 사람으로 만들어 줄 수 있다고 믿었다. 그래서 원만하고 건전한 사회에 참여할 수 있다고 생각했다. 이런 생각이 지나가 버린 옛 시대에 대한 향수를 불러일으킨다는 데는 우리도 동의하지만 어떤 시대는 재평가할 가치가 있다.

소로가 태어난 1817년 7월 12일에는 토머스 제퍼슨이 살아 있었다. 존 애덤스, 제임스 매디슨, 제임스 먼로, 존 제이를 비롯한 다른 건국의 아버지들(미국의 초기 대통령들을 비롯해 독립 선언에 관여했던 정치인들을 말함—옮긴이)도 살아 있었다. 아홉 살 생일을 맞이하기 열흘 전 어린 소로는 존 애덤스와 토머스 제퍼슨이 같은 날 죽었다는 소식을 들었을 것이다. 두 사람은 1826년 7월 4일, 독립 선언문 발표 50주년 기념일에 사망했다. 10년 후, 열아홉 번째 생일을 한 달 앞두고 소로는 "헌법의 아버지" 제임스 매디슨이 사망했다는 소식을 읽었을 것이다. 과거의 혁명가들은 이제 사라지고 없었다. 지도력의 부재 속에서 여러 주들의 연합은 이제 걸음마를 떼고 유년기로 들어가고 있었다. 소로의 일생 동안 미국은 의식적으로 그리고 열정적으로 "좀 더 완벽한 연합"을 추구했다. 미국인들은 새로운 본보기, 새로운 모험과 아이디어를 찾아 온 사방을 뒤졌다. 하지만 무엇보다 미국인들은 성장하고 건설하고 싶어 했으며 동시에 유례없는 활기를 띠며 노동하고 있었다.

미국이 영감을 찾아 주목한 유럽 국가는 바로 독일이었다. 1800년대 초반 약 20년간 빌헬름 훔볼트는 독일 지식 활동의 중심이었던 베를린대학교에서 새로운 교육 전망을 설계하고 실행했다. 빌헬름 훔볼트는 소로가 탐독하기도 했던 유명한 박식가 알렉산더 폰 훔볼트와 형제지간이다. 훔볼트의 전망의 핵심에는 빌둥Bildung이라는 개념이 있었다. 초반에 이 개념을 지지했던 사람들에게 빌둥은 지도에 따른 자기 수양을 통한 지성의 조화로운 성장을 의미했다. 단순 암기나 권위에 의한 협박, 혹은 마이크로매니지먼트가 최선의 학습 방법은 아니다(현장에서 이루어지는 업무 교육은 이런 방법에 지나치게 의존하는 경향이 있다). 오히려 이런 방식은 우리를 숨 막히게 한다. 우리는 대개 학습과 일에 관해 창의적으로 책임질 때 가장 잘 배우고 일한다. 헤르더, 괴테, 피히테 등의 독일 사상가들은 이런 자율성과 개인의 성장에 새로이 주목하자고 주장했다. 그들은 "진정한 도덕성의 제1법칙은 자기 자신의 수양에 힘쓰는 것"[7]이라고 말한 훔볼트의 주장에 동의했을 것이다. 그리고 이런 사고방식은 의미와 일에 대한 소로의 생각에도 직접적인 영향을 끼쳤다.

소로의 시대에도 우리의 시대에도 교육이 직업을 결정하는 경우가 흔하다. 하지만 소로는 교육뿐만 아니라 일이 청년을 원만하고 어엿한, 아름다운 성인으로 자라도록 돕는다고 생각했다. 소로의 시대에 미국

대학 시스템은 훔볼트의 생각을 받아들였지만 모든 세부적인 사항을 도입한 것은 아니었다. 그러나 딱히 의식적으로 그렇게 한 것은 아니지만 "콩코드의 현인", 즉 에머슨에게 영향을 끼치기에는 충분했다.

사상은 유기체와 닮아 있다. 이주가 일어나면 변이도 발생한다. 에머슨은 유럽인들로부터 자기 수양의 횃불을 전달받아 미국화했다. 에머슨이 그린 빌둥은 훨씬 더 반항적이었기에 반란군의 자녀와 그 자녀 세대에 더 어울렸다. 에머슨은 개인을 훨씬 더 핵심에 놓았고 자기 수양의 목표를 훨씬 더 높게 잡았다. 노동의 산물, 일의 수준, 노력의 결과 등은 자기 자신이 되어 가는 일에 비하면 부차적이라고 에머슨에게 깊은 영향을 받았던 독일 철학자 프리드리히 니체도 말했다.[8] 노동은 자아를 꽃피우고 강인하게 만드는 데 기여할 수 있는 한에서 의미 있지 그 반대가 아니라는 말이다. 에머슨에게 빌둥은 우리 자신보다 더 높거나 멀리 있는 무언가를 위해 존재하지 않는다. 예수님이 안식일에 대해 했던 말("안식일이 사람을 위해 생겼지 사람이 안식일을 위해 생긴 것이 아니다"[9])이 노동에 대한 에머슨과 소로의 생각에 가깝다.

소로와 동시대를 살았던 노동자 사상가들은 자기 수양과 국가의 성장을 동일하게 여겼다. 건국 초기였기 때문에 달리 생각할 수가 없었다. 자유 시민들은 월트 휘트먼이 말했듯 저들이 "민주주의의 전경"[10]을 내다보고 있다고 생각했다. 그곳은 신세계였지만 더욱 새로워질 수 있었다. 그러나 소로의 민주주의 전경은 동시대 사람들과 달리 1할은 가꾸어져 있고(자기 수양을 뜻하는 'self-cultivation'에서 'cultivation'은 식물을 돌보고 기르는 일, 즉 경작을 의미하기도 한다 – 옮긴이) 9할은 가꾸어져 있지 않았다.

소로는 이 상태가 유지되어야 한다고 생각했다. 「걷기」에서 소로는 딱 잘라 말한다. "내가 기이하다고 생각할지 몰라도 인간의 기술이 적용된 가장 아름다운 정원이 있는 곳에 살거나 암울한 늪에 살 수 있다고 한다면 나는 분명 늪을 택할 것이다. 동료 시민들의 그 모든 노력이 나에게는 아무 의미가 없다! 내 정신은 겉보기에 황량한 곳에서 더욱 확실하게 떠오른다. 바다를, 사막을, 황무지를 달라! 사막에는 물과 비옥한 흙이 부족하지만 맑은 공기와 고독이 보상이 된다."[11]

소로는 베르사유의 정원을 만든 깔끔하고 기하학적 감각 대신 늪을 선호한다. 이것은 지나친 수양에 대한 소로의 경고이다. "우리는 오래되어 쿰쿰한 치즈 같아서 쉽게 상할 수 있다"[12]고 소로는 말한다. 일은 우리 안의 황무지를 죽여서는 안 되고 우리 밖의 황무지를 죽여서도 물론 안 된다. 일터에서 자기 수양, 빌둥의 길을 추구하는 것은 "직업 능력 개발"이나 멘토링, 더 구체적인 자격증을 따는 일과는 다르다(물론 이런 게 꼭 나쁘다는 것은 아니다). 오히려 빌둥은 직무의 범위 바깥에 있는 직업 관련 활동에서 구현된다. 여러 대기업의 사내 연수 프로그램, 가령 업종 내의 광범위한 문제들을 "해결"하려고 시도하는 기업 후원 행사들은 실제로 이런 개인적 성장이라는 목표를 꽤 효과적으로 달성한다. 연수원들은 종종 아름다운 장소에 있고 직원들에게 딱히 주제가 없는 대화를 할 시간을 제공한다. 직원들은 회사가 지불한 돈으로 원하는 여가 활동을 할 수 있고 자유로운 표현도 권장된다. 딱히 소로적이라고 할 수는 없지만 빌둥의 목표는 회의실 등의 지옥에서 벗어나 신선한 공기, 햇볕, 바깥의 기운을 역동적인 성장을 위한 마음가짐으로 전환하는 것이다. 소로는 기업 연수가 결국 수익 향상이 목적인 만큼 아마 이런 식의 프로그램 자체를 위선적이라고 할 테지만 근로자들이 그런 환경에서 의미를 찾고 성장할 수 있다면 아마 소로도 그 점은 받아들일 수 있을 것이다.

성장을 단순한 변화와 혼동해서는 안 된다. 직장을 바꾸고 동료를 바꿔도, 역할과 책임을 바꾸고 사무실과 회사를 바꿔도 결코 성장하지 못할 수도 있다. 성장은, 빌둥에서 필요로 하는 종류의 성장은 내가 설정하는 목표에 부합하는 나의 모든 능력을 수양하는 것이다. 목적이 이끄는 삶은 어떤 목적을 추구하고 싶은지 먼저 결심하고 그 목적의 추구를 허용하는 기회를 탐구함으로써 시작할 수 있다. 글을 쓰는 사람을 예로 들자면 특정한 능력과 기술이 퇴화되도록 내버려두기가 쉽다. 사교적 능력이 떨어지고 등 근육이 아프며 시력은 약해지고 편두통도 심해진다. 진정한 (하지만 대개 그저 상상에 그칠 뿐인) 천재성을 발견하기 위해 영양 섭취를 소홀히 하기도 한다. 이런 불균형은 노동자가 자기 수양의 북극성을 놓쳤다는 첫 번째 신호이다. 반면 희미하지만 언제나 식별 가능한 성장의 길에서 절대로 곁길로 새지 않는 노동자들도 있다.

매사추세츠주 콩코드의 자매 도시인 칼라일에는 소로가 "문명은 멀지라도 자연은 가까운 숲의 도시"[13]라고 불렀던 마을이 있다. 이 마을 중심에 있는 회전 교차로에는 외벽이 노란 판자로 된 건물 펀스가 있다. 시골에는 죽을 운명을 거부하는 가게들이 있는데 펀스가 그렇다. 눈보라 치는 와중에 우유가 필요하다면 주인 매트가(의용 소방대원이기도 하다) 배달해 주고 차고 앞 눈까지 치워 줄 것이다. 돈을 지불하려고 해서는 안 된다. 돈이 필요하거나 돈을 원해서 한 일이 아니다. 매트가 일을 하며 성장하고 있다고 추정해 볼 수 있지만 확신할 수는 없다. 직원 글로리아의 경우는 확신할 수 있다. 글로리아는 이 가게의 심장이자 영혼이다. 펀스는 오전 6시에 문을 연다. 글로리아는 이보다 2시간 먼저 일어난다. 그것도 매일. 펀스에는 아침 일찍부터 커피를 마시고 도넛을 먹고 머핀을 꿀꺽하고 크루아상을 우적우적하는 사람들로 붐빈다. 글로리아는 그 사람들 모두에게 먹을 것과 마실 것을 준다. 글로리아의 일은 언뜻 보면 아주 고된 일처럼 보이지만 펀스에서 글로리아는 분명히 성장하고 있다. 모든 방면으로 성장하고 있다. 글로리아는 어느 날 아침 이렇게 얘기했다.

"여기 오는 사람들이 좋아요. 손님이 별로 없을 때는 책을 읽을 수도 있어요. 여긴 냄새도 좋아요. 그리고 함께 일하는 사람들도 마음에 들어요. 제가 안 하면 이 쿠키와 머핀을 누가 만들겠어요. 제가 볼 땐 맛이 아주 괜찮은 것 같아요. 처음 일을 시작했을 때에 비하면 훨씬 나아요."

글로리아가 마지막에 한 말은 분명한 사실이다. 하지만 매일 아침 말도 안 되는 시각에 일어나는 건 어떨까?

"해 뜨는 걸 볼 수 있어요."

글로리아가 해탈의 경지에 오른다는 보장은 없지만 누가 알겠는가? 노동으로 힘겹게 삶을 살아 내는 인간이 이를 수 있는 최고의 경지는 이 정도일지 모른다. 소로가 『월든』의 마지막에 썼듯이 우리는 언제나 눈을 뜨고 새벽을 맞이해야 한다. 새벽은 분명히 오기 때문이다. 그 새벽은 실제로 일출의 형태로 올 수도 있고 새로운 손님의 인사로 올 수도 있으며 빵 굽는 냄새로 올 수도 있다.

＊

　오늘날 소로적인 노동자는 많을 테지만(그러길 바란다) 가슴 아프게도 우리가 아는 사람 중에는 별로 없고 글로리아 같은 사람만 떠오른다. 또 한 사람이 있다면 더글러스 랜드 앤더슨이다. 학생들이 닥터 에이라고 불렀던 앤더슨은 철학 교수였고 돈에 대한 집착이 심한 시대였던 1980년대에 헨리 데이비드 소로에 대한 기억이 사라지지 않게 애쓴 몇 안 되는 학자였다. 하지만 이것이 앤더슨을 소로적인 노동자로 만든 것은 아니다. 앤더슨의 삶이 소로의 삶과 닮아 있다면 그가 가죽 공장에서 일하면서 손으로 가죽을 벗기고 말리고 무두질했기 때문일 것이다. 앤더슨은 공장에서 받은 보잘것없는 급여를 가지고 뉴햄프셔주 남부의 작은 마을을 전전하며 삶에 필수적인 것들을 최대한 확보했다. 가죽 공장에서 시작해 배관공을 거쳐 건설업에 종사하다가 글을 쓰고 학생들을 가르쳤으며 마지막에는 다시 글쓰기로 돌아왔다. 알고 보면 평생 글을 썼다. 코네티컷주 시골에서 60대를 보내고 있는 앤더슨은 목재 공장에서 일용직으로 일하기도 하고 아내의 초콜릿 사업도 도와주는데 이 중 어느 것도 수입이 짭짤하다고는 할 수 없다. 이렇게 살면서 그는 (소로처럼) 독일어와 라틴어, 희랍어를 공부했고 지혜에 대한 사랑(철학*philosophia*의 원뜻─옮긴이)에 대해서라면 우리보다 많이 안다. 그리고 보면 아이비리그 대학의 그 어느 석좌 교수보다 많이 알 것이다. 소로적인 노동자인지는 몰라도 소로적인 인물임은 분명하다. 친구들에게 "무스", 즉 큰사슴이라는 별명으로 불러도 좋다고 허락한 바 있는 앤더슨에게 우리는 소로적인 일, 의미 있는 일이 어떤 것인지 설명해 달라고 부탁했다.

"의미 있는 일이란 끝에 가서, 다 끝낸 뒤에 만족스러운 일이지요."

그렇지만 "만족스럽다"는 기분은 어떤 기분일까?

"하루도 낭비하지 않았다는 기분이죠." 앤더슨은 잠깐 멈추었다가 말을 이어 갔다. "1시간도 낭비하지 않았다는 기분입니다. 어떤 고상한 지점에 다다랐다는 감정이 아니에요. 몸과 지성을 같이 쓰는 일이어야 합니다. 나의 온 존재를 써야 해요. 돈에 대해서는 나바호 원주민들과 같은 생각입니다. 돈을 좇고 있다면 잘못된 것입니다. 돈은 의미 있는 일의 부산물이 되어야지 궁극적인 목표가 되어서는 안 됩니다."

소로는 아마도 이 대답에 기꺼이 동의할 테지만 "온 존재"를 끌어다 쓰는 일에 대해 좀 더 깊이 생각해 보라고 권할 것이다. 노동자들은 일자리에 따라 갖고 있는 재능의 아주 작은 부분만 쓰게 되는 경우가 많다. 컴퓨터 프로그래머는 분석적인 능력을, 벽돌공은 근육과 균형 감각을, 마케팅 디렉터는 구매자 입장에서 생각하는 감각을, CEO는 조직 관리 능력과 화술을 쓰는 식이다. 에머슨은 이것을 "오로지 하나의 현으로만 하프를 연주하는 일"[14]이라고 했다. 하지만 소로와 에머슨의 주장에 따르면 현대 사회의 경제가 요구하는 분업은 노동자의 분열이라는 불편한 상태를 야기하고 사용되는 부분, 퇴화되어 죽는 부분의 구분을 낳는다. 그렇다면 나의 온전한 자아를 성장시키고 인정하는 일은 어떻게 찾아야 할까? 아주 좋은 질문이다.

생의 마지막 10년 동안 소로는 정답 비슷한 것을 찾은 듯하다. 소로는 어린 시절 콩코드와 그 옆 서드베리, 칼라일의 초지를 누비며 시간을 보냈다. 어떤 사람은 소로가 시간을 "낭비했다"고 말할지도 모르지만 그건 부정확하다. 소로는 세심하게 땅을 관찰하며 다녔다. 눈에 띄는 모든 미묘한 지리적 차이, 모든 나무(소로는 잎사귀 많은 친구들에 집착하다시피 했다)를 머릿속에 새겼고 지층의 노두를 보고 연대를 측정했으며 원주민들이 죽은 자들을 매장하던 곳을 발견하기도 하고 그러다 낯선 곳에 다다르기도 했다. 자연 속에서 느낀 아이다운 희열은 성인이 된 뒤에도 이어져서 소로는 이스터브룩 숲을 거닐며 사슴을 관찰하기 위해 몰래 따라다니거나 뱀과 인사를 나누기 위해 땅에 엎드리기도 했다. 소로는 미국이 사랑한 야생아인 동시에 누구보다 자연을 사랑하는 사람이었고 매일 날씨가 어떻든 4시간을 걸어야 한다고 고집했다. 하루에 20마일을 걸어서 다니는 일은 흔했지만 요즘처럼 핏빗에 기록된 걸음 수에 목숨을 거는 부류와는 달랐다. 마치 풍경이 구석구석으로 소로를 불러내는 듯했고 소로는 기꺼이 대답했다. "나는 여러 해 동안 눈보라와 비바람을 관찰하는 임무를 스스로 맡아 성실하게 완수했다. 나아가 측량 기사로서 고속도로까지는 아니라도 숲길과 농지를 가로지르는 모든 길이 막히지 않도록 했으며 매 계절 계곡을 가로지르는 다리를 점검하고 사람이 다닐 수 있도록 했으므로 그 쓸모는 뭇사람들의 발자국이 입증할 것이다."[15]

측량 기사라는 직업은 이런 배경을 고려하면 철저히 운명적이라고 볼 수 있을 것이며 실제로 그랬을지도 모르지만 어쨌든 우연이 작용한 일이다. 앞에서도 말했지만 소로가 처음으로 장비를 마련한 것은 학생들에게 지형학과 지리학을 가르치기 위해서였고 이런 행복한 우연이 있고 나서야 부업으로 측량을 했다. "부업"이라고 하면 측량 일에 그다지 전념하지 못했다는 것처럼 들리지만 일용직 노동에 대한 소로의 시각을 잊지 말아야 한다. "나는 일용직 노동자의 일이 그 무엇보다 독립적이라는 사실을 깨닫게 되었다."[16] 소로는 일용직 노동자와 같은 방식으로 이웃들의 땅을 측량하는 일을 맡아서 했다. 일이 있을 때도 있고 없을 때도 있었다. 소로는 여러 가지 방법으로 하루하루를 보내고 싶었기에 만족스러웠다.

측량은 자연주의자 소로뿐만 아니라 과학자 소로, 그리고 늘 정확성을 추구했던 소로에게 매력적이었다. 삶을 정확하고 진실되게 측정하는 것이 소로의 기본 소명이었고 측량은 한동안 이 소명에 적합한 수단처럼 느껴졌다. 제도용 장비와 최첨단 15인치 나침반으로 무장한 소로는 수풀을 헤치고 마을 주변의 다양한 지형을 올라 주민들에게 귀중한 서비스를 제공했다. 주민들은 좋은 울타리가 좋은 이웃을 만든다는 로버트 프로스트의 말을 앞서 입증해 보였다. 소로가 세심하게 제작한 지도는 아직도 남아 있으며 정교한 현대적 기술 기준으로 봐도 손색이 없다. 측량을 하면서 소로는 모든 각도, 모든 자연적인 경사도, 모든 규모, 깊이와 길이를 눈에 담을 수 있었다. 이것은 소로가, 소로의 온전한 자아가 하려고 태어난 일이었다.

물론 완벽한 천직에도 함정이 있고 예측이 거의 불가능한 비극이 있다. 소로는 한때 메리맥강 북부의 헤이버힐에 있는 넓은 토지를 측량하는 일에 고용되었는데 주택 60채를 짓기 위해 토지를 정리하는 게 목적이었다. 소로가 완수한 지역 측량 업무 중에는 나무를 베어 팔기 위해 숲의 경계를 긋는 일도 많았다. 어느 날 저녁 일을 하는 도중 소로는 토지주를 포함한 한 무리의 사람들이 오래된 전봇대가 있던 자리를 살피는 모습을 보았다. 토지의 새 경계를 어디에 그을지 고민하고 있었다. 문득 소로는 토지주가 악마들에게 에워싸여 있는 모습을 상상했다. 토지주의 바로 옆에는 "어둠의 군주", 즉 측량 기사가 있었다. 천직의 소명을 따를 수는 있지만 항상 조심해야 한다. 소로는 이후 이렇게 적었다. "사고파는 일은 손에 닿는 모든 것을 저주에 빠뜨린다."[17]

*

소로가 했던 일 가운데 가장 보람 있었던 일은 무엇이었을까? 아주 적은 사람만이 읽게 될 거라고 생각했던 방대한 일기를 쓰는 일이었을까? 결국 일기는 소로의 생각보다 아주 약간 더 많은 사람들이 읽었을 뿐이다. 아니면 미국 인문학의 명저로 널리 여겨지는 『월든』을 쓰는 일이었을까? 여러 아이들과 콩코드의 언덕을 누비며 허클베리를 따는 일이었을까? 결코 경계를 그어서는 안 된다고 생각했던 토지를 측량하는 일? 배를 만들어 마을 주변을 에워싸는 강을 오르락내리락하는 일? 온갖 품종의 멜론을 다양하게 심어 여름날 콩코드 주민들의 잔칫상에 올린 일? 품질이 뛰어난 연필을 만드는 일? 그러나 의미 있는 일에 대해 이야기하고자 한다면 이것은 잘못된 질문일 수 있다. 누군가의 일에 대해 물을 때 어떤 순간이 "가장" 보람 있는 순간이었는지 묻기보다 삶이라는 신중한 노동에 임할 때 자기 고유의 방법을 찾았는지, 때로는 그걸 내려놓기도 하고 때로는 전에 없는 열정을 가지고 새로이 시작하고 있는지 물어야 한다.

일의 가치에 대해 이야기할 때 타인의 관점에서 그 일의 가치를 고려하는 것에 대해서는 생략하고 넘어갔는데 이제 바로잡을 필요가 있겠다. 소로의 친구 에머슨의 글이라고 잘못 전해지는 아주 유명한 글이 있다.

> 자주 웃고 많이 웃는 삶. 지적인 사람들이 보내는 존경과 아이들이 주는 애정을 누리는 삶. 정직한 비평가들의 칭찬을 얻고 거짓된 친구들의 배신에도 무너지지 않는 삶. 아름다움을 알고 다른 이의 장점을 발견하며, 건강한 아이를 낳든 텃밭을 가꾸든 사회적 조건을 향상하든 세상을 좀 더 나은 곳으로 만들고 가는 삶. 단 하나의 생명이라도 내가 산 덕분에 좀 더 수월하게 숨 쉴 수 있었다는 사실을 아는 삶. 이것이 성공한 삶이다.[18]

많은 사람들이 이런 생각을 갖고 있으면 좋겠지만 이 글은 무엇보다 헨리 데이비드 소로의 삶과 일을 놀라울 만큼 정확하게 서술하고 있다. 19세기 콩코드에서 소로를 제외하고 이런 전인적인 의미에서 성공했다고 말할 수 있는 사람은 매우 드물었다. 성공이 특별히 보람 있는 일 한 가지에서 오지 않는다는 사실에 주목하자. "지적인 사람들이 보내는 존경" 혹은 "아이들이 주는 애정"이 아니다. 내가 정한 시간에 이 모든 걸 해야 하지만 너무 미루어도 안 된다. 냉소적인 은둔자라는 평판이 있었지만 소로는 기쁨과 사랑을 모르지 않았다. "작은 기쁨을 위해 위반할 수 없을 만큼 강력한 법은 없는 법이다."[19] 1853년 소로는 이렇게 고집했다. "책도, 슬픈 기억도, 톱질도, 법 공부도 덮어 두자. 바깥의 자연은 명랑하고 자연의 행복한 벌레들은 오래지 않아 모든 걸 갉아 먹을 테지. 법의 너머에는 들판이 있다."[20] 소로는 에머슨 집안의 어린이들을 데리고 어린 시절을, 뉴잉글랜드의 덤불 사이를, 딸기밭을 헤쳐 나갔고 그 노력은 깊은 애정으로 보답받았다. 동시대 가장 뛰어나고 총명한 사람들이 소로의 책을 아꼈으며 소로의 곁에 머물고 싶어 했다. 에머슨은 종종 소로를 무시하고 냉랭하게 대했지만 소로는 용서했다. 처음부터 끝까지 소로의 생애는 아름다움에 대한 이해를 바탕으로 구축되어 있었다. 1840년에는 이렇게 썼다. "아름다움은 그것이 인식되는 곳에 있다."[21] 1855년에는 이렇게 썼다. "올바른 관점에서 보면 모든 비바람과 그 안의 모든 빗방울에는 무지개가 있다."[22] 소로는 친구가 없는 사람들과 친구가 되었다. 이스터브룩 숲에 살았던 이웃 페레즈 블러드도 그런 사람이었다. 또한 소로는 지하철도 운동을 통해 아프리카계 미국인들을 도왔으며 그들이 해방되어야 한다고 믿었다. 정원을 수없이 많이 가꾸었고 그 과정에서 자신도 가꾸었다. 시대가 입막음하려고 했던 해방, 평등, 자립, 겸손을 위해 목소리를 냈다. 그리고 우리 같은 수백만의 독자를 위해 자신의 가장 좋은 모습을 글로 남겨 놓았다.

삶이나 일에서 "가장 보람 있는" 순간은 없을지 모른다. 다만 매일 반복되는 따분한 일 혹은 전혀 일처럼 느껴지지 않는 조화로운 일을 대하는 태도가 있을 뿐이다. 우리에게 주어진 임무는 지속적으로 보람이 느껴지는 방식으로 전진하는 방법을 찾는 것이다. 만족을 느낄 가능성이 있을 뿐 아니라 더 나은 내가 될 기회를 주는 일을 찾는 것이다. 만약 의미 있는 일이 흥미와 목적의식을 필요로 한다면 두 가지 모두의 의미를 더 깊게 만들 수 있는 방법이, 매 순간 깨어 있는 방법이 있을 것이다. 소로는 보람 있는 일을 찾는 노력이 곧 현재에 충실하려는 노력, 늘 깨어 있으며 매 순간에 반응하려는 노력과 같다는 사실을 일깨워 준다.

> 현재 속에 살아야 하고 파도가 올 때마다 뛰어들어야 하며 매 순간에서 영원을 찾아야 한다. 어리석은 자들은 기회의 섬을 딛고 서서 또 다른 육지를 바라보기만 한다. 또 다른 육지는 없다. 또 다른 생은 없다. 이번 생이, 이런 생이 전부다.[23]

바로 이것이 우리가 결국 헨리 데이비드 소로의 삶과 일에서 얻을 수 있는 가장 중요한 교훈이다.

✳

우리의 일은 우리와 함께 죽기도 하고 이어지기도 한다. 정해진 법은 없다. 소로는 『월든』에서 이렇게 말한다. "한 세대는 앞 세대의 과업을 마치 난파선처럼 폐기한다."[24] 어찌 됐든 소로는 결국 우리의 목표가 가장 중요하다는 것을 다시 한번 깨닫게 한다. "장기적으로 보면 사람은 자기가 겨냥한 목표만 맞출 수 있다. 그러므로 당장 실패하더라도 높은 곳에 있는 목표를 겨누어야 한다."[25] 나의 목표는 무엇인가? 얼마나 높은가? 소로는 우리가 삶의 경제를 축소된 의미에서의 "생산성"의 경제와 혼동할 때 목표를 낮추거나 아주 상실해 버리는 경향이 있다고 우려했다.

> 보라! 인간은 자기가 쓰는 도구의 도구로 전락했다. 배가 고파 스스로 열매를 따 먹던 사람은 농부가 되었다. 나무 밑에서 안식처를 찾던 사람은 가사일을 하는 사람이 되었다. 우리는 더 이상 천막을 치고 하룻밤을 보내지 않는다. 대신 땅 위에 자리를 잡았으며 천국을 잊었다.[26]

소로는 가장 높은 목표가 일, 즉 노동 그 자체인 사람들도 있음을 고려한다. "어떤 사람들은 '부지런하고' 일 자체를 좋아하는 것처럼 보인다. 일하지 않으면 사고를 치기 때문일 수도 있는데 그런 사람에게 지금으로서는 할 말이 없다."[27] 분명 흔치 않은 사람들이다. 우리 두 저자에게는 전혀 해당되지 않는 말이다. 하지만 일부 노동자들은 노동하지 않는 사람을 보고 달콤하면서도 씁쓸한 자부심을 갖곤 한다. 특히 일하지 않고도 살 수 있는 재산을 우연히 얻게 된 건강한 비노동자들을 보고 우쭐해한다. 처참한 일자리를 전전하면서 고생해 보지 않은 사람들에 대한 우쭐함일 것이다. 비교적 쉬운 일만 해 온 사람들은 알 수 없는 매서운 하바네로 고추의 맛이다. 우리를 두 배는 더 깊이 있는 사람으로 만들어 주는 지옥의 맛이다.

그리스 신화 속 인물 시시포스를 떠올려 보자. 산 위로 큰 바위를 밀어 올리는 허무한 노동을 영원토록 해야 하는 운명에 처한 인물이다. 다 밀어 올리면 바위는 처음 시작했던 구덩이로 굴러 내려오고 시시포스는 다시, 또다시 시작해야 한다. 프랑스 철학자 알베르 카뮈는 시시포스의 끝없는 노동에 대해서 글을 남겼고 그럼에도 그걸 긍정하도록 권유했다. "시시포스가 행복하다고 생각해야 한다."[28] 소로 역시 때로는 이런 슬픈 긍정을 보여 준다. 『월든』에서 소로는 과거에 거쳤던 일자리에 대해 이렇게 적었다. "꽤 오랫동안 신문 기자로 일했다. 구독자 수가 별로 많지 않았고 편집부장은 내가 쓴 기사의 대부분이 게재하기 적합하지 않다고 생각했다. 글을 쓰는 사람은 다 알 테지만 남은 것은 고통뿐이었다. 하지만 이 경우 내 고통은 그 자체로 보상이었다."[29]

하지만 시시포스 같은 사람들을 제외하면 우리 대부분은 일 이외의 무언가가 필요하다. 우리는 결코 다다를 수 없을지언정 좀 더 높은 목표, 좀 더 고상한 동기, 잊혀진 천국이 필요하다. 실패한다고 해도 높이 겨냥하는 한 그 실패는 정직하다.

1856년 2월 10일 친구 캘빈 할로우 그린에게 보내는 편지에 소로는 이렇게 적었다. "책 속에는 저의 가장 좋은 모습만 들어 있다는 제 말을 믿어 주세요. 앞에서는 말을 더듬고 머뭇거리는 시골뜨기에 지나지 않으니 직접 만나지 않는 편이 낫지 않을지요. 아시다시피 시 또한 어떤 의미에서는 끝도 없는 자화자찬입니다. 물론 제가 쓴 모든 글은 진심을 담아 썼지요. 하지만 저의 미약한 입으로 말하는 진실에 비하면 저는 아무것도 아닙니다!"[30] 최상의 노동은 초월적인 힘을 갖는다. 그것은 가치 있는 무언가를 남길 수 있게 하는 힘이며 우리를 고양시키고 더 좋은 사람들로 만들어 줄 힘이다. 휴식과는 달리 우리가 "현재를 살도록" 해 주고 우리 삶의 의미를 전에 없이 분명하게 평가할 수 있게 해 준다. 게다가 믿기지 않을 수도 있겠지만 우리는 마지막 순간까지 일할 수 있다. 우리의 신체적 능력이 사라진 뒤에도 말이다. 정신적이며 영적인 일이라는 것은 분명 존재한다. 로버트 설리번은 소로의 마지막 말로 알려진 "무스"와 "인디언"에 대해 언급하며 여전히 그가 "메인주에 대해 쓰고 있던 글로 고민하고 있었으며 출간할 수 있는 상태로 다듬기 위해 애쓰고 있었다는 사실, 남겨질 가족을 위해 돈을 벌고자 했고 마지막까지 마감을 걱정했다는 사실"을 보여 준다고 추측한다.[31] 소로는 타인이 완성할 수밖에 없는 글을 쓰다가 세상을 떠났을지 모르지만 진정으로 의미 있는 인생 작업의 마지막은 종종 그런 법이다.

에머슨이 이후 소로에 대해 가진 시각에 동의하는 독자도 있을 것이다. 1848년 일기에 에머슨은 이렇게 썼다. "헨리 소로는 마치 방황하는 시인을 꾀어 거대한 동굴과 텅 빈 사막[32]으로 이끄는 숲의 신과 같다. 시인으로부터 기억을 빼앗고 벌거벗긴 채 손에는 덩굴과 나뭇가지를 쥐여 준다. 마을에서 숲으로 향하는 첫걸음은 매우 매력적이지만 종국에는 결핍과 광기만이 있다."[33]

하지만 오히려 그 반대가 광기라면? "물건의 값이란 내가 즉시, 혹은 긴 시간에 걸쳐 그 물건과 교환한, 내가 삶이라고 부르는 것의 양이다."[34] 내 노동의 값은 무엇인가? 그것과 교환한 내 삶의 양은 얼마인가? 자 이제 이익은 무엇인가? 알 수 없거나 값이 이익을 초과한다면 우리는 숲에서 마을로 걸음을 옮기는 중이며 그 끝은 결핍과 광기뿐일 것이다.

결론

삶이라는 일

소로는 평생 일했지만 분주한 삶이나 월급쟁이로서 성공한 삶을 진정한 살기와 혼동하지 않았다는 사실이 이제 명백해졌을 것이다. 마감일은 있을 때도 있고 없을 때도 있었지만 걱정할 만한 마감일은 단 하나였으며 바로 현실의 삶을 마감하는 날이었다. 소로의 가장 큰 우려는 삶의 끝에 다다라 진정한 삶을 살지 못했다는 사실을 깨닫는 것이었다. 그것이 진정한, 심각한 죽음의 공포다. 제대로 된 일을 하며 인생을 사는 것이 절대적으로 중요한 이유다. 우리는 깨어 있는 대부분의 시간을 일을 하면서 보내지만 그것이 실제로 어떤 의미를 갖는지 전혀 모른다.

소로가 상당량의 글에 남긴 다양한 일에 대한 기록은 그 의미를 찾기 위한 과정이었다. 소로는 삶이라는 일이 어떤 모습일 수 있는지, 우리가 무얼 갈망해야 하는지 보여 준 본보기이자 안내자였다. 소로가 세상을 떠났을 때 가장 오래된, 그리고 아마도 가장 절친한 친구였던 에머슨은 그가 야망이 부족했으며 요즘 흔히 하는 말처럼 번듯한 일자리를 찾았어야 한다고 농담처럼 말했다. 하지만 소로가 에머슨의 자녀를 키우고 집을 관리했으며 글을 쓸 수 있도록 영감을 제공했고 어려울 때 친구가 되어 주었다는 사실은 언급하지 않았다. 이것 또한 일이며 아마도 소로는 이런 일을 했던 사실을 결코 후회하지 않았을 것이다. 야망 없는 삶이었지만 그래도, 그랬기 때문에 소로는 삶이라는 일의 대가였다.

*

이 책을 쓰면서 우리는 가족에 대한 의무를 완전히 저버리지도 않았고 뼈를 깎는 노력을 하지도 않았지만 그래도 열심히 일했다. 평생 이렇게 열심히 글을 써 본 적이 없는 것 같다는 생각이 들 정도였다. 우리는 함께 작업했고 이 과정에서 서로를 더 좋은 작가, 더 좋은 사람으로 만들었다. 소로 그리고 아리스토텔레스를 비롯한 셀 수 없이 많은 철학자들은 이것이 진정한 우정의 역할이라고 생각했다. 우리는 우리의 노동이 소로의 무언가를 반영하고 있길 바란다. 여기 반영된 일과 생에 대한 소로의 생각이 자라고 익어 독자들이 수확할 수 있기를 바란다. 그리고 이 책을 읽는 일이 너무 수고스럽거나 의미 없는 일이 아니었기를 바란다.

『일터의 소로』에 대한 고민은 현재 시점에 충실한 고민이었다. 수많은 사람들이 전통적인 일자리를 그만두고 직업 인생의 의미를 재고하는 시기, 보상을 포기하고 의미를 찾아가는 시기, 불의를 향해 기우는 현대 자본의 세계에서 자신을 정당화하려고 애쓰고 있는 시기가 지금이다. 다시 말해 이 책은 바로 지금 읽어야 하는 책이므로 지금에야 이 책을 쓰고 있는 우리는 이미 한발 늦었다.

일터에서 모든 의미 있는 순간이 그렇듯 이 책을 쓰는 일은 일처럼 느껴지지 않았다. 마치 우리는 이 책을 쓰기 위해 태어난 것 같았다. 단지 운명을 따르는 기분이었다. 그렇다고 해서 우리가 삶이라는 일에 뛰어난 영웅은 아니다. 소로 정도는 아니다. 하지만 우리는 일에 매력을 느꼈고 흥미를 느꼈으며 충분한 목적의식을 가졌기에 이를 아주 오랫동안 기억하고 소중하게 여길 수 있을 것이다. 종국에는 독자들도 그럴 수 있기를 바란다. 이런 종류의 일을 찾고 또 꼭 붙잡길 바란다. 이런 일이 의미 있는 삶의 바탕이 될 수 있음을 기억하길 바란다. 이것이 일이 우리에게 줄 수 있는 최고의 선물이다.

궁극적으로 일에 대한 뜻깊은 고민은 매우 명확하지만 매우 달콤하고도 씁쓸한 사실로 귀결된다. 생이 끝나면 삶이라는 일도 끝난다는 것이다. 생은 짧고, 오직 한 방향으로, 끝을 향해, 아주 빨리 움직인다. 이 책의 한 저자는 40세에 심근 경색이 왔다. 또 한 저자는 한때 유사 자살 행동을 보이기도 했지만 살아남았고 지금은 아내가 있는데 아내는 매일 섬유 근육통으로 인한 통증으로 고생한다. 그래서 삶은 공평하지 않으며 유한하다는 사실을 분명하게 알고 있다. 인간의 유한성은 달콤하면서도 씁쓸하다. 제약을 가하는 동시에 동기를 부여하기 때문이다. 우리에게 주어진 시간은 짧고 그러므로 귀중하다. 우리는 최대한 빨리 제대로 된 자리를 찾아야 하며 그 자리에서 열심히 살아야 한다.

1850년 소로가 파이어아일랜드에서 마가릿 풀러의 죽음을 애도하는 일을 맡았을 때 소로는 외딴 해변에서 풀러의 유해를 헛되이 찾아 헤매는 데서 멈추지 않았다. 소로는 매우 중요한 업무를 수행했다. 인간의 취약성의 궁극적인 의미라고 할 만한 것을 발견했다. 짧게 끝나 버린 삶을 두고 소로는 결론지었다. "내가 좋다고 생각한 그 일을 좀 더 해야 한다고 나 자신에게 말했습니다."[1]

좋은 일. 소로적인 생애를 살고자 한다면 다만 좋은 일을 하면 된다. 좋은 일을 행하기 위해 꼭 신의 은혜나 어떤 권위의 허락이 없어도 된다. (하지만 대체로 있을 것이다.) 다만 그 일이 좋은 일이라고 "고백"할 의지와 능력은 꼭 필요하다. 살아 있는 동안 우리는 삶이라는 일을 "좋은 일로 만들" 능력이 있다. 유해를 수색하는 일이 아무 성과가 없자 소로는 일을 통해 우리를 구원할 수 있는 가능성에 대해 생각하며 이렇게 덧붙인다.

> 해 보고 싶은 실험이 있다면 해 보길 바랍니다. 꺼림칙한 의혹이 생겼다면 해소해야 합니다. … 그 어느 누구도 나 대신 할 수 없는 일을 하길 바랍니다. 그 밖의 일은 하지 마십시오. 무슨 일을 하든 좋은 삶을 살기는 쉽지 않습니다.[2]

정말 쉽지 않다. 남은 시간을 낭비하는 일은 간단하다. 보람 없는 활동과 업무를 택하기는 쉽다. 하지만 소로는 처음부터 끝까지, 실패하는 경우도 많지만, 좋은 삶이 가능하다는 것을 보여 준다. 각자 "좋은 일을 좀 더 하면" 된다.

웬델 베리는 여느 21세기 작가와 마찬가지로 소로와 특별히 가깝지는 않지만 이렇게 말했다. "'소명'이라는 오래되고 훌륭한 관념은 단지 우리가 하느님, 혹은 재능, 혹은 선호의 부름을 받아 우리에게 특별히 적합한 좋은 일을 하게 된다는 의미일 뿐이다."[3] 사실상 소로는 파이어 아일랜드에서 마거릿 풀러의 시신이 아니라(찾았다고 해도 무슨 소용이 있었겠는가?) 또 다른 종류의 코퍼스corpus(라틴어로 몸이라는 뜻의 코르푸스에서 왔으며 한 사람의 글을 모아 놓은 집합체를 뜻하기도 한다 – 옮긴이), 즉 마거릿 풀거가 수년에 걸쳐 작업하고 미국으로 가져가려고 했던 원고를 찾으려고 한 것일 수도 있다. 결국 찾지 못했지만 요점은 변하지 않는다. 중요한 것은 일이다. 남는 것도 일이다.

*

햇빛이 비칠 때 건초를 만들어라. 이 표현은 소로에게 매우 실질적이고 매우 강력한 의미를 가졌는데 종종 자신이 너무 빨리 죽고 있다는 느낌을 받았기 때문이다. 소로는 44세에 결핵으로 세상을 떠났다. 소로에게 재앙과도 같았던 결핵은 비를 맞으며 밖에서 일을 하는 습관 때문에 악화되기도 했다. 일은 언제나 치명적이다. 삶도 마찬가지다. 살아서 나오는 사람은 없다. 하지만 깨어 있는 동안에는 "좋은 일"을 했다고 고백할 수 있다. 삶이 우리를 버리는 그 순간까지.

햇빛이 비칠 때 건초를 만들어라. 이 표현은 소로의 이웃에게도 매우 실질적인 의미를 가졌다. 이웃들이 이 말의 실존적 무게를 이해하지 못했더라도 말이다. 콩코드는 아메리카 원주민들이 머스케타퀴드라고 부른 곳에 위치해 있다. "풀 사이로 물이 흐르는 장소"라는 뜻이다. 오늘날

이곳은 "충적 초지alluvial meadow"로 불리는데 강물이 흘러드는 초원을 뜻한다. 소로가 태어나기 전에도 이 땅은 약 10세대에 걸쳐 인간을 먹여 살렸다. 강물은 "흑니토"를 만드는데 강물에 의해 만들어진 유기물과 수분을 포함하게 된 토양을 말한다. 흑니토는 건초가 되었다. 건초는 소 여물이 되었다. 소는 거름을 만들었고 거름은 퇴비가 되었다. 퇴비는 경작할 수 있는 땅을 만들었다. 땅은 곡식을 만들었다. 곡식은 빵이 되었다. 그리고 빵은 콩코드 사람들을 먹여 살렸다.

이 아름다운 먹이 사슬, 일과 생산에 관한 이야기에는 한 가지 문제점이 있었고 모두가 그 문제점을 알고 있었다. 태양은 결국 지거나 어두운 구름 뒤에 숨었고 홍수가 나곤 했다. 홍수가 나면 모든 게 엉망이 됐다. 건초는 물에 푹 젖어 들에서 썩어 갔고 사람들은 굶주렸다. 홍수가 나면 모든 것이 죽었다. 홍수는 언제나 찾아왔다. 시간 문제일 뿐이었다. 그래서 머스케타퀴드 사람들은 햇빛이 비칠 때 건초를 거두지 않으면 안 되었다. 목숨이 걸린 일이라는 듯 함께 일했고 빠르게 일했다. 실제로 목숨이 걸려 있었기 때문이다. 비가 올 때를 대비해서, 혹은 아직 태어나지도 않은 미래 주민들을 위해서 건초를 헛간과 저장탑에 보관했다. 이것이 의미 있는 일의 성스러운 본질이 아닌가 싶다. 우리가 떠난 뒤에도 남는 것이 있고 계속 살아가는 사람들을 먹일 수 있다는 점이다.

헨리 데이비드 소로는 삶이라는 일이 가진 근본적인 진실을 우리에게 보여 주었다. 소로는 홍수가 오리라는 사실을 알았다. 죽음에 대한 적합한 반응은 정면으로 마주하고 계속 일하는 것이라는 사실도 알았다. 소로가 처음으로 했던 좋은 일 한 가지는 19세였던 1836년 여름 배를 제작한 일이다. "소형 선박을 제작했습니다. 호메로스가 인정할 만한 [노 저을 좌판이 넉넉한] 배는 아니었고 길쭉한 타원형의 구유 같은 배였습니다."[4] "몸과 영혼이 떨어지지 않을 수 있는"[5] 그런 배였다고 소로는 말했다. 소로는 살면서 적잖은 배를 제작했다. 가장 유명한 배는 머스케타퀴드라는 이름을 붙여 주었는데 물이 밀려들어 배를 밀어 올리고 소로 자신을 들어 올리게 될 터였기 때문일 것이다. 이것 또한 의미있는 일의 성스러운 본질이 아닌가 싶다. 하늘이 어두워지고 물이 불어날 때 우리를 떠 있게 해 주고 날라 준다. 일이 끝나면 우리는 소로의 마지막 몇 마디를 되뇌일 행운을 누릴 수 있을지도 모른다.

"이제 좋은 항해만이 남았다."[6]

소로의 직업 인생 연대기

1833   하버드대학교에서 학업을 시작한다.

1834   학비를 마련하기 위해 뉴욕시로 가서 소로표 연필을 판매한다.

1835   3개월 조금 넘는 휴학 기간에 매사추세츠주 캔튼에서 교사로 재직한다.

1837   5월 10일: 재앙과도 같은 은행 인출 사태가 벌어지면서 1837년 공황을
        촉발하고 심각한 경제 침체가 이어진다. 완전히 회복하는 데는 7년이
        걸린다.

        6월 1일: 소로는 불황이 이어지는 중에 하버드대학교를 졸업한다. 콩코
        드 센터 스쿨에 교사로 취직하지만 몇 주 못 가 그만둔다.

        10월 말부터 일기를 쓰기 시작한다.

1838   형 존과 함께 콩코드 아카데미의 후신인 작은 학교를 연다. 암기와 체
        벌 없이 자연 속을 산책하며 철학을 논하는 교육 방법을 적용한다. 학생
        이 빠르게 늘어난다.

1839   아버지의 연필 공장에서 일을 하면서 라이시움에서 첫 강의를 한다.

1841   미국 초월주의 문예지이자 사상지 「다이얼」에 시와 수필을 게재한다.

1842   존의 건강 악화로 학교 문을 닫는다.

1843   존 소로 주니어가 파상풍으로 동생 소로의 품 안에서 죽는다.

일터의 소로

1844	윌리엄 에머슨의 아이들을 가르치며 스태튼아일랜드에서 거의 11개월을 보낸다.
1845	월든 숲에 한 칸짜리 오두막을 짓고 살면서 의식적인 삶을 실험한다. 실험은 2년 2개월 이틀간 이어진다.
1846	월든에서 첫 저서 『콩코드와 메리맥강에서의 일주일』의 초고를 탈고한다.
1846	6월: 미국 제국주의에 저항하며 인두세를 내지 않은 결과 감옥에서 하룻밤을 보낸다.
1847	9월: 월든을 떠난 소로는 에머슨이 유럽 순회 강연을 떠난 동안 에머슨의 집에 머무는 데 동의한다. 에머슨의 자녀들을 가르치고 돌보면서 리디언 에머슨의 가까운 친구가 된다.
1849	에머슨의 충고를 무시하고 『콩코드와 메리맥강에서의 일주일』을 출간한 뒤 뚜렷하고 철저한 금전적 손해를 맛본다. 700권의 재고만이 남았다.
1849	추후 「시민 불복종」으로 알려지게 되는 「시민 정부에 대한 저항」을 최초 출간한다.
1850	7월: 마거릿 풀러가 뉴욕주 파이어아일랜드에서 배가 침몰하여 사망하고 소로는 에머슨의 요청에 풀러의 유해를 찾아 해안을 수색한다.
1850	본격적으로 측량 기사로 일하기 시작한다.
1852	방대한 일기 내용을 바탕으로 『월든』을 본격적으로 수정하기 시작한다. 서사가 계절적 변화를 따라가도록 구성한다.
1853	월간지 「퍼트넘 매거진」에 『월든』의 일부가 발췌 게재되고 『캐나다의 북부인』 일부도 실린다.
1854	『월든』 출간.
1859	존 브라운에 대한 변호로 이웃들의 분노를 키운다.

1860	감기에 걸려 심하게 앓는다. 쉽게 낫지 않고 결국 치명적인 결과를 초래한다. 나무의 나이테를 세기 위해 겨울에 월든 숲으로 갔다가 감기를 얻었다.
1861	아메리카 원주민에 대한 책을 위한 초벌 원고가 열 권에 넘는 양에 다다른다. 이 책은 완성되지 못한다.
1862	5월 6일: 헨리 데이비드 소로 사망.
2024	수백만 독자들이 소로의 기억을 이어 간다.

일터의 소로

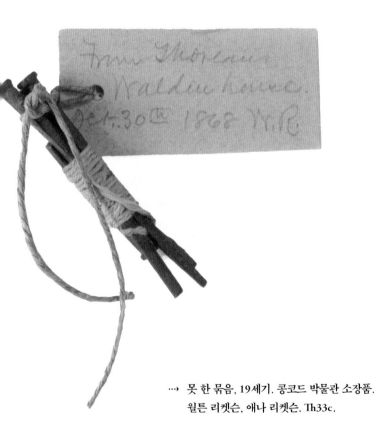

··· ▶ 못 한 묶음, 19세기. 콩코드 박물관 소장품.
월튼 리켓슨, 애나 리켓슨. Th33c.

··→ 침대, 1810년경 혹은 1845년. 콩코드 박물관 소장품.
커밍스 E. 데이비스 혹은 조지 톨먼 기증. Th2.

··→ 연필 상자, 1850-1960.
콩코드 박물관 소장품.
허버트 B. 호스머 부인 기증. Th59&Th106.

일터의 소로

⋯▸ 책상, 1838년경. 콩코드 박물관 소장품.
　　커밍스 E. 데이비스 기증. Th10.

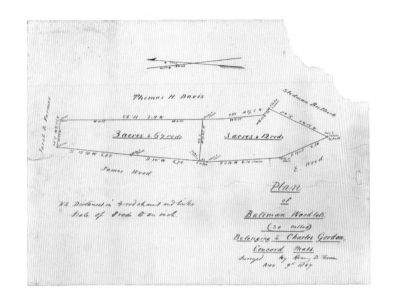

··· 매사추세츠주 콩코드의 찰스 고든 소유(추정)
베이트먼 조림지 도면, 1857년 11월 9일.
콩코드 박물관 소장품. 레이먼드 에머슨 기증. Th1.

··· 소형 망원경, 1854년경.
콩코드 박물관 소장품. 월튼 리켓슨, 애나 리켓슨. Th41.

일터의 소로

··→ T자, 1850년경. 콩코드 박물관 소장품.
커밍스 E. 데이비스 혹은 조지 톨먼 기증. Th13.

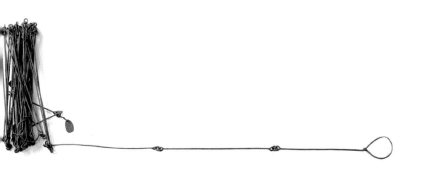

··→ 측쇄, 1850년경. 콩코드 박물관 소장품.
커밍스 E. 데이비스 혹은 조지 톨먼 기증. Th32.

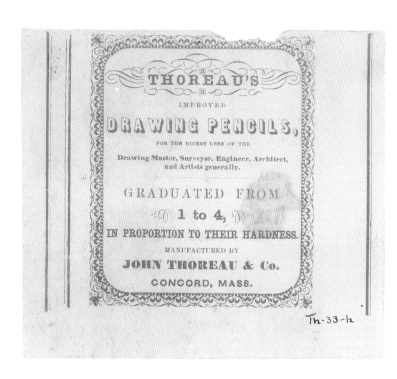

···→ J. 소로 앤 선스 연필 상표, 1850-1860.
콩코드 박물관 소장품. 월튼 리켓슨, 애나 리켓슨. Th33h.

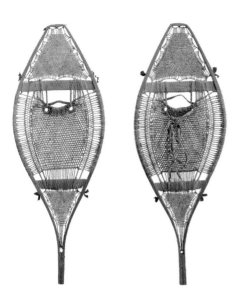

⋯▸ 페놉스코트 인디언 설피, 1853년경.
콩코드 박물관 소장품.
커밍스 E. 데이비스 혹은 조지 톨먼 기증. Th26.

⋯▸ 지질학 표본 보관용 목함, 1849년경.
콩코드 박물관 소장품.
길버트 S. 타워 부인 기증. Th114.

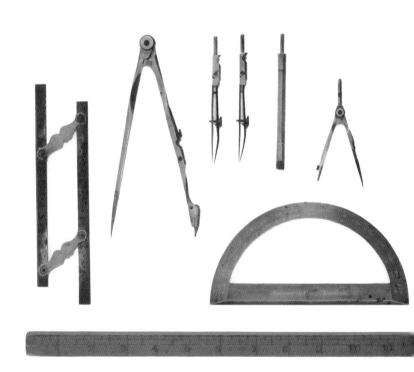

⋯→ 측량 기구, 1850년경. 콩코드 박물관 소장품.
커밍스 E. 데이비스 혹은 조지 톨먼 기증. Th12b~g 및 Th14.

일터의 소로

감사의 말

존 캐그는 모든 면에서 동료가 되어 주고 여러 해에 걸쳐 사랑의 귀중함을 알려 주고 힘겨운 삶에 진실된 관심을 보내는 법을 알려 준 아내 캐틀린에게 감사를 보낸다. 두 자녀 헨리와 베카는 끊임없이 영감이 되어 주고 언제 일이 끝나고 휴식이 시작되어야 하는지 일깨워 준다. 그리고 인간 외 동물들, 시무어, 릴리, 그리고 모글리는 일상이 흐리고 어둡다고 느껴질 때 매우 적절한 웃음을 주었다. 캐그는 감사의 말에 몹시 서툴다. 하지만 가족을 깊이 사랑하고 가족의 끝없는 활기가 그로 하여금 행복하게 글을 쓰고 일할 수 있게 해 준다는 사실을 매우 잘 알고 있다. 이 책을 있게 해 주고 존의 별난 성격과 변덕을 견디어 준 조너선 반 벨에게도 감사를 보낸다. 글이 술술 읽히게 손봐 준 것도 정말 고맙다. 『일터의 소로』의 담당 편집자 롭 템피오, 그리고 마커스 호프먼과 클랜시 마틴도 정신없는 집필 과정에서 귀중한 의견을 주었다. 마지막으로 캐그는 누구보다 탁월한 일꾼이었던 어머니 베키 캐그에게 감사를 보낸다(어머니가 더 오래 일하고 놀지 못해서 안타까울 뿐이다).

조너선 반 벨은 아내 주리엘에게 감사를 보낸다. 아내와 함께라면 어디든 언제든 지구상의 모든 에덴으로, 그리고 그 너머로 민들레 홀씨처럼 갈 것이다. 울부짖고 까불대며 누구보다 귀여운 모습으로 일의 즐거움을 보여 주는 꼬마슈나우저 니체도 언급하지 않을 수 없다. 멍멍! 산아 제한 운동에 저항했던 어머니 로빈과 아버지 스티브에게도 영원한 감사를 보낸다. 오래도록 품어 왔던 꿈을 현실로 옮기고 모든 단계에서 친절과 공정함, 우정을 보여 준 존 캐그 박사에게도 끝없는 감사를 보낸다. 일터의 존 캐그에 대해서는 추가로 책 한 권이, 그리고 카스파르 다비트 프리드리히의 화풍으로 그린 낭만주의 초상화가 나와야 마땅하다. 가장 많은 축하를 받아야 하는 롭 템피오, 매일 25시간 일했던 그에게는 감사의 말뿐 아니라 찬양을 보내야 마땅하다. 매의 눈으로 교정 교열을 담당한 행크 사우스게이트에게는 아무리 많은 샴페인을 보내도 부족하다. 마지막으로 조너선은 할아버지와 할머니 돈 반 벨과 릴리언 반 벨의 사랑과 지혜에 감사를 보낸다. 두 분이 조너선을 보살폈던 집이 천국에도 같은 모습으로 있기를 하느님께 부탁한다. 황금이 깔린 골목길을 준다고 해도 그 골목길 이름이 "칸즈 웨이"가 아니라면 조너선은 기쁘지 않을 것이다.

일터의 소로

옮긴이의 말

    우리 집안은 대를 이은 중퇴 집안이다. 학업도 일도 중도에 그만두는 데 큰 거리낌이 없는 사람들이다. 중학교를 중퇴하고 검정고시를 봐서 들어간 대학마저 중퇴한 아버지는 내가 직장을 얻었을 때보다 그만두었을 때 나를 더 자랑스러워 했다. 예비 사위가 대기업을 그만두고 들어간 대학원까지 그만두었을 때 아버지는 사위를 두 팔로 안아 주었다. 개근과 근속이 미덕인 사회에서 무엇이든 중도에 그만둔다는 것이 얼마나 큰 위험을 감수해야 하고 용기를 가져야 가능한 일인지 아는 사람은 안다.

    그런 내가 학교를 바꾸고 전공을 바꾸고 직장을 바꾸면서 한 가지 그만두지 않은 일이 있다면 바로 '철학하는 일'이다. 학부생 시절, 미국 철학자 C. S. 퍼스의 실용주의 철학을 강의하던 교수님이 학기 말에 우리에게 당부했기 때문이다. 이 강의 내용을 나중에 잘 기억하지 못할 수 있겠지만, 단 한 가지만 기억하면 된다. 그것은 바로 '탐구하는 삶' '철학하는 삶'이 쓸모 있는 삶이라는 믿음이다. 그리고 철학은 철학자만 할 수 있는 게 아니며 혹시라도 결혼해서 아이를 키우면서 철학과 동떨어진 듯한 삶을 살고 있는 것 같은 순간에도 언제나 할 수 있는 일이라고 선생님은 말했다. 선생님의 말이 옳았다. 정말 강의 내용이 잘 기억나지 않는다. 하지만 철학하는 삶을 살라는 당부는 한순간도 잊지 않았다.

그리고 나는 선생님의 당부를 실천에 옮기고자 언제나 애썼다. 이 책을 옮기고 나니, 내가 이해하고 또 살아 온 '철학하는 삶'이 이 책에서 말하는 소로의 '의식적인 삶'과 매우 비슷하다는 생각이 든다. 그래서 나는 이 책이 내게 오게 된 운명 같은 우연이 정말 신기하지 않을 수 없다. 게다가 C. S. 퍼스도 소로처럼 뉴잉글랜드 사람이었고 "콩코드와 이웃한" 마을에서 태어나고 자란 자신이 "초월주의 철학자"나 다름없다고 1892년 글 「생각의 법칙The Law of Mind」에서 말한다. 퍼스와 동시대에 활동했던 실용주의 철학자인 윌리엄 제임스는 이 책에서도 여러 번 언급된다. 그렇다면 내가 강의 내용을 아주 이해하지 못한 것은 아닌 모양이다.

그럼에도 이 책을 번역하기 위해 이 책을 읽게 될 한국의 독자들을 염두에 두고 매 단어, 매 표현을 고민하던 나는 묻지 않을 수 없었다. 소로와 같은 19세기 미국 철학자의 생각에서 비롯된 삶의 지침을 현대 사회를 사는 우리가, 특히 21세기 한국이라는 극도로 치열한 경쟁 사회를 사는 우리가 어설프게 우리의 삶에 적용해도 되는 것일까? 우리에게도 월든이 있을까? 우리가 감수해야 할 위험과 그러모아야 할 용기는 훨씬 더 크지 않을까? 여성과 남성이 다르고 부유층과 서민층이 다르지 않을까?

하지만 번역하는 사람의 역할은 두 언어, 두 문화의 차이를 찾는 게 아니다. 아니, 차이에 주목해야 하지만 그 이유는 공통점을 찾기 위함이다. 서로 다른 문화 속 사람들이 언어를 이해하고 세상을 이해하는 방식에 어떤 유사성이 있는지 알아야 비로소 번역이 가능해진다. 이 책의 두 저자는 말한다. "생은 짧고, 오직 한 방향으로, 끝을 향해, 아주 빨리 움직인다." 바로 이 사실이 이 책의 두 저자, 역자, 소로, 퍼스, 제임스, 독자들을 하나로 이어 준다. 우리 역시 정해진 시간 속에 살고 있기 때문에, 어쩌면 우리가 더욱 치열한 한국 사회에 살고 있다는 바로 그 이유에서 이 책의 메시지를 더 귀담아들어야 할지 모른다. 우리가 두려워하는 것들은 생각보다 공포스럽지 않을 수 있다. 나를 좀먹는 일을 그만두고 내 길을 찾아간 대가는 아무도 내 면전에서 말할 용기를 내지 못하는 낙오자라는 비난에 그칠 수도 있다. 심지어 어떤 이에게는 도심 호텔에서 더 이상 바캉스를 즐기지 못하는 정도의 경미한 경제적 영향일 수 있다. 반면 어떤 이의 경우 훨씬 더 위태로운 상황에 처할 수도 있다.

소로는 보람 없는 노동과 그 노동을 거부함으로써 내가 처하는 위태로운 상황 중에 어떤 것이 나를 더 큰 위험에 처하게 하는지 스스로 묻게 만든다. 보람 없는 노동의 진정한 대가를 고민하게 만든다. 이것은 제한된 삶을 사는 누구나 물어야 하는 질문이며 이를 고민하는 삶이 바로 의식적인 삶, 철학하는 삶이다. 나 또한 그만두는 사람으로서 '본격 퇴사 장려 도서'나 다름없는 이 책의 메시지에 절절히 동의하면서, 보다 많은 사람들이 "몸을 지탱하고 마음을 고양시켜 주는" 노동을 찾아 스스로 질문을 던지기를 바라면서 이 책을 옮겼다. 이 책을 옮기는 일은 결코 "일처럼 느껴지지 않았다".

주

서문

1   Henry David Thoreau, *Walden: A Fully Annotated Edition*, ed. Jeffrey S. Cramer (New Haven, CT: Yale University Press, 2004), 39.

2   Ibid., 47.

3   Ibid., 43.

4   Ibid.

5   Ibid., 41.

6   William Ellery Channing, *Thoreau the Poet-Naturalist: With Memorial Verses* (Boston: Charles E. Goodspeed, 1902), 230.

7   Henry David Thoreau to Ralph Waldo Emerson, November 14, 1847, in *The Writings of Henry David Thoreau: The Correspondence*, vol. 1, *1834–1848*, ed. Robert N. Hudspeth (Princeton, NJ: Princeton University Press, 2013), 314.

8   Thoreau, *Walden: A Fully Annotated Edition*, Cramer's note, 17−18n95.

9   Ibid., 56.

10   Henry David Thoreau, "Walking," in *Essays: A Fully Annotated Edition*, ed. Jeffrey S. Cramer (New Haven, CT: Yale University Press, 2013), 247.

11   Robert Sullivan, *The Thoreau You Don't Know* (New York: HarperCollins, 2009), 207.

12   Henry David Thoreau, journal entry, December 13, 1841, in *The Journal of Henry D. Thoreau*, ed. Bradford Torrey and Francis H. Allen (Boston: Houghton Mifflin, 1949),

1:293 –294.

13 Thoreau, *Walden: A Fully Annotated Edition*, 3.

14 Michael Meyer, introduction to *"Walden" and "Civil Disobedience,"* by Henry David
    Thoreau, Penguin Classics (New York: Penguin Books, 1986), 12.

15 George Ripley to Ralph Waldo Emerson, November/December 1840, in *Writing New
    England: An Anthology from the Puritans to the Present*, ed. Andrew Delbanco (Cambridge,
    MA: The Belknap Press, 2001), 274.

16 Abraham Lincoln, "House Divided Speech," in *Lincoln on the Civil War: Selected
    Speeches* (New York: Penguin Books, 2011), 21 –22.

17 Thoreau, *Walden: A Fully Annotated Edition*, 62.

18 Gandhi, "Chapter 6: Mahatma Gandhi and Responses," in *Sources of Indian Tradition*,
    3rd ed., ed. Rachel Fell McDermott et al., vol. 2, *Modern India, Pakistan, and Bangla-
    desh* (New York: Columbia University Press, 2014), 366.

19 Gandhi, *The Collected Works of Mahatma Gandhi* (The Publications Division, Ministry of In-
    formation and Broadcasting, Government of India, 1964), 12:158.

20 John Kaag, "Thoreau: The Wild Child at 200," *Chronicle of Higher Education*, May 7,
    2017, https://www.chronicle.com/article/thoreau-the-wild-child -at-200.

21 Thoreau, *Walden: A Fully Annotated Edition*, 16.

22 Sullivan, *Thoreau You Don't Know*, 162.

23 Thoreau, *Walden: A Fully Annotated Edition*, 5.

24 Henry David Thoreau, "Resistance to Civil Government [Civil Disobedience]," in *Es-
    says: A Fully Annotated Edition*, 153.

25 Lydia Maria Child, *The American Frugal Housewife: Dedicated to Those Who Are Not
    Ashamed of Economy* (Garden City, NY: Dover Publications, 1999), 3.

26 Ibid., 106.

27 Ibid., 105.

28 Thoreau, *Walden: A Fully Annotated Edition*, 68.

29 Ibid., 18.

1 퇴사

1 1장은 존 캐그와 조너선 반 벨이 2021년에 쓴 글을 손본 것이다: John Kaag and Jonathan van Belle, "What Thoreau Can Teach Us about the Great Resignation," *Fast Company*, November 11, 2021, https://www.fastcompany.com/90695132/what-thoreau-can-teach-us-about-the-great-resignation.

2 Ralph Waldo Emerson, "Self-Reliance," in *Self-Reliance and Other Essays*, ed. Stanley Applebaum (Mineola, NY: Dover, 1993), 24.

3 Sandra J. Sucher and Shalene Gupta, "Worried about the Great Resignation? Be a Good Company to Come from," *Harvard Business School Working Knowledge*, August 4, 2021.

4 Samuel Axon, "Big Tech Companies Are at War with Employees over Remote Work," *Ars Technica*, August 1, 2021.

5 Henry David Thoreau to John Thoreau, March 17, 1838, in *The Writings of Henry David Thoreau: The Correspondence*, vol. 1, 1834–1848, ed. Robert N. Hudspeth (Princeton, NJ: Princeton University Press, 2013), 37.

6 다음에서 재인용: The Walden Woods Project, "The Thoreau Log. 1844," accessed February 19, 2022, https://www.walden.org/log-page/1844/.

7 Henry David Thoreau to H.G.O. Blake, November 16, 1857, in *Great Short Works of Henry David Thoreau*, ed. Wendell Glick (New York: Harper & Row, 1982), 100.

8 Robert D. Richardson, *Henry Thoreau: A Life of the Mind* (Berkeley: University of California Press, 1986), 167.

9 Adam Smith, *The Wealth of Nations, Books I–III*, Penguin Classics (London: Penguin Books, 1986), 133.

10 Henry David Thoreau, *Walden: A Fully Annotated Edition*, ed. Jeffrey S. Cramer (New Haven, CT: Yale University Press, 2004), 79.

11 Henry David Thoreau, February 8, 1857, in *The Journal of Henry D. Thoreau*, ed. Bradford Torrey and Francis H. Allen (Boston: Houghton Mifflin, 1949), 9:245.

12 Ibid., 9:245–246.

13 Ralph Waldo Emerson, "Thoreau," *Atlantic*, August 1862, https://www .theatlantic.

com/magazine/archive/1862/08/thoreau/306418/.

14 소로와 냉소주의에 관한 이 내용은 다음 글을 수정한 것이다: John Kaag, "Thoreau's Cynicism, and Our Own," *Chronicle of Higher Education*, March 19, 2017, https://www.chronicle.com/article/thoreaus-cynicism-and-our-own.

15 As quoted in John Albee, *Remembrances of Emerson* (New York: Robert Grier Cooke, 1901), 22.

16 Thoreau, *Walden: A Fully Annotated Edition*, 88.

17 Ibid., 14.

18 Richardson, *Henry Thoreau: A Life of the Mind*, 153.

19 로버트 그로스는 볼 집사에 대해 훨씬 더 신중한 (그리고 아마도 더 공정한) 평가를 내린다. 볼 집사는 교육에 굳은 믿음이 있었고 진심을 다해 노력하는 사람이었기에 교사들을 감독하는 위원회의 일원이 될 수 있었다. 젊은 교사들이 교실에서 어떻게 가르치는지 지켜보는 것이 볼 집사의 임무였고 그가 볼 때 소로의 학생들은 실제로 제멋대로 굴고 있었다. 소로에게 체벌을 하라고 지시하는 일은 볼 집사의 임무였다. 이것은 볼 집사의 성품보다는 19세기 교육 기관이 훈육에 대해 가지고 있던 관점을 드러낼 뿐이다. 하지만 요점은 변하지 않는다. 소로는 일이 양심을 거역하도록 부추겼기 때문에 그 일을 관둔 것이다. Robert A. Gross, *The Transcendentalists and Their World* (New York: Farrar, Straus and Giroux, 2021), 461.

20 다리안 라힘자데의 허락을 받고 인용.

2 출근 도장 찍기

1 Henry David Thoreau, *Walden: A Fully Annotated Edition*, ed. Jeffrey S. Cramer (New Haven, CT: Yale University Press, 2004), 109.

2 Henry David Thoreau, journal entry, March 22, 1842, in *The Journal of Henry D. Thoreau*, ed. Bradford Torrey and Francis H. Allen (Boston: Houghton Mifflin, 1949), 1:342.

3 Henry David Thoreau, "Resistance to Civil Government [Civil Disobedience]," in *Essays: A Fully Annotated Edition*, ed. Jeffrey S. Cramer (New Haven, CT: Yale University Press, 2013), 145.

4 Thoreau, journal entry, October 7, 1860, in *Journal of Henry D. Thoreau*, ed. Torrey and

Allen, 14:104.

5   Thoreau, journal entry, October 16, 1859, in ibid., 12:390.

6   Ibid.

7   Thoreau, *Walden: A Fully Annotated Edition*, 96.

8   Ibid., 35.

9   Ibid., 151.

10 Joseph Ford의 인용문 출처: James Gleick, *Chaos: Making a New Science* (New York: Penguin Books, 1987), 314.

11 Henry David Thoreau to H.G.O. Blake, May 20, 1860, in *The Correspondence of Henry David Thoreau*, ed. Walter Harding and Carl Bode (New York: New York University Press, 1958), 578–579.

12 Henry David Thoreau, "Walking," in *Essays: A Fully Annotated Edition*, 246.

13 Ibid., 245.

14 Ibid., 245–246.

15 Ibid., 246–247.

16 Thoreau, *Walden: A Fully Annotated Edition*, 7.

3 육체노동

1   Henry David Thoreau, *Walden: A Fully Annotated Edition*, ed. Jeffrey S. Cramer (New Haven, CT: Yale University Press, 2004), 1. 강조 표시는 추가된 것.

2   Ibid., 130.

3   Ibid., 150.

4   Ibid., 88.

5   Robert D. Richardson, *Henry Thoreau: A Life of the Mind* (Berkeley: University of California Press, 1986), 87.

6   Elaine Fantham, introduction to *Georgics*, by Virgil, trans. Peter Fallon (Oxford: Oxford University Press, 2006), xxiii.

7   Virgil, *Georgics*, 2:176, trans. Fallon, 33.

8   창세기 3:17.

9   Virgil, *Georgics*, 1:121–146, trans. Janet Lembke, Yale New Classics (New Haven, CT: Yale University Press, 2005), 7–8.

10 Virgil, *Georgics* 1:146, trans. Fallon, 10.

11 Richardson, *Henry Thoreau: A Life of the Mind*, 88.

12 Thoreau, *Walden: A Fully Annotated Edition*, 14.

13 Ibid., 5.

14 Ibid.

15 Ibid., 26.

16 Ibid., 90.

17 US Department of Labor, Office of Child Labor, Forced Labor, and Human Trafficking, Bureau of International Labor Affairs (ILAB), *2020 List of Goods Produced by Child Labor or Forced Labor*, 2021, https://www.dol.gov /agencies/ilab/reports/child-labor/list-of-goods.

18 Thoreau, *Walden: A Fully Annotated Edition*, 64.

19 Ibid., 198.

20 Ibid., 44.

21 Ibid.

22 Ibid., 110.

23 Ibid., 152.

24 Ibid., 87.

25 Ibid., 241–242.

26 Ibid., 49.

27 Ibid., 3.

28 Shoukei Matsumoto, "Soji (掃除): A Meditation on Zen Cleaning," *Ignota* (blog), March 20, 2020, https://ignota.org/blogs/news/soji.

4 기술 발전과 일

1   다음에서 재인용: Henry David Thoreau, "Paradise (To Be) Regained," in *Essays: A Fully Annotated Edition*, ed. Jeffrey S. Cramer (New Haven, CT: Yale University Press, 2013),

일터의 소로

64 – 65.

2   *The Paradise within the Reach of All Men, without Labor, by Powers of Nature and Machinery: An Address to All Intelligent Men, in Two Parts.*

3   David F. Noble, *The Religion of Technology: The Divinity of Man and the Spirit of Invention* (London: Penguin Books, 1999), 91.

4   *Emigration to the Tropical World, for the Melioration of All Classes of People of All Nations.*

5   에츨러의 삶과 이상이 궁금하다면 Steven Stoll, *The Great Delusion: A Mad Inventor, Death in the Tropics, and the Utopian Origins of Economic Growth* (New York: Hill and Wang, 2008) 참고.

6   Thoreau, "Paradise (To Be) Regained," 66 – 67.

7   창세기 3:17-19.

8   Herman Pleij, *Dreaming of Cockaigne: Medieval Fantasies of the Perfect Life*, trans. Diane Webb (New York: Columbia University Press, 2003), 90.

9   Harry McClintock, "Big Rock Candy Mountain," in *On the Fly! Hobo Literature and Songs, 1879–1941*, ed. Iain McIntyre (Oakland, CA: PM Press, 2018), 102.

10   Henry David Thoreau to H.G.O. Blake, November 16, 1857, in *Great Short Works of Henry David Thoreau*, ed. Wendell Glick (New York: Harper & Row, 1982), 100.

11   Henry David Thoreau, *A Week on the Concord and Merrimack Rivers*, in *A Week on the Concord and Merrimack Rivers; Walden; or, Life in the Woods; The Maine Woods; Cape Cod*, ed. Robert F. Sayre, The Library of America (New York: The Library of America, 1985), 31.

12   Henry David Thoreau, *Walden: A Fully Annotated Edition*, ed. Jeffrey S. Cramer (New Haven, CT: Yale University Press, 2004), 5.

13   Thoreau, "Paradise (To Be) Regained," 68.

14   Thoreau, *Walden: A Fully Annotated Edition*, 50.

15   Johann Hari, *Lost Connections: Uncovering the Real Causes of Depression–and the Unexpected Solutions* (New York: Bloomsbury, 2018), 256.

16   Thoreau, *Walden: A Fully Annotated Edition*, 50.

17   Scott Alexander, "Are the Amish Unhappy?," *Slate Star Codex*, April 2, 2018, https://

slatestarcodex.com/2018/04/02/are-the-amish-unhappy-super-happy-just-meh/.

18 마가복음 2:17.

19 Dan Gettinger, "Study: Drones in the FY 2019 Defense Budget," *The Center for the Study of the Drone* (blog), April 9, 2018, https://dronecenter.bard.edu /drones-in-the-fy19-defense-budget/.

20 Nick Bostrom, *Superintelligence: Paths, Dangers, Strategies* (Oxford: Oxford University Press, 2014) 참조.

21 Henry David Thoreau, "Walking," in *Essays: A Fully Annotated Edition*, 260.

22 Thoreau, "Paradise (To Be) Regained," 66.

23 Stephen Hawking, *A Brief History of Time: From the Big Bang to Black Holes* (New York: Bantam Books, 1988), 174.

24 Thoreau, "Paradise (To Be) Regained," 94.

25 Ibid.

26 Ibid., 93.

27 Ibid., 94.

28 Ibid.

29 William James, "Pragmatism and Common Sense," in *Pragmatism: A New Name for Some Old Ways of Thinking* (Indianapolis: Hackett, 1981), 85.

5 농담과 일

1 Edward Waldo Emerson, *Henry David Thoreau as Remembered by a Young Friend* (Boston: Houghton Mifflin, 1917), 117-118.

2 Henry David Thoreau, n.d., in *The Journal of Henry D. Thoreau*, ed. Bradford Torrey and Francis H. Allen (Boston: Houghton Mifflin, 1949), 7:7-8.

3 Henry David Thoreau, *Walden: A Fully Annotated Edition*, ed. Jeffrey S. Cramer (New Haven, CT: Yale University Press, 2004), 17.

4 Ralph Waldo Emerson to Henry David Thoreau, n.d., in *The Letters of Ralph Waldo Emerson*, ed. Ralph L. Rusk (New York: Columbia University Press, 1939), 4:178.

5 Henry David Thoreau, *Cape Cod*, in *A Week on the Concord and Merrimack Rivers;*

Walden; or, Life in the Woods; The Maine Woods; Cape Cod, ed. Robert F. Sayre, The Library of America (New York: The Library of America, 1985), 852.

6   Ibid., 853.

7   Ibid., 877.

8   Ibid., 939.

9   Ibid., 851–852.

10 *Comprehensive History, Ecclesiastical and Civil, of Eastham, Wellfleet and Orleans.*

11 Ibid., 878.

12 Ibid., 1039.

13 Thoreau, *Walden: A Fully Annotated Edition*, 325.

14 Jay McInerney, "Still Asking the Embarrassing Questions," *New York Times*, September 9, 1990.

6 무의미한 일

1   Henry David Thoreau, journal entry, January 1843, in *The Journal of Henry D. Thoreau*, ed. Elizabeth Hall Witherell, Robert Sattelmeyer, and Thomas Blanding (Princeton, NJ: Princeton University Press, 1981), 1:447.

2   Henry David Thoreau, journal entry, June 11, 1855, in *The Journal of Henry D. Thoreau*, ed. Bradford Torrey and Francis H. Allen (Boston: Houghton Mifflin, 1949), 7:417.

3   Isaiah Berlin, "Two Concepts of Liberty," in *Four Essays on Liberty* (New York: Oxford University Press, 1970).

4   Mary Adams French, *Memories of a Sculptor's Wife* (Boston: Houghton Mifflin, 1928), 94–95.

5   Frederick Llewellyn Hovey Willis, *Alcott Memoirs: Posthumously Compiled from Papers, Journals and Memoranda of the Late Dr. Frederick L. H. Willis* (Boston: Richard G. Badger, 1915), 91–92.

6   Henry David Thoreau, "Life without Principle," in *Essays: A Fully Annotated Edition*, ed. Jeffrey S. Cramer (New Haven, CT: Yale University Press, 2013), 347.

7   Ibid.

8   Ibid.

9   Ibid., 347–348.

10   Thoreau, journal entry, November 5, 1855, in *Journal of Henry D. Thoreau*, ed. Torrey and Allen, 8:7.

11   다음에서 재인용: Jacques Barzun, *From Dawn to Decadence: 1500 to the Present* (New York: HarperCollins, 2000), 288.

12   Henry David Thoreau, *Walden: A Fully Annotated Edition*, ed. Jeffrey S. Cramer (New Haven, CT: Yale University Press, 2004), 313.

13   Thoreau, journal entry, January 27, 1852, in *Journal of Henry D. Thoreau*, ed. Torrey and Allen, 3:237–238.

14   Herman Melville, "Bartleby, the Scrivener: A Story of Wall-Street," Project Gutenberg, https://www.gutenberg.org/ebooks/11231.

15   Ralph Waldo Emerson, "Self-Reliance," in *Self-Reliance and Other Essays*, ed. Stanley Applebaum (Mineola, NY: Dover, 1993), 35.

16   Albert Camus, *"The Myth of Sisyphus" and Other Essays*, trans. Justin O'Brien (New York: Vintage International, 1991), 12.

17   Porphyry, *Porphyry the Philosopher to His Wife Marcella*, trans. Alice Zimmern (London: George Redway, 1896), 76.

18   Thoreau, journal entry, July 25, 1839, in *Journal of Henry D. Thoreau*, ed. Torrey and Allen, 1:88.

7 불성실과 부도덕

1   Jean-Paul Sartre's *Being and Nothingness: An Essay on Phenomenological Ontology*, trans. Hazel E. Barnes (New York: Philosophical Library, 1956)의 1부 2장 "불성실"을 참조.

2   Henry David Thoreau, *Walden: A Fully Annotated Edition*, ed. Jeffrey S. Cramer (New Haven, CT: Yale University Press, 2004), 3.

3   Henry David Thoreau to H.G.O. Blake, May 2, 1848, in *The Writings of Henry David Thoreau: The Correspondence*, vol. 1, *1834–1848*, ed. Robert N. Hudspeth (Princeton, NJ: Princeton University Press, 2013), 369–370. 강조 표시는 추가된 것.

4 Henry David Thoreau, *Sir Walter Raleigh* (Boston: The Bibliophile Society, 1905), 83.

5 Henry David Thoreau, "A Plea for Captain John Brown," in *Essays: A Fully Annotated Edition*, ed. Jeffrey S. Cramer (New Haven, CT: Yale University Press, 2013), 208.

6 Thoreau, *Walden: A Fully Annotated Edition*, 147.

7 Henry David Thoreau, "Resistance to Civil Government [Civil Disobedience]," in *Essays: A Fully Annotated Edition*, 149.

8 이 내용은 다음 글을 일부 수정한 것이다: John Kaag and Clancy Martin, "At Walden, Thoreau Wasn't Really Alone with Nature," *New York Times*, July 10, 2017, https://www.nytimes.com/2017/07/10/opinion/thoreaus-invisible-neighbors-at-walden.html.

9 Laura Dassow Walls, *Henry David Thoreau: A Life* (Chicago: The University of Chicago Press, 2017), 200.

10 Elise Virginia Lemire, *Black Walden: Slavery and Its Aftermath in Concord, Massachusetts* (Philadelphia: University of Pennsylvania Press, 2009).

11 Thoreau, *Walden: A Fully Annotated Edition*, 319.

12 소로가 살던 시대에 연방 정부의 수입은 주로 국내로 들어오는 수입품에 부과되는 관세에서 왔다. 소로가 저항했던 멕시코 전쟁은 소득세가 아니라 관세로 치러진 것이다.

13 Henry David Thoreau, "Slavery in Massachusetts," in *Essays: A Fully Annotated Edition*, 188.

14 Thoreau, *Walden: A Fully Annotated Edition*, 160.

15 Henry David Thoreau, *The Maine Woods, in A Week on the Concord and Merrimack Rivers; Walden; or, Life in the Woods; The Maine Woods; Cape Cod*, ed. Robert F. Sayre, The Library of America (New York: The Library of America, 1985), 683.

16 Henry David Thoreau, July 1850, in *The Writings of Henry David Thoreau: The Correspondence*, vol. 2, *1849–1856*, ed. Robert N. Hudspeth, Elizabeth Hall Witherell, and Lihong Xie (Princeton, NJ: Princeton University Press, 2018), 73.

17 Ibid.

18 Walter Harding, "Five Ways of Looking at *Walden*," in *Critical Essays on Henry David Thoreau's "Walden"* (Boston: G. K. Hall and Co., 1988), 87.

19 Henry David Thoreau to various recipients, October 12, 1853, in *Writings of Henry Da-*

vid Thoreau: The Correspondence, vol. 2, *1849–1856*, 176.

20   다음에서 재인용: Bradley P. Dean, "Thoreau and Michael Flannery," *Concord Saunter-er 17*, no. 3 (1984): 28.

8 월급의 기회비용

1   Ralph Waldo Emerson to Evert Augustus Duyckink, March 12, 1847, in *The Selected Letters of Ralph Waldo Emerson*, ed. Joel Myerson (New York: Columbia University Press, 1997), 317.

2   Henry David Thoreau to Harrison Gray Otis Blake, February 27, 1853, in *The Writings of Henry David Thoreau: The Correspondence*, vol. 2, *1849–1856*, ed. Robert N. Hudspeth, Elizabeth Hall Witherell, and Lihong Xie (Princeton, NJ: Princeton University Press, 2018), 140.

3   Henry David Thoreau, *Walden: A Fully Annotated Edition*, ed. Jeffrey S. Cramer (New Haven, CT: Yale University Press, 2004), 319 – 320.

4   Ibid., 11 – 12. 강조 표시는 원문 그대로.

5   Ibid., 56 – 57.

6   Henry David Thoreau, "Resistance to Civil Government [Civil Disobedience]," in *Essays: A Fully Annotated Edition*, ed. Jeffrey S. Cramer (New Haven, CT: Yale University Press, 2013), 159.

7   Thoreau, *Walden: A Fully Annotated Edition*, 14.

8   Ibid., 143 – 144.

9   Ibid., 89.

10   Ibid., 189.

11   Ibid.

12   Ibid.

13   Ibid., 190.

14   Ibid.

15   Henry David Thoreau, "Life without Principle," in *Essays: A Fully Annotated Edition*, 349.